双修

企业的品牌与文化

吕大鹏 著

中国经济出版社
中国石化出版社
·北京·

内 容 提 要

本书是国内第一部把企业的品牌与文化放在一个时空进行全景扫描和深度研究的实战型书籍，从理论分析和实践经验的双重角度带领读者领略企业的品牌与文化双修的奥秘，既授人以鱼，又授人以渔。品牌与文化、文化与品牌是一体两面，恰似一枚硬币的两面，密不可分。本书一方面围绕企业的品牌与文化的双修共进、同频共振，探讨企业的品牌与文化之间的内在逻辑、品牌与文化存在的价值意义、品牌与文化建设将来的前景；另一方面贯穿着品牌与文化建设的方法论，结合作者多年关于企业文化建设、企业品牌建设的实践和体会，介绍了大量行之有效的工作思路、路径和具体工作方法。

本书在企业管理、品牌建设、文化升级和品牌提升等方面能提供启发和帮助，可供广大企业家、企业文化和品牌建设工作者、研究爱好者参考阅读。

图书在版编目（CIP）数据

双修：企业的品牌与文化 / 吕大鹏著 . -- 北京 :
中国石化出版社，2024. 9. -- ISBN 978-7-5114-7587-9
Ⅰ . F272-05；F273.2
中国国家版本馆 CIP 数据核字第 2024CH5634 号

中国石化出版社出版发行
地址：北京市东城区安定门外大街58号
邮编：100011　电话：(010) 57512500
发行部电话：(010) 57512575
http：//www. sinopec-press. com
E-mail：press@ sinopec. com
宝蕾元仁浩（天津）印刷有限公司印刷
全国各地新华书店经销
*
710 毫米 ×1000 毫米　16 开本　23 印张　335 千字
2024 年 9 月第 1 版　2024 年 9 月第 1 次印刷
定价：85.00 元

自序 PREFACE

一个企业想要健康高速可持续发展，必须有独特的技术、充足的资金、先进的设备等硬实力，也得有先进的文化、鲜亮的品牌、独特的作风等软实力。软实力、硬实力，需软硬兼施，比翼双飞。文化对内，品牌对外，齐抓共管，方能修得正果。

企业家工作千头万绪，归根结底的使命就是两件大事：管好队伍、创造效益。管好队伍的最高境界是用企业文化实现统领、形成超强自觉；创造效益的最高境界是靠品牌产生更多溢价、形成超额利润。内聚人心，外树形象，企业管理抓住了这两个关键点，就能纲举目张、事半功倍。

2020年的时候，我作为中国石化品牌与文化管理的负责人，与中国石化几十位高管到华为脱产学习一周，得以深入学习、研究华为的品牌管理与文化建设，深受触动。

培训班结束时，组织者要求每个人提交一份总结。记得我当时在总结里写了这么一长段话："华为的企业文化集各种优秀文化之大成，有为之进行体制设计的IBM所代表的西方管理哲学，还有中华传统哲学、毛泽东思想、解放军作风、南方的开放文化、任正非的个人境界和员工的智慧等各种优秀的要素，荟萃形成了自己独特的、先进的文化体系。他们以这种文化作统领，形成基于人性的、理工男设计的、钟表般精密的、简捷实用的公司制度，可圈可点，非常成功。凭着这种文化和制度，华为的品牌在相当长一段时间，不仅将打遍国内无敌手，在国际上也将具有相当强的竞争力。"——我说这话的时候，孟晚舟被非法拘禁还没有回国。但那时候我已经意识到：因为有企业文化企业精神的加持，华为品牌在近阶段已经势不可挡。

几年后，我们看到华为不仅没有被高压压倒，反而成长为真正意义上的国际企业巨头，与一个个重量级的竞争对手同台竞技，爱立信、诺基亚、思科、苹果……在《财富》世界500强排行榜上，华为公司长期保持在100名左右。美国的打压不但没有压垮华为，反而从反面为华为做了一个大大的广告，华为本身也加速成为了一个享誉国际的世界级卓越品牌。2023年，英国知名品牌评估机构Brand Finance发布的“2023全球科技品牌价值100强”（TECHNOLOGY 100 2023）榜单上面，亚马逊、苹果、谷歌占据三甲，华为品牌排名第10，品牌价值为442.92亿美元。

而且更难能可贵的是，在中国人、乃至世界华人心目中，华为的品牌形象这几年也达到了峰值。“华为”一词已经具有特殊的意义：家国情怀、中华有为、崛起东方、闪耀世界，华为是奋斗者的华为，更寄予了无数人的情感和期待，华为的产品遍及世界每一个角落，华为的文化被众多的企业顶礼膜拜、争相学习，华为的品牌在消费者心目中熠熠生辉、愈发璀璨。可以说华为是一家品牌与文化双修、共同走向辉煌的典范企业。

华为又只是众多走向世界的中国企业的一个缩影。伴随着中国日益走近世界舞台的中央，以世界一流的企业品牌和文化参与国际竞争愈发重要。中国企业形象正在以一个崭新的、整体的面目展示给全世界：是开放的、包容的、融合的、热情的、友善的，是坚定积极履行社会责任的，中国愿意与世界各国的伙伴一起，携手创建清洁、绿色、低碳、创新的美好未来，共同构建同命运共呼吸的人类命运共同体。中国企业的文化与世界共享，中国企业的品牌正在大踏步走向世界。

文化，自古有之。自人类诞生以来，就在创造文化，就在发展文化。相对来说，品牌的出现稍微晚一些，但品牌也有着古老的历史。企业的品牌和文化则将概念压缩和限制在一个特定的空间范围内，先有企业，才有企业的品牌和文化。企业的品牌和文化一定是跟企业的生产经营管理活动密切相关的，是为企业获取经济效益服务的。

没有谁是天生伟大的艺术家，企业的品牌和文化也需要一个从“知”到

“信”再到“行”和“创”的过程，最后才是一个系统而完整的呈现。这个“呈现”还不是一次性完成的，而是要加入企业、员工之外的第三者——市场客户，对企业的品牌和文化进行接受-反馈-影响-共情的过程，这个过程也是一个“立”的过程，真正经历过市场、客户、时间的检验之后而得到了“立”。这还不是最高境界，最高境界还有一个层次——“德”，人文荟萃，聚品成德，以德化生，生生不息，如此形成一个闭环结构。

品牌和文化，最终都离不开其创造的主体——人。德国哲学家海德格尔说：“人，诗意地栖居在大地上。”人，在天地间顶天立地，是独立而完整的生命。对任何企业来说，人始终是目的而不是工具。每个生命的个体都有自我完成的需求，而每个人同时又与其他生命不可避免发生着牵连，互相影响，共依共生。品牌和文化就是在这个过程中被创造出来，只要生命存在，品牌和文化就会存在，被赋予以内涵、情感、精神，而且品牌和文化会跟随其创造的主体——由人组成的企业组织一道，不断地变革、创新、传播，持续地发挥影响力，超越时空而历久弥新。

也许有一天，企业这种组织形式会消失，其所依赖的资源终会枯竭。但是如果品牌还在，其文化将永远存在下去。品牌和文化从诞生的那一天起，就注定了将走上一条自我优化、自我演进、自我进化的道路。不管在任何时代、在多么遥远的未来，它们总会以这样、那样的形式，在这样或者那样的环境里、以某种特殊的方式被唤醒，被重新赋予名字、内涵、情感，伴随着诗意栖居的人类，走向未来。

单就品牌与文化的关系看，品牌是面子，文化是里子。品牌要给人留下美好的第一印象，总是要光鲜亮丽，闪耀着吸引人的独特魅力光泽。但面子再怎么金玉其外，败絮其中肯定是不行的。真正的面子，一定要有与之匹配的好的里子作为支撑。里子至少不能比面子差，甚至里子的实质要超过面子一大截。一件棉袄外面擦的油再亮，如果里面是黑心棉、是假羽绒、是不合格的腈纶，这个保暖效果是要大打折扣的，而且迟早是要露馅的。文化才是品牌所有的要素中最重要的，文化的“里子”内涵越丰富，越有广度和深度，品牌的“面子”就越能支撑得更久、传播得更广、演化得更好，就能从征服人的感官到内心，越能引起更多的情感共鸣，获得更为长久的信任和转化生成更大的价值。

但是，从严格意义上说，“品牌”与“文化”是两件事，文化对内管队伍，品牌对外管形象，这两者都具有统领性；“品牌文化”是“关于品牌的文化”，指在企业内部形成了对品牌的共同的重视、认同和下意识的维护；“文化品牌”是“文化的品牌”，指一种理念或一种文化现象，已经变成了大家都知道、赞赏甚至是愿意掏钱去购买的一种产品或服务。在特殊情况下，企业文化尤其是核心理念会成为企业品牌形象的核心传播点，企业品牌也会变成对内部员工引导教育的重要手段。

企业所有对内的思想工作、教育鼓动、新闻宣传、典型选树甚至奖励惩罚等规章制度，实际上都是企业文化的载体；所有对外的宣传报道、新媒体建设、公共关系、广告投放、危机处置、公众开放、展览展示、海外传播等，实际上都是企业品牌的抓手。

抛开企业硬实力建设不谈，单从企业软实力建设的角度来看，如果让我选取最关键的两个词，那就是“品牌”与“文化”——这是我从几十年的职业生涯历程总结、体悟出来的。

2011年，我从中国石化报社社长的岗位转任中国石化集团思想政治工作部主任。2012年，在中国石化舆情最严重、品牌形象受到严重挑战的时刻，接手中国石化集团新闻发言人工作，应该说也是受命于危难之际。当时我们部门是一个综合部门，牌子有9块：思想政治工作部、企业文化部、新闻办公室、工会工委、青年工委、直属党委、直属纪委、直属工会、直属团委，工作非常繁杂。头两年，我大概70%的精力是用在舆论危机处置上。因为，2012年我们一家的负面舆情竟然占到国资委管辖的180多家央企的18.7%。经过两三年的努力，终于把我们自己42.6%的负面舆情比例降到了10%以下。

后来我们加大正面传播——以品牌建设作为最直接的抓手。当正面传播的数量达到一定程度之后，我们发现，往往1个负面舆情仍旧会造成整个企业声誉的崩塌。1000篇的正面宣传，有时候也抵不上1条负面舆情。

请教了一个高人，他说你们应该从内部解决问题，应该从八大关系方面进行改进。我们用了一两年的时间来改进企业的公共关系，设置公众开放日、媒体沟通会、董事长信箱等，不断地改进企业和社会方方面面的关系，取得了很好的效果。

后来有一位品牌专家跟我说，你们现在的传播很热闹，但是缺少一个灵魂，应该用品牌来引领新闻传播、公共关系、舆情处置，也就是说你对外要树立一个什么样的形象，一定要相对集中，不能面面俱到。不能说你是艰苦奋斗的，又是高科技的；既是国际化的，又是高度爱国的；既是人民满意的，又是员工喜爱的；既要“开宝马”，又要“坐奔驰”……应该集中塑造一两个点的品牌形象。我们又用了两三年的时间，集中研究推进企业的品牌建设。

当品牌建设到一定程度之后，我们认识到——品牌是皮，文化是瓤。西瓜好吃不好吃，关键是瓤，而不是皮。一眼看上去，看到的是皮；切开皮之后咬下去，才能吃到甜美多汁的瓤。但并不是说皮就没有用，只能被丢弃。没有皮的包裹和提供保护，就没有瓤的孕育成熟。从引人瞩目到受人尊重再到万众景仰，面子和里子一定是互相作用、共同支撑的。二者互为依托，交相辉映，才能成就辉煌和卓越。品牌固然很重要，但文化的配套提升，才是解决问题最核心的地方，于是我们花了大力气推进企业文化的建设，尝到了巨大的甜头。从这段切身的经历中，我深切地感觉到，对一个企业来说，要想成为百年老店，最最核心的是流淌在企业血脉中的企业文化和核心价值观。

为什么要把品牌和文化合在一起来讲呢？因为从基层到机关、从企业到研究机构几十年的工作体验当中，我越来越发现品牌与文化、文化与品牌是一体两面。恰似一枚硬币的两面，两边是密不可分的，谁也离不开谁——谈品牌一定离不开文化，谈文化一定要体现在品牌上面。究竟是品牌最重要还是文化最重要？这个选择题我没有答案，最终干脆合在一起来写。因为企业的品牌和文化，从构成到建设，从传播、落地到创新，始终是相伴相生的。正如无边浩瀚的海洋离不开汇集成为她的每一滴水，内部形成的文化需要靠品牌去外显、去传播，通过品牌的载体感化用户；正如高高耸立的珠穆朗玛峰离不开托起她雄伟身姿的青藏高原，外部展示的品牌离不开伟大的文化。人们第一眼看到的是品牌，但真正提供坚实支撑的还是文化。

因为有了企业文化的改进，企业舆情的源头大为减少，企业的形象就好多了；因为有了文化的引领，企业的对外传播就站到了道德的制高点上；因为有了文化的改进，企业与方方面面的公共关系才得以改善；因为有了文化的支撑，企业的品牌才越擦越亮。

反之，因为有了品牌的展示，企业内部的凝聚力才更强；因为有了品牌的反馈，企业的文化改良才会更快；因为有了品牌的引领，企业文化才会主动进化，提供相应的支撑。很难想象一个企业的文化与时代格格不入，所塑造的品牌能够引起人们强烈的共鸣；也很难想象一个企业在外部的品牌形象很差，内部的文化却很先进、凝聚力很强。

本书主要从品牌与文化双修的角度、品牌和文化自身建设的规律两个大的方面来阐述。

一方面是谈谈企业的品牌与文化的双修、同频共振，试图探讨企业的品牌与文化之间的内在逻辑，品牌与文化的建设路径，品牌与文化的价值与意义，品牌与文化建设的前景与道路。品牌与文化之间还有哪些奥秘？它们之间到底是什么关系？它们的共振点在什么地方、不同点在什么地方？如何通过文化提升品牌内涵？如何通过品牌的反馈来刺激文化提升？对外宣传自己品牌的时候，到底是以文化和价值观作为自己的载体好，还是以企业的产品特点作为企业的主要传播点？企业的品牌究竟该怎么提升？企业文化究竟该怎样提升？——这些逼着我自己从一个全新的角度来进行思考。

另外一个方面，也借此机会展示我们关于企业文化建设、企业品牌建设的一些粗浅思考和学习体会，介绍一些我本人实践过、觉得是行之有效的工作思路和方法。

企业品牌、企业文化人人都能讲，但是究竟什么才是企业文化的深层内涵、企业品牌的关键要素？如何去繁就简、抓住要害？企业文化到底是从哪里来的？企业品牌是怎么形成的？相邻的两个企业，一个企业的文化跟另外一个企业文化为什么大不一样？企业文化与企业品牌对于企业到底有什么价值？值不值得花大力气去建设？各个企业应该有什么样的品牌与文化？如何做好对企业文化和企业品牌的调研诊断？加强企业文化建设、加强企业品牌建设该从何处下手？自己的企业该设计什么样的文化战略和品牌架构？如何推进企业品牌与文化建设的落地，如何让员工自觉遵守、下意识执行？如何虚功实做，对企业品牌与文化建设进行考核、促其落地……结合这些问题，本书研究、分析、列举了几十家央企、国企、民企、外企的案例，力图从中找出一些规律性的东西，不揣浅陋，分享给大家。

衷心期盼这本小书能给广大企业家、企业品牌和文化建设工作者、研究爱好者，在企业管理上、品牌建设上、文化升级上和品牌提升上提供启发和帮助。从这个角度说，它还只是一本工具书。

是为序。

目录

CONTENTS

1

第一章

关于品牌与文化

——内圣外王，生生不息 / 001

第一节　品牌与文化的关系

第二节 文化是什么

第三节 品牌是什么

2 第二章 企业品牌与文化的建设——阴阳相济，文品共融 / 071

第一节 建设阶段品牌与文化的双修关系

第二节 企业文化建设

第三节　企业品牌建设

第三节 企业品牌传播

1

双修

企业的品牌与文化

第一章 关于品牌与文化

——内圣外王，生生不息

也许有一天，企业这种组织形式会消失，其所依赖的资源终会枯竭，但是如果品牌还在，其文化将永远存在下去。品牌和文化从诞生的那一天起，就注定了将走上一条自我优化、自我演进、自我进化的道路。

第一节 品牌与文化的关系

如果把品牌比作一朵美丽的浪花，那么托起浪花的海水就是企业文化。如果把品牌比作一座冰山，那么托起冰山的冰基就是文化。

1 品牌与文化的相互关系

本书的名字是《双修：企业的品牌与文化》，也许有人会心存疑惑：文化是文化，品牌是品牌，为什么要放在一起来说？其实，这是由二者之间的关系决定的。

说到企业的品牌与文化，一个绕不过去的话题就是：先有文化，还是先有品牌？这就好像是“先有鸡，还是先有蛋”？回答这个问题并不容易，而最好的办法是将品牌和文化放在企业的整体架构和动态发展中考虑。

不妨先看一下这个图形：

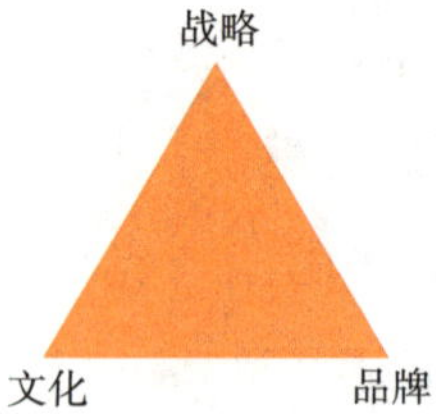

在这幅图中，战略是处于最高端的，是企业的根本性的发展方向。而构成对战略支撑关系的，也就是一体两翼的两翼，则是品牌和文化。

当然了，这只是一个直观上的体现，实际情况则要复杂得多。文化是对战略的支撑，但文化同时也是对战略的引领。品牌和战略的关系同样如此，战略是不断调整的，战略的变化直接影响到品牌的调整或创新。

至于品牌和文化，在这里的关系则是在一个层级上的，可以称为伴生关系。

（1）伴生关系

品牌和文化都来自于战略，体现为对战略的支撑作用。品牌是外在的体现，文化是内在的支撑。如果比喻作一件衣服，文化是“里子”，品牌就是“面子”。如果用传统文化的“名”“实”来比喻，文化是“实”，而品牌是“名”。真正优秀的企业，一定是名实一体的。

实，就是充实的内在，文化说起来是无形的、是软的、是看不见摸不着的，但文化发挥的作用却是实实在在的。我的老家是河南省信阳市固始县，“固始”一词源自汉代。建武二年（26年），光武帝刘秀封大司农李通为固始侯，叮嘱“欲善其终，先固其始”，固始由此得名。企业也是如此，“固其始”最重要的就是开始要正，而文化的第一个实在的功能就是“正”。正什么？正人心，正风气，正品格，正行为。源头正而清风生，企业的使命、愿景、价值观，都要在一开始确定的时候，就确保在一个“正”的基础上。正如一句谚语：“方向错了，一切都错了。”在根本性的方向上，在奠定企业的基石方面，一定不能跑偏。所以才说文化是灯塔，是旗帜，是航向灯，是指南针。很多的大企业都是“正其始”，一上来就确定远大的发展目标和正确的价值导向。在招聘人才的时候，最主要衡量的一条，就是看与我的价值观是否相符。相符合的留下，不相符合的，你才华再大，和孙悟空一样有上天入地七十二变的神通，对不起，不用你。

名，就是外在的名声。“人的名，树的影”，品牌就是名声，名声就是价值。这个价值不像文化是无形的，这个价值是实实在在的。有一个好的品牌，一定会产生相对应的市场价值，而这个价值在市场上，又是可以准确量化的效益。因此，品牌是可以排名的，是可以以价值来估量的，有时候一个企业的本身价值并不是特别大，但是企业的品牌价值却很大。企业与企业的品牌价值差异，一目了然，排行榜上写得清清楚楚。名气响，名气大，名气传播到全世界，就成为所有企业的追求。但这个“名”也一定要是正面的，不能像有些人说的“不能流芳百世，也要遗臭万年”，坏的名声千万要不得，知名度与美誉度不能完全划等号。有的企业图一时之利，要赚快钱，结果不择手段，兴亡只在顷刻。

实与名，又是连接一体、互相支撑的。好的名声一定有好的文化支撑，不好的名声一定有不好的文化打底。“名实相符”在企业里是一个客观存在。

➡ 企业文化的“实”是企业品牌的“名”的内在灵魂 企业文化是品牌的灵魂和依托，是凝聚在品牌上的企业精华、渗透到商业运行全过程、全方位的理念和意志。如果把企业品牌比作一朵美丽的浪花，那么托起浪花的海水就是企业文化。如果把企业品牌比作一座冰山，那么托起冰山的冰基就是企业文化。一个真正的品牌，是企业给用户的心理感受、心理认同和精神价值，而不是单纯在物质层面的满足。实质上，企业给用户的这种精神满足，就是企业品牌中所蕴含的文化内涵。也正因为这种文化内涵，使得企业品牌更有广度、更有深度、更有力度，成为企业的巨大财富。反之，如果一个品牌缺少文化底蕴，缺失精神价值，即使再独特再优秀的产品，都是能够被拷贝的。因为只有文化不可复制，只有把优秀的企业文化融入生产、产品之中，才会提升品牌的附加值，扩大品牌价值的资源，也才会有高质量的品牌并且长久保鲜。塑造企业品牌的根源在于对企业文化的理解，对企业文化理解得越深、越透彻，越容易把握其中的真谛和关键。因此，企业在实施品牌战略的过程中首先要建设优秀的企业文化，这是一个基础性工程。

➡ 企业品牌的“名”是企业文化的“实”的外在显现 没有品牌的知名度和美誉度，企业文化的外延拓展就会受到制约，就只能在企业内部发挥作用，而不能转化为外部市场实实在在的效益。品牌就是企业文化联系消费者的桥梁和纽带。如同仁堂从初创之时就奉行“德行天下、诚信为本”的企业文化，通过不省物力、不省人工、童叟无欺等细节筑就优秀品牌，奠定了300多年的辉煌。海尔公司的诚信文化是通过铁锤痛砸不合格产品来确保优质品牌实现的。因此，品牌重在外部影响力，而文化重在内部凝聚力。强势品牌所体现出的品牌力，必是以优秀的先进企业文化为内核。有着先进文化内核的企业，其品牌一定在市场着有着令人信服的影响力和对消费者的独特吸引魅力。

正因为品牌和文化这种“名实相符”的关系，我们又引申出第二个层级关系。

（2）因果关系

因果，是借用佛教中的比喻，有因必有果，有果必有因。有时候的因果报应是在眼前的，“善有善报，恶有恶报”，有时候的报应则需要很长时间，例如“福报”，不见得很快能实现，但还是要持续不断地积累。

品牌和文化也是如此，二者简单来说，文化是“因”，品牌是“果”。但有时候，也会出现品牌是“因”，文化是“果”的情况，因此可以说互为因果。

从企业文化“因”的角度来说，没有企业文化的“因”，企业品牌就是无本之木、无源之水。优秀的企业文化为建设优秀品牌提供了肥沃的土壤。反之，落后的企业文化则不可能孕育优秀的企业品牌。企业文化在内部为品牌提供支撑，在外部的传播上，也在不断丰富着品牌的内涵、提升着品牌的价值。一个卓越的品牌所传播的，必然是一种优秀的文化。以优秀文化为支撑的品牌的传播，它展现着企业独特的文化魅力，也促进着企业产品的市场销售和树立良好的企业形象；反之，则不利于产品的销售，甚至会造成企业衰败甚至倒闭破产。因此，塑造企业品牌形象，首先就要打造企业的优秀文化。

从企业品牌“因”的角度来说，如果没有企业品牌，企业文化的外延就会受到制约甚至与市场化脱节。如果说文化是浩瀚无边的海洋，品牌就是海洋里的每一滴水，可以是液态，可以是固态，也可以是气态；从海洋到天空，从高山到沙漠，可以变成雨，可以变成雪，也可以凝结成冰，以多种多样的姿态，通过千万种方式传递到世界的每一个角落里去。品牌的无限延展性和延伸性，带来了文化不断地交流和融合，从而确保了文化可以始终有新鲜的内容，有充沛的活力和旺盛的生命。与此相反，每一个品牌的没落和倒下都是对企业文化的伤害。一片雪花的飘落，甚至可以引发一场雪崩；堤坝上一处小小的涌洞，甚至可以引发一场惊天动地的大洪水。这就是品牌对文化的影响。

品牌和文化相互作用，互为因果，这个过程是在企业发展的每一个阶段、每一个过程甚至每一个时刻都在发生的。正因为发生的频率如此之高，互相之间的作用关系如此紧密而难以区分，不易察觉，因此，又引申出第三个层级的关系。

（3）纠缠关系

纠缠，是借用量子力学的一个概念——量子纠缠。在量子力学里，当几个粒子在彼此相互作用后，由于各个粒子所拥有的特性已综合成为整体性质，无法单独描述各个粒子的性质，只能描述整体系统的性质，则称这现象为量子缠结或量子纠缠。这个理论同样适用于企业品牌和文化。

文化中有品牌，品牌中有文化，二者之所以是“纠缠关系”，就在于二者一体变化：文化变革引起品牌变革，品牌创新带动文化创新。我们在强调因果关系的时候，只说了互相作用，但没有描述出来：二者的变化其实是同时发生的，不是说文化变了，再去变化品牌；或者品牌变了，再去变化文化。二者的改变其实从来都是一体的：文化之所以要变化，是因为品牌变了；同理，品牌之所以要变化，是因为文化变了。这个同步变化是同步发生在内里的，而在外在表现上也同步呈现。

举个例子，如中国企业的一位员工在遥远的非洲国家负责一个很大的项目，经手费用很多，这时候有地方官员想要给他一些“好处费”，以捞取部分现实利益。那么，在远离监管、“天知地知，你知我知”的情况下，又是在与当地的法律和民俗并不冲突的情形下，他是决定收取这部分“好处费”还是拒绝呢？企业文化这时候发挥了作用，优秀文化熏陶下的他，一定是选择拒绝。与此同时，他通过自己的坚定选择行动，树立了企业的廉洁形象，于是，中国企业的海外品牌，通过这样无数的点滴树立了起来。这就可以看作是海内的企业文化和海外的品牌之间的玄妙“量子纠缠”。

品牌和文化的这种纠缠关系，在中国企业走向国际市场的过程中表现得尤其突出：在外国人心目中，中国企业就是中国品牌，中国品牌就是中国文化，而中国企业、中国品牌和中国文化，就代表着中国形象。

因此，品牌在全球范围引领企业发展，参与国际竞争；文化在全球范围塑造企业优秀形象，展现责任和担当。企业需要文化夯实基础、磨砺能力、凝聚人心从而塑造强势的企业形象；企业需要品牌对抗竞争，展现优势，传递价值，从而屹立于全球舞台，二者共同支撑企业全球战略。

关于企业的品牌和文化一体纠缠，共同推动企业走向世界的一个典型例子，就是华为。

华为有两张著名的广告，一张是那张“芭蕾脚”广告，还有一张是二战的伊尔战机的广告。这两张广告究竟是体现了华为的什么产品？还是要强调什么产品特性吗？不是，它传递的是华为的一种精神、一种价值观、一种文化。在芭蕾脚广告里，引用了罗曼罗兰的一句名言：“人们总是崇尚伟大，但当他们真的看到伟大的面目时，却退步了。”据说华为公司当时的总裁任正非，当年看到这张照片怦然心动：这不正是当下华为的真实写照吗？华为光鲜的背后是17万双烂脚孤独地行走在世界上，在任正非的授意下华为买断了这幅照片的广告播放权。2015年华为对这幅图的注释是：“我们的人生，痛并快乐着”。2015年3月19日人民日报为此发表评论：“这其中有华为引以为豪的艰苦奋斗、以苦为乐的企业文化，也折射了中国品牌在海外筚路蓝缕、努力开拓的不懈精神。”

2020年5月，华为在多个平台发布“没有伤痕累累哪来皮糙肉厚，英雄自古多磨难”的文案，文案配图是一张遍布弹孔、顽强飞行的伊尔-2战斗机。在这个特殊的背景之下，华为使用这张图片来为自己的员工加油打气、提振士气。如果从这个角度来看，它就是企业文化建设；同时也对外展示了这张照片，展示华为是一家敢于斗争、敢于胜利、不怕艰难险阻、打不垮拖不烂的英雄企业。如果从这个角度来看，它就是品牌展示。这应该是一个非常好的、把企业的精神和企业的文化作为企业品牌来使用的成功案例。

当然了，这是集团的品牌和文化广告，而华为的产品广告，更多的是强调“遥遥领先”、简洁明快、服务客户等差异化的特点。

在集团品牌当中，以企业文化与核心价值观作为自己的品牌诉求，还可以看一下中国石化的例子。中国石化经过长时间的探索，打造出的品牌的核心价值观是“创新引领，造福人类”，品牌口号2013年是“智慧能源，至美生活”，从2020年改为“能源至净，生活至美”。打造出的企业文化的核心理念是“爱我中华，振兴石化”“为美好生活加油”。这两年我一直在思考这个问题，到底是用品牌口号“能源至净，生活至美”传播好，还是用企业使命“为美好生活加油”传播好？在2024年的中国石化年度工作会议上，董事长、党组书记马永生先生解开了这个难题，他说："要突出文化特质，多角度打造一流品牌形象，增强思想引领力、文化凝聚力、舆论影响力、品牌塑造力。"这就把"文化"跟"品牌"的关系以及效果说得比较清楚了。

其实对于一个大企业来说，它的品牌分为两类，集团品牌一般传播的是价值观，也就是企业文化当中最核心的部分，而产品品牌传播的是功能。从这个角度来说，可能用"为美好生活加油"来作为品牌口号更好一些，因为其文化内涵就包括了"报国为民，造福人类"品牌价值，也包括了"能源至净，生活至美"的品牌承诺。而且，它直观地体现了中国石化是找油、炼油、卖油和生产与油相关的衍生品的企业特性，关联性强，朗朗上口，容易得到老百姓的共鸣并且容易记忆。

当然，以上三个层面的品牌与文化的关系，还可以用更深一层的关系揭示。

（4）内圣外王

中国传统的儒家文化，讲"内圣外王"。"内圣外王"对每个读书人而言，都是最高的理想和毕生的追求。内圣，就是"修己"；外王，就是"安人"。内圣，有着一套系统的功夫，诚意正心格物致知，这些都是"修身""修己"；"外王"也有一套系统的功夫，就是齐家治国平天下。

对于企业来说，也是如此。企业和人一样，是一个具体存在于社会中的、有鲜活生命的公民，"内圣外王"也应该是企业的理想和追求。

"内圣"就是一家企业一定要建立优秀的企业文化，通过文化企文化不断地夯实基础、磨砺能力、凝聚人心，从而不断催发出内生的动力，塑造强势企业形象；"外王"就是企业一定要有优秀的企业品牌，企业需要品牌对抗竞争、展现优势、传递价值，从而立足于全球企业舞台。

文化制胜于内。文化是内在的功夫，中国文化几千年，大部分在讲的是一个人、一个组织如何从自己的内部入手，从自己的心入手，去克服自己内心的困惑，去减少自己的欲望，最后能够达到不动心的最高境界。老子讲的自知者明，庄子讲的呆若木鸡，孟子讲的养浩然之气，王阳明讲的灭"心中贼"，都和孔子的"克己"讲的是一回事。一个人、一个组织只有真正战胜自己的内心，做到了内在的强大，如《大学》说的“明明德”，才能够不被外在的环境变化所干扰，始终内在光明一片，清晰地知道自己的方向，按照既定的战略目标去实现长久发展。

品牌竞雄于外。品牌是一种标识，是一种力量。如同荀子《劝学篇》说的那样：“登高而招，臂非加长也，而见者远；顺风而呼，声非加疾也，而闻者彰。假舆马者，非利足也，而致千里；假舟楫者，非能水也，而绝江河。君子生非异也，善假于物也。”品牌就是“物”，企业要想在市场竞争中立于不败之地，想要在消费者心目中赢得信任和尊敬，就一定要做好“品牌”这篇文章。品牌是竞争的利器，展现的是企业的优势，传播的是企业的价值，并且在传播中自身不断创造新的价值。品牌本身是资本的一部分，但品牌更具有独特魅力，和大学之道里的“新”民一样，一个“新”是品牌永恒的核心，也是竞争胜负手。

品牌和文化，又都和大学里的最高境界一样：“止于至善”。这里的“止”，一方面是停止，不达到至善的最高境界就永远不会停止；另外一方面，达到了至善的境界就要长久地停留在那里，不再跌落境界。

“善”是很多企业在今天追求的境界。但“善”本身并不是一个结果，而是一个过程。要想做到“善”，第一条是不作恶；第二条是从自身出发，内心里有善恶判断，知善知恶，然后去为善去恶；第三条是与人为善，在家庭中，百善孝为先，确立和践行以孝为核心的伦理关系；在社会上，推己及人，立己达人，共同达道，这就是最高的善，就是德了。

“善”并不排斥功利。孔子在两千多年前就认识到，“义利共存”是一个普遍现实。但是他提出：“不义而富且贵，于我如浮云”，就是希望能够将人们引向道德的境界。企业也是如此。每个企业一定首先是功利组织，是追求经济效益的；但随后就要进入到文化企业的境界，向着道德企业迈进。这个追求和超越的过程，就是“内圣外王”，结果“止于至善”。

需要指出的是，“内圣外王”并不是一个一次性展开的线性过程，而是一个螺旋上升的跳跃式过程。在每一个层次、每一个境界都有不同体现。

品牌和文化同样遵循这个规律。二者“双修”在每一个阶段，都呈现出不一样的形式和面貌，都有着该阶段所必须建设的重点和稳定支撑的核心。从建设阶段到落地阶段再到传播阶段和创新阶段，“双修”都在发生。对这种“双修”关系的揭示以及对如何“双修”提供方法和建议，是本书的独特之处，也是本书最大的价值所在，后面我将一一展开。

2 品牌与文化的“异中之同”

以上是从相互作用的角度做了个人的归纳总结；接下来，我再从区分品牌和文化的角度，谈论一下二者的异中之同和同中之异关系。

从企业宏观战略的角度，品牌与文化“异中之同”，具有如下的一般共性特征。

品牌是企业魅力和资产，文化是企业方向和力量。品牌与文化具有高度关联性。没有企业文化，品牌就是无本之木、无源之水。

品牌重在外部影响力，文化重在内部凝聚力。强势品牌所体现出的品牌力，必然以优秀的先进的企业文化为内核。文化是构成品牌的本质要素，品牌折射出企业的理念，是企业长期价值取向的沉淀。

品牌在全球范围引领企业发展，参与国际竞争；文化主要在企业内部产生价值，间接在全球范围塑造企业优秀形象，展现责任和担当。没有品牌的知名度和美誉度，企业文化的外部延展就会逐渐与社会发展脱节。品牌是企业文化联系受众（客户、消费者等相关方）的桥梁。

在我国，对企业文化的讨论和普及相对要早一些，企业品牌的出现则相对要晚一些。因为我国是现代市场经济的后来者，西方发达国家对现代市场开发较早，因此，他们在企业品牌建设方面起步早、耕耘深、收获丰厚。

例如，20世纪50年代，德国就实施了“以质量推动品牌建设，以品牌助推产品出口”的质量政策。60年代，日本就实施了质量救国战略。80年代美国出台了“质量振兴法案”，设立了“波多里奇”国家质量奖，并且由总统亲自为获奖者颁奖。90年代韩国实施了“21世纪质量赶超计划”。上述国家通过品牌建设为开拓国际市场，助推经济腾飞发挥了积极作用。因此，从国家层面来说，品牌建设是塑造国家品牌的重要手段。那么，从行业和企业层面来说，企业的文化建设与品牌建设，是企业十分重要的战略性的议题。

如果说品牌是对客户宣告企业的价值承诺，那么文化是对内部员工自身价值取向和行为的指引，品牌要靠文化来支撑，文化可以通过品牌来表现，两者互为表里，都是塑造企业影响力、控制力、领导地位的有力武器。它们直接影响着企业的长远发展，甚至决定着企业的成败与兴衰。

观察当今世界的著名品牌，会惊讶地发现绝大多数被西方发达国家所垄断，中国强势品牌数量较少、占比较低，与经济大国的地位很不相称。

中国因缺少著名品牌在市场上只能获取低微利润，高额利润被发达国家的跨国公司垄断。企业品牌建设的落后给我们造成了巨大的损失，带来了深刻的教训。在很长一个时期都存在一种现象，同样是一家工厂生产的同质产品，只要贴上世界名牌产品的标签就会实现华丽转身，市场价格比国内同质产品的价格成倍甚至十几倍地提升。

由于对品牌关注不够，有些企业对品牌认识不足，建设不力，在认识上存在偏差。例如，一些企业存在将企业文化与企业品牌混为一谈的现象；一些企业营销人员认为企业品牌与文化关系不大；还有的企业将创建品牌简单化，认为打打广告就是创建品牌。尤其现在是“移动短视频”时代，有的企业认为流量就是品牌。殊不知没有企业文化支撑的流量品牌，可能就是建在沙滩上的高楼大厦，基础不牢，地动山摇。一时光鲜靓丽，遭遇一个危机就会崩塌。比如：2023年9月10日晚，美妆品牌花西子遭网友质疑直播间79元花西子眉笔价格太贵，美妆知名博主李佳琦怒怼网友“哪里贵了？！”质疑网友没有努力打工。花西子回应不当，品牌口碑一落千丈，可以说是近年来企业“没文化”方面的一个典例。

这些都是比较初级层面上的认知，甚至有一些观点急需纠正，而这先要进一步厘清企业的品牌和文化的关系，真正洞察和了解二者如何相互影响。

其可以表述如下：

品牌是品牌，文化是文化

二者虽然有交织，但毕竟是两个概念。品牌是皮棉袄的外皮，文化是皮棉袄的内瓤。如果皮棉袄的外皮设计不优美、制作不精美、擦得不够亮，的确会影响皮棉袄的价值；但是如果皮棉袄里面的是黑心棉、是假羽绒、是不合格的腈纶，这个皮棉袄擦得再亮，迟早也会露馅，它的价值也会贬损。

品牌的文化

主要强调的是在企业的内部，大家通过反复讨论，对品牌的认知达成了共识，明晰了品牌的定位是什么，内涵是什么，核心价值理念是什么，主张和表达以及外在形象、宣传用语是什么，这叫“品牌文化”。

文化的品牌

主要强调的是在企业外部环境里，某种企业文化或者某个文化产品，它已经形成了品牌，比如中国石化的“为美好生活加油”、南方电网的“万家灯火，南网情深”等已经成为一个品牌，得到方方面面的认可。再比如家喻户晓的春晚，最开始只是一个文艺晚会，但是经过连续四十余年的打造，持续不断创新，不断丰富其内涵，变化其形式，就形成了一个独一无二的品牌，影响力遍及全球。还有贵州村超，从一个普通的地方文化活动，一跃而成为全国知名的品牌，文化产品自身价值也在迅速提升，这些都叫“文化品牌”。

总的说来，企业品牌和企业文化有着共同的本质属性，二者都属于企业经济和管理范畴，都是一种经济文化，是现代企业的一种软管理科学，是指导企业经营生产、提升安全质量、规范员工行为的管理理论和管理方法，具有明显的管理性、经济性，本质上都属于经济和管理范畴。

（1）使命相同

企业品牌与企业文化都不能脱离公司的生产和经营，都是要通过增强企业软实力、扩大知名度、提升美誉度服务于企业的发展，甚至决定着企业的成败与兴衰。因此，企业品牌与企业文化两者之间的使命具有一致性、共通性。都是要在“企业为什么而存在”这样的根本问题上给出回答，而且始终不能偏离这一根本性的方向，做出背道而驰行为。

（2）目标相同

目标就是“企业要发展成为一家什么样的企业”，这是一个共同的发展愿景，是企业希望达到的“彼岸”。这个愿景目标对所有人来说是一致的，为了共同的目标而努力，在共同为实现奋斗目标拼搏的过程中，结下共同的情谊，凝聚深厚的情感，企业生命也因此更加活力充沛。

（3）主体相同

这个主体指的就是全体员工。企业文化和企业品牌的建设都离不开全体员工的参与。一些企业员工在认识上容易产生误区，认为企业文化与企业品牌建设是领导和相关部门的事情，与自己无关。其实企业品牌与企业文化是全员的事，与每一个员工休戚相关、荣辱与共。有这样一个企业案例，一位远道而来的客户在厂招待所住宿和用餐时，遭受到招待所服务员和厨师的冷遇，气愤不已，离开时发誓永远不会再来，致使这个企业从此失去了这个大客户。这个案例说明，每一个员工都是企业文化的诠释者和企业品牌的体现者。只有企业全员参与才能建设好企业品牌和企业文化。每个人都是企业的主人翁，就是强调这种主体意识和责任意识。爱企如家、爱厂如家必须是发自内心的责任体现。

（4）个性相同

企业文化和企业品牌都强调个性。企业文化不是照搬照抄国家政策法规和其他企业的文化理念，企业品牌也不是一拍脑门就定出来一个名字、喊出来一个口号，它们一定都是建立在企业个性的基础上，从企业个性的特殊土壤里生发出来。每个企业都有自己的个性，正如每个人都有自己与众不同的地方。企业的业务特点只是一方面，更重要的是构成企业的人。人的独一无二决定了企业个性的独一无二。而企业文化和企业品牌一定是这种企业个性的展示，是独特内涵支撑的外在表达。

（5）生命相同

企业是一个生命体，因为组成企业的人是活生生的。企业集合了人的生命情感，企业的品牌和文化因此也是有生命的。二者几乎同时而生，又同时具有超越空间和时间而长存的本能要求。但二者的确又是共荣共辱、共生共存的：一旦企业文化变质了，那么品牌将不复存在；而如果企业品牌升级了，那么企业文化也一定会随之发生变革。二者的这种“同时性”“同步性”目前还没有引起企业的注意，但这种情况一定会愈发频繁地发生，将来也一定会成为企业管理的一个重点。

3 品牌与文化的“同中之异”

企业的品牌与文化，相伴相生，互相促进。我们在认识了企业品牌与企业文化的共性之后，再来看看它们之间有哪些“同中之异”的关系。

（1）基础不同

就内部而言，企业品牌和企业文化形成的基础不同。虽然企业品牌形象主要是在对外传播的基础上建立起来的，是一个开放的系统，主体是物或可物化的存在。但是企业品牌是企业的战略性资产，被称为品牌资产。在这个战略性品牌资产之上，品牌形象得以建立。品牌形象是在总结市场竞争状况、自身产品状况、消费者因素的基础上精心设计而成的，需要在激烈竞争的市场中，给产品一个明晰而独特的定位，塑造鲜明独特的形象，与消费群体的文化特性相吻合。企业文化则主要建立在企业管理基础之上，主要面向企业内部的系统，建设的主体是企业员工。在企业经营发展的历程中，企业文化随着企业的发展会慢慢积累、逐渐成型，要经历由不自觉到自觉、无系统到有系统的过程，需要不断地总结、提炼和提升。

（2）作用不同

就对象而言，企业品牌和企业文化的作用不同。企业品牌建设针对的主要对象是外部（消费者、供应商、行业、国内外市场）。打造品牌个性，使品牌具备文化特征和人文内涵，使消费者认同品牌所体现的文化。企业品牌建设的重点是丰富品牌形象，塑造品牌个性，通过营销策划、促销、宣传等活动，运用故事、案例、仪式等举措，提升品牌的影响力和客户忠诚度，保持产品在市场中长盛不衰。企业文化的对象则是企业内部员工，主要作用是明确企业发展的目的和方向，充分发挥导向作用、凝聚作用、激励作用、约束作用，统一企业愿景、核心价值观和企业精神，统一内部员工的意志，把员工的个人目标引导到企业目标上来，应用企业文化取得良好的社会形象以形成员工和组织的良性互动，有效增强组织的整体竞争力。

（3）方向不同

就传播而言，企业品牌和企业文化传播路径和方向不同。企业品牌建设活动中的重要活动是向企业外部传播。通过品牌建设与企业外部相关方进行有效沟通，建立良好互动关系，让与企业相关各方认识了解企业，扩大企业知名度和美誉度。企业文化作用的对象主要是内部员工。通过凝聚人心，鼓舞斗志，增强企业软实力，增强市场竞争能力，培育基业长青基因。

（4）体系不同

就结构而言，企业品牌和企业文化的体系不同。企业品牌创建活动主要由品牌建立、品牌设计、品牌传播、品牌维护和品牌提升等环节构成。企业品牌建设的过程就是加强品牌维护和管理，充分运用整合传播手段，将品牌充分展示、不断更新的过程。企业品牌形象是一种品位、一种格调，它的主要特征是与用户共鸣和体现企业的价值取向。企业文化体系则主要由价值观念、企业精神、企业信仰、企业使命、领域定位、经营管理策略或者哲学、思维方式、企业战略、企业目标、伦理道德、企业作风、企业美学、员工行为准则等内容构成。通过企业文化建设凝聚员工、上下同欲，确保公司战略实施和愿景实现。

总之，企业品牌与文化双修，是一个新生的课题，也是中国企业走向世界，真正屹立于世界舞台中央的一个必须克服的挑战。这里无所谓成败，但这个过程一定充满了挑战，需要有足够的勇气和智慧去实践。关于品牌与文化的双修关系，本书只是抛砖引玉，也衷心希望有更多企业和有识之士参与讨论，一起推动从理论研究到实践检验，向时代交出一份漂亮答卷，向世界贡献中国智慧，展示中国气象。

第二节
文化是什么

文化具有生来“隐性”的特点，虽然不可看见，但是却真实存在，如同穿了一件“隐身衣”一样。而就是这样看不见的价值、信念和世界观，影响着人们真实的生活，转化为人们创造的物质和精神。

1 文化的定义

“文化”是一个我们既熟悉，又陌生的概念。说熟悉，因为我们经常把“文化”这个词挂在嘴边，如“你是个文化人”“我没有什么文化”；说陌生，因为很难一下子准确地给出“文化”的明确定义——究竟什么是文化？中外无数学者从学术角度进行了长期的讨论，为此著书立说可谓是汗牛充栋，然而却没有讨论出一个大家都认可的定义。因为“文化”是一个内涵与外延都开放的名词，给人们带来无限的空间。

下面让我们一起来试着做一番简单的探讨，探讨什么是文化的通俗概念、文化的基本特征、文化的重要作用等，以期使读者对文化有一个粗浅的认识。

（1）文化的通俗概念

文化，根据现代学者的研究，在德文中为kultur，在法文中为eulmure，在英文中为culture，它们都源于拉丁文cultura一词，具有“耕作、居住”等意，后来进一步引申为“培养”和“教育”的意思。现在学界对文化的定义，倾向于更明确地区分现实的行为和构成行为原因的抽象的价值、信念以及世界观。请注意这里的关键词语："价值""信念"以及"世界观"，这些东西是看不见的，也就是说，文化具有生来"隐性"的特点，虽然不可看见，但是却真实存在，如同穿了一件"隐身衣"一样。而就是这样看不见的价值、信念和世界观，影响着人们真实的生活，生成行为，转化为人们创造的物质和精神，而文化就反映在人类的一切创造之中，是一个复杂的存在。

说完了学术，我们再换一种通俗的说法，了解"文化"究竟是什么。大书法家欧阳中石老先生认为，文化是人类对"美好"的追求。在《易经》里说"文"字："物相杂，故曰文。""杂"原来写作"襍"(简化其为"杂")，左边是个"衣"字，右边是个"集"字。从造字来说，意思是有很多鸟飞在一棵树上，还穿上各种各样的衣服，很好看，就是"襍"。也就是说，多种样子、多种事物集中在一起，花花绿绿的，这就叫"文"。此外还有一个解释，在《礼记》中说："五色成文。"各种颜色都聚集在一块，这就是"文"。各种颜色都聚集在一块，但不是杂乱无章地随便一堆，而是有它的章法，多而不乱，所以也说"文章"。各种事物聚集在一起，而且不乱，有章法，这就叫"文"，是一种美好的象征。使社会上的各种东西都具有了美好之意，就叫"以文化之"；都让它变成了美好的，使之"美好"起来，这叫"文化"。这也正是《周易》之《贲·彖》所说的："刚柔交错，天文也；文明以止，人文也。观乎天文，以察时变；观乎人文，以化成天下。"天下所有的物质和精神财富都是人所创造出来的，而且请注意，都为了一个根本的目的——为了"美好"而出现的，为了让我们的生活和生命拥有一个更加和谐、美好、舒适、丰盛的环境。我们的祖先很早就认识到，我们所处的这个世界，是以"人"为中心的。在周代以前，我们有重鬼神、甚至有杀害人牲以祭祀鬼神的传统，但是到了周取代商以后，尤其是周公，制礼作乐，一个根本的目的，就在于确立"人"的根本和主体性地位。天在上，地在下，人在中间，人仰头而察天，低头而观地，健康快乐积极阳光地生活在世间，用自己的双手去努力创造。而我们所创造的这一切，都可以称为"文化"。这是通俗意义上的"文化"的大概念。

文化的"化"字其内涵则更为丰满。甲骨文的"化"字是互相颠倒180度的两个“人”字。一正一反的人形，表达的是“颠倒变化”之意。因此有“文化文化，重在变化”之说，这种说法得到学术界的普遍认可。我年轻时读的中文系，古汉语语法中有个“使动”用法，这个“化”字就是“使动用法”，就是“使什么东西变成什么样子的”意思，比如工厂要实现“数字化”“自动化”“现代化”，就是要把工厂的生产用数据管理起来、使之自动运转，变成现代管理。

商　战国　《说文》小篆　汉　楷书

文化，产生于人类社会之中，是一种社会现象。它是由人类长期创造形成的产物，同时又是一种历史现象，也就是说，文化存在于空间之中，也存在于时间之中。它不是孤立的、零碎的、断裂的，而是人类社会与历史的积淀物，是连续不断的存在，只是在不同的时代有不同的外衣，究其实质，仍然是凝结在物质之中又游离于物质之外的、能够被传承和传播的国家或民族的思维方式、价值观念、生活方式、行为规范、艺术表现、科学技术等，它是人类相互之间进行交流的、普遍认可的、能够传承的意识形态，是对客观世界感性上的知识与经验的升华。

如果说得再简单直接一点，文化就是一个组织内的潜移默化形成的是非观、美丑观、价值观。就是一个组织中绝大多数对事物共同的认知——一种价值判断，并由此而形成这个组织特有的态度和行为，且一代代传下去。不管其表象是什么，骨子里面就是大家对事物是美是丑、是好是坏，或者某一件事是非对错的一个价值判断。举例来说，我们说酒文化，是指大家觉得这么喝酒是对的，那么喝酒是错的；我们说食文化，是说这个东西好吃、那个东西不好吃，这么做是好吃的，那样做是暴殄天物是不好的；我们说建筑文化，是认为这样建设出来的楼房是好看的，那样建设出来的是不好看的；我们说服装文化，是说这么穿是好看的，那样穿是不好看的……是非、美丑、对错、好坏，都是文化最实质的东西，是理解文化的密码。

中国的书法文化亦是如此。中国人会觉得我们的汉字有一种只可意会不可言传的美。其他国家、其他民族、其他文化的人们未必对此能够认可。即便是同一种汉字，也有人喜欢颜体，有人喜欢欧体。好看不好看，就是一种书法的文化。

大小、疏密、干枯、浓淡、急缓，所形成的韵律和变化是一种高深的书法文化。

在我们中国，有过春节的传统。春节是我们祖先的发明，也是我们中国文化的一个代表。一年之计在于春，我们是农耕文明，春天当然要早早计划，早做打算。但更重要的还是“正月”，正者，政也。在这一个月里，我们不仅仅要走亲访友，而且要深刻地思考功过得失，自我省察——这实际上就是一种文化的自省。春节有着一套复杂的仪式：贴福字、放鞭炮、吃团圆饭、穿新衣、拜年……春节对每一个中国人来说都是最重要的节日，也是几千年的传承。不论朝代更迭，还是近现代从农耕文明到工业文明的变迁，春节始终还是春节，它就在那里，依然是亿万华夏儿女的情感寄托。

从春节文化，我们也不难看出，需要很久的历史才能形成一种文化；而文化一旦形成，将会有着巨大的惯性，从历史到现代，影响深远。

（2）文化的基本特征

文化从社会和历史中走来，它有着时代性、民族性、包容性、延续性和创新性的基本特征。

➡ **时代性** 人类历史上先后出现过奴隶制文化、封建制文化、资本主义文化和社会主义文化，还出现过游牧文化、农耕文化和工商文化等。不同时期的文化具有不同的特征。适应时代变化的文化会得以传承，保存活力，不适应时代的文化会逐渐淘汰，退出历史舞台。比如前些年，大家比较崇尚欧美文化，家里的装修就欧式多。现在文化自信恢复，就中式偏多。我80年代在南京工作，家里装修是水曲柳的材质，简欧式装修；90年代换了房子，是胡桃木材质，繁欧式装修；00年代到北京，装修风格是简中式，10年代是繁中式。如果有机会再装修，我会选择明式风格——这就是装修文化的时代性在我家里折射的影子。

➡ **民族性** 不同的民族，即使处于同一时代、同一地区，其文化也会各有特色。不同的民族从先祖那里传承的文化基因不同，因此对文化的认同、崇尚有别。在日益开放，全球融合的背景下，特别需要了解、学习民族文化，有利于减少和避免文化冲突。大家对信伊斯兰教的少数民族有些了解不深。其实伊斯兰教特别崇尚简洁、干净，他们礼拜的地方没有偶像，就是一块地毯。他们的丧葬文化也是非常简朴的，一块白布裹身即可离开这个世界。

延续性 今天的文化大多从过往的历史传承而来，世界上没有哪个民族的文化是与历史断裂凭空产生的。历史文化通常通过文字、经典和口口相传来传承。中国有五千年的文明史、三千年有文字可考的历史，其文化、思想和风俗大体上延续至今。我们现在使用的汉字，从秦始皇统一中国实行“书同文”，到现在过去了两千多年却一直在使用，即使在数字化的今天，仍然有着强大的生命力。中国在很长的历史时期是文化输出国，至今不少国家仍有唐人街，仍延续着唐朝的文化特性。据考证，唐初、唐末，我老家河南光州固始县的陈元光、王审知两位，分别出任福建“闽王”，先后带去大量移民，持续向东南亚繁衍，这些大唐来的人被称为“唐人”。福建、广东甚至东南亚这一带，尤其是客家文化当中，有很多唐宋时期的文化遗痕。包括一些文字的发音，唐诗宋词当中有很多用普通话念诵不押韵的现象，但是用闽南话来朗诵常常就是押韵的。文化最根深蒂固，具有强烈的延续性特点。

包容性 人类生活的地球，被称为“地球村”，任何国家和民族都无法孤立生存，而是要相互交流交往，在交流交往的过程中，往往文化先行。在文化的交往过程中，需要不断调适，学习吸收先进外来文化，改革自身文化。2023年春节，口罩期一解禁，我和夫人就买票去了迪拜。在迪拜我们强烈地感受到文化的包容性、多样性，文明是可以和谐共处的。为此，我还填了一首词《沁园春·迪拜过年》：“廿八动议，廿九购票，除夕成行。笑老夫癫狂，犹犯少病。不醉自醉，异域风情。老友老妻，老酒老话，万里之外庆新春。憋三载，尽扫阴霾气，天下任我行。三十年前渔村，建奇楼天塔耸入云。叹比肩上海，直超深圳。白袍黑袍，亦仙亦神。富奢金迷，阔少彬彬，华丽极致亦平衡。自惊叹，世界如此多元，当容多彩文明。”

中国文化同样具有很强的包容性。儒家和道家本土文化对外来的佛教、伊斯兰教、基督教、天主教等文化中的合理先进部分都能大度包容、和睦相处、兼收并蓄，这是中国文化的一大特色。反观西方国家历史上发生的冲突与战争，不少与宗教文化冲突有关。而中国文化的包容性能在文化交流中吸收借鉴其他民族文化的积极成分，正如季羡林先生所说的那样，既拿来又送去，把外国的好东西拿来，把自己的好东西送去，这叫拿来主义和送去主义相结合。通过拿来和送去，推进我国文化建设，培育出精神振奋、品格高尚的民族精神，这是我们今天弘扬传统文化的应有之义。

创新性 这个世界唯一不变的是变化。文化来自社会实践，其生命力在于适应时代实践。任何国家、民族的文化只有不断创新才能保持生命力。当初的“唐人街”也许只是讨生活、挣一口饭吃的小商小贩的聚集地，今天，中国则带着“建立人类命运共同体”的宏大构想、倡议双修“一带一路”，发展多边主义，中国理念中国智慧中国方案成为世界人民的共识，中国正在日益走回世界舞台的中央。

比较好玩的一个视频是肯尼亚的军队接受中国教官的训练，喊出的口号居然是汉语的1-2-1。随着中华文明的伟大复兴，世界上会有越来越多的人认为中国的话好听、中国的字好看、中国的菜好吃、中国的歌好听、中国的道路很对——是非、对错、好坏的标准输出，才是真正的文化输出。

2 传统文化与企业文化

文化是一个国家、一个民族的精神家园，体现着一个国家、一个民族的价值取向、道德规范、思想风貌及行为特征。

（1）中华优秀传统文化

中华优秀传统文化是中华5000年文明的结晶，是中华民族的独特标识。

中华优秀传统文化是中华民族的“根”与“魂”，如果丧失了根脉、丢掉了灵魂，就无法在世界上立足，更何谈成长与壮大。在新时代，我们要将传承和弘扬中华优秀传统文化与涵养社会主义核心价值观、建设中国特色社会主义精神文明有机统一、紧密结合，不断铸就中华文化新辉煌。

正如习近平总书记《在文化传承发展座谈会上的讲话》指出：“文化关乎国本、国运。”“中华优秀传统文化有很多重要元素，比如，天下为公、天下大同的社会理想，民为邦本、为政以德的治理思想，九州共贯、多元一体的大一统传统，修齐治平、兴亡有责的家国情怀，厚德载物、明德弘道的精神追求，富民厚生、义利兼顾的经济伦理，天人合一、万物并育的生态理念，实事求是、知行合一的哲学思想，执两用中、守中致和的思维方法，讲信修睦、亲仁善邻的交往之道等，共同塑造出中华文明的突出特性。”中华文明突出的连续性、创新性、统一性、包容性和和平性，对形成和维护中国团结统一的政治局面，对形成和巩固中国多民族和合一体的大家庭，对形成和丰富中华民族精神，对激励中华儿女维护民族独立、反抗外来侵略，对推动中国社会发展进步、促进中国社会利益和社会关系平衡等，发挥了十分重要的作用。

历史学家斯宾格勒说过一句振聋发聩的话：“一个失去了文化的民族已不成其为一个民族，只是‘一堆人口’。”中华文明绵延数千年，从未中断，其深厚的底蕴是我们文化自信的底气。

习近平总书记无疑是对文化特别用心的领袖。他多次谈到文化，尤其是提出“文化自信”非常重要。他指出：“坚定中国特色社会主义道路自信、理论自信、制度自信、文化自信，说到底是要坚定文化自信。”“文化自信，是更基础、更广泛、更深厚的自信，是更基本、更深沉、更持久的力量。”“坚定文化自信的首要任务，就是立足中华民族伟大历史实践和当代实践，用中国道理总结好中国经验，把中国经验提升为中国理论，既不盲从各种教条，也不照搬外国理论，实现精神上的独立自主。”“要把文化自信融入全民族的精神气质与文化品格中，养成昂扬向上的风貌和理性平和的心态。”他要求：“深入挖掘中华优秀传统文化蕴含的思想观念、人文精神、道德规范，结合时代要求继承创新，让中华文化展现出永久魅力和时代风采。”

当今世界，国与国之间的较量，越来越多地体现在文化软实力的较量上。文化软实力在某种程度上已成为衡量一个国家综合国力和国际话语权、规则制定权的关键因素。一个国家、一个民族的强盛，总是以文化兴盛为支撑的，中华民族伟大复兴需要以中华文化发展繁荣为条件。

文化自信是中华民族伟大复兴的精神基石。我们建立文化自信并非凭空而来，而是来自历史与理性。

因为工作的原因，我多次到埃及。在巍峨的金字塔之下，常常感慨古埃及文明的伟大，感叹古埃及文明的衰落。5000多年前，我们和古埃及人一起对抗各种天灾；4000多年前，我们和古巴比伦人一起使用青铜器；3000多年前，我们和古罗马人一起南征北战，为子孙后代打下了大片疆土；1000年前，我们和阿拉伯人一样屹立在世界之巅，万国来朝；500年前，我们的船队扬帆世界传播友谊……

几千年来，我们的对手换了一批又一批，只有我们的文化薪火相传，延绵不绝。虽然我们也没有逃过盛极而衰的规律，我们在习惯了八方来朝、沉浸在天朝上国美梦中的时候，最终被西方列强的坚船利炮打开了国门，进入了5000年来最屈辱的时期，交出了代价惨重的学费。我们必须铭记落后挨打的历史，汲取惨痛教训，但是也没有必要让近代百年的屈辱史成为心理阴影、丧失自信、永远自卑。纵观人类历史，我国在5000年的文明史上也就落后了100多年而已。其实，世界上很多大国都有屈辱的历史。德国在二战之后分裂成两个国家，几十年后才得以统一。法国二战时期直接亡国投降。历史上风靡一时的奥斯曼帝国解体了。英国的日不落帝国美梦也破碎了。印度直接被英国殖民了。超级大国苏联也没能逃脱解体的命运。因此，任何国家的发展都不会是一帆风顺的。我们要有自信，要有胸襟，要勇于张开双臂去拥抱中华民族的伟大复兴。

事实上，中华优秀传统文化早已走向世界，越来越受到国际社会认可，中华优秀传统文化中蕴藏着解决当今国际社会共同面临的一系列难题的重要启示，值得全人类共同珍视和爱护。2014年春天，习近平总书记出访欧洲多国。在法国巴黎，谈及拿破仑的“中国睡狮论”时，他说：“中国这头狮子已经醒了，但这是一只和平的、可亲的、文明的狮子。”在德国柏林，驳斥“国强必霸”的陈旧逻辑，他说：“当今世界，殖民主义、霸权主义的老路还能走得通吗？答案是否定的。不仅走不通，而且一定会碰得头破血流。”在比利时布鲁日，他道出中国选择和平发展道路的历史逻辑：“中国人民对被侵略、被奴役的历史记忆犹新，尤其珍惜今天的生活。中国人民希望和平、反对战争，所以始终奉行独立自主的和平外交政策，坚持不干涉别国内政、也不允许别人干涉中国内政。”是的，狮子已经醒来。但我们是捍卫和平的力量，我们的文化基因是和平，是讲信修睦、亲仁善邻，是协和万邦、天下大同。

综上所述，我们应当对中华文化自信底气十足、深信不疑、荣莫大焉。

（2）企业文化的构成

正因为有着五千年深厚的文化底蕴，我们中国企业的文化从一开始，就有了自己独特的基因，有了独立的精神和品格。

记得30多年前，我刚刚调到南京扬子石化的二甲苯车间做党支部书记。当时赶上装置意外停车，所有的主任、工艺员、设备员、安全员（包括办公室的人员），没有任何人动员、通知，都留下加班，吃住在现场。连续好几天，装置恢复生产后，大家才正常下班回家。事后我提出：是不是开个总结会，表彰一下这些同志？车间主任说不用，多少年来一直都是这样，大家已经习以为常了。

我后来想，这就是这个车间的文化。大家都觉得装置出事了，留下来加班加点是天经地义的，不留下来加班大家反而觉得你这个人比较另类。这往低了说就是“加班文化”，往高了说就是“奉献文化”，这个就是这个车间或者这个企业的文化底色，是企业文化的重要组成部分之一。我们可以类比的是一些外资企业的“拒绝加班文化”，他们认为拿多少钱就干多少事、上多长时间的班，一到点就把工具一停，立即下班回家。八小时以外的时间是属于自己的，至于周末更是不能加班的，增加加班费也不行。从这个角度来看，虽然在制度上没有规定，但是企业跟企业之间的文化差异事实上是存在的。

这也就引出企业文化的定义。埃德加·沙因是公认的企业文化理论之父。他给出的定义是：“企业文化是某一群体在应对外部环境解决其外部适应问题和处理内部整合关系时，习得的一系列共享的深层假设的集合。它们在群体中运行有效，并被群体传授给他们的新成员，作为其解决类似问题时感知、思考和情感体验的正确方式。”根据沙因的理论，如果一个企业在解决内部和外部问题的过程中，共同形成了大量重要的经验，形成了共同的世界观，并且这种世界观支配着这个群体的共同行为，这时就形成了企业文化。企业文化一旦形成就会传续下去。

沙因的企业文化理论至少告诉我们三点：

首先，企业文化具有稳定性，一旦形成就相当稳固且难以改变。因为它代表着一个群体对于他们获得成功的思维、感觉及认识世界的方法论的积累过程，久而久之又形成了一定的行为方式。

其次，企业文化的核心内容往往是内隐的、不可见的。不一定有制度，是大家约定俗成，觉得天经地义、就应该如此的。认识这一点很重要，这也说明了国内很多企业认为企业文化工作难做的原因。

再次，企业文化本身没有对错。企业提出核心价值理念并进行企业文化建设的关键，是要契合企业未来的发展方向及其所处的外部环境，否则这些价值观将不会有任何效果。

我个人觉得，企业文化是一个企业内部在长期的经营管理实践中所形成的价值观念，和在这一观念指导下的经营管理实践及行为方式，以及由此凝结、长期积淀下来的、习以为常的对错判断、是非标准、美丑评价、行为规范。

这么说还是比较理论。我经常通俗地这样解释，企业文化有千千万万种表象，但最核心的就只有一种——这个企业内部绝大多数人对一件事情的下意识的“是非、美丑、对错的判断标准”，大家都觉得合乎这个标准就是正确的，不合乎这个标准就是错误的。久而久之，习惯成自然、自然成规范，“不用扬鞭自奋蹄”就成为企业文化了，也就“大象无形”了。

请注意，在这段话中，我要强调四个关键词语：

第一个关键词是企业内部。“物以类聚，人以群分”。一个企业和另外一个企业，总会让你感觉到他们的气质不一样。透过现象看本质，实际上是这个企业和另外一个企业，区别在于他们在对一件事情的是非标准的判断上和对问题的处理的方式方法上不一样，因此让你感觉到他们的言谈举止是这个企业而不是另外一个企业。

第二个关键词是绝大多数。也就是说在这个组织或者在这个企业里，绝大多数的人已经就某些事情的对错判断、某些事情的是非标准、某些事情的处理达成了共识，他们都会这样做，不需要查制度，不需要请示领导，他们就是这么想的、这么做的。

第三个关键词是是非标准。这是所有企业文化观察的核心中的核心。一些事物的共同的认知标准或者叫是非标准，也就是说在这个组织内，绝大多数人都真心诚意认为这样做是对的、那样做是错的，这样做是好的、那样做是不好的，这样做是美的、那样做是丑的。而且大家坚信这一点，已经深深地烙印在自己的脑海当中，并自觉付诸行动。

第四个关键词是大象无形。企业文化似乎是看不见的，但又是无所不在的。企业文化包括制度，但不仅仅局限于制度。制度永远无法涵盖所有的实践，制度之外的判断与决策取决于企业文化，也就是这个群体天长日久形成的价值观、是非标准。企业文化包括管理，但不仅仅局限于管理。管理者永远无法天天看着所有的人、管住所有的事。管理之外的判断与决策也取决于企业文化，取决于干部员工共同的价值观、是非标准。

去年，我有机会到珠海格力电器去调研、学习，在那待了一整天时间，也跟董明珠大姐聊了两三个小时，对他们的企业文化有强烈的感受，深深地感受到董明珠主导了格力电器的企业文化，她在本单位也特别受推崇，员工对她达到了崇拜这种状态。年度晚会出现“我的妈妈是董明珠”，在外面，大家觉得这个好像个人崇拜太重；但是在企业内部丝毫不会感到突兀，这是他们的企业文化。

因此，企业文化中的“文化”不能简单地理解为唱唱歌、跳跳舞、写写画画，那只是文化的载体。文化最核心的部分是这个企业的是非观、美丑观、价值观。

毛泽东主席曾经说过，“没有文化的军队是愚蠢的军队，而愚蠢的军队是不能战胜敌人的。”我理解毛主席所说的文化，不是简单的认识不认识字、知道不知道什么知识，而是说有没有正确的价值观，有没有对错是非观念，有没有理想和信念。《西行漫记》作者埃德加·斯诺写道毛泽东带领红军，开始几万人的队伍，千难万险最后剩下几千人走到延安，穿得破破烂烂的一帮人，士气非常高昂，打仗都很玩命。什么原因？就是毛泽东用精神、用文化、用思想来带队伍，是绝对一流的。

有一年我到六盘山去旅游，看到一块巨大的诗碑，刻着毛主席当年写的一首诗：“六盘山上高峰，红旗漫卷西风。今日长缨在手，何时缚住苍龙。”反复吟诵，感觉非常有气派。但是我们了解那段历史，恰好是长征走到最困难的时候，丢盔弃甲，减员严重，甚至是走投无路的时候。毛主席以他坚定的信念、崇高的理想、顽强的意志，带领这支军队继续前行，最终找到了光明之路，靠的就是文化，共同的文化。

因为文化是自觉的，是你觉得天经地义、心甘情愿的；而制度和纪律也很重要，但是有时候是被动的、强制性的。正因为中国的军队特别重视理想、信念、价值观这些精气神，所以他们知道为什么打仗、为谁而打仗，所体现出来的战斗作风往往是非常顽强的，表现最突出的是在抗美援朝当中，我们是以气胜钢。

新中国成立以后，全国人民在非常艰苦的条件下，斗志昂扬，奋发图强。那时候工资不高，建设社会主义的积极性却非常高涨，靠的是什么？就是毛泽东主席特别擅长用文化、用使命、用远大理想和价值观来带领全国的十亿人民这个大队伍。

企业管理界一直有个说法，就是说“三流企业靠老板，二流企业靠制度，一流企业靠文化”。究竟企业文化对各方有什么价值？这方面国内外研究的资料特别多。我想可以从以下几个角度来看这个问题。

➡ **从企业发展角度看**，企业文化有利于长期的发展战略引领。一个企业的文化将决定这家公司能够走多远和发展的前途空间有多大。因为企业文化考虑的关键是使命和愿景，这就逼着公司在考虑战略规划和布局的时候，必须来考虑如何打造一个百年企业，一个伟大的企业，这就使得企业文化成了辅助实施公司战略规划和布局的有效工具。

➡ **从企业队伍建设角度看**，企业文化有利于集合志同道合的队伍。古人云：“道不同，不相为谋”，其实这个“道”就是文化和价值观、是非观。“道相同”有时候比“能力强”还重要。企业文化也是激励和激励员工的主要平台，是企业吸引、招募、雇用和保留的最有力资源。通过企业文化，可以为企业提供最志同道合的、高水平的人才，而最优秀的人才是创造持续商业成功的催化剂。“兄弟同心，其利断金”，也只有价值观上的一致，才能使企业的全体上下员工齐心协力往企业共同的发展方向前进，从而打造成为百年老店、伟大公司。

➡ **从员工管理角度看**，企业文化有利于队伍约束。企业文化能对企业整体和企业成员的价值及行为取向起引导作用，也能对企业员工的思想、心理和行为具有约束和规范作用。当企业的企业文化一旦形成时，它就建立起了自身系统的价值和规范标准，如果企业员工在价值和行为的取向与企业文化的系统标准产生悖逆现象，企业文化会进行纠正并将其引导到企业的价值观和规范标准上来。当然，企业文化的约束不是制度式的硬约束，而是一种软约束，这种约束产生于企业的企业文化氛围中，引导着员工哪些行为不可为，哪些行为可为等，使企业员工产生心理共鸣，继而达到行为的自我控制。

➡ **从企业管理角度看**，企业文化能够激发员工自发的内在工作动力。伟大的、宏伟的、崇高的企业文化能激发员工的使命感，凝聚员工的归属感，加强员工的责任感，赋予员工以荣誉感，实现员工成就感。比如“建设世界一流的公司”的愿景、“报国为民、造福人类”的使命、“不作恶”的价值观，常常会吸引员工为之奋斗。温暖的、合乎人心的价值观常常会让员工引以为豪，会让员工更加积极、更加努力、更加进取。目标越宏伟，使命越崇高，荣耀越高，成就感就越大，吸引力、激励性就越明显。

➡ **从企业高级管理者角度看**，企业文化有利于集中传递自己的思想理念，是顶级的管理工具。最高级的管理者是做思想的管理。比如本书一开始提到的华为的领导者任正非。笔者在华为公司学习时，发现华为文化的引领者不仅仅是任正非，还有以几位元老为核心的精神领袖层。他们不再参与具体的企业经营管理，而是在思想上、文化上、方向上、特别重大事项上给企业以指导，事实上这就是给企业文化“定调子”，是最高级的管理。任正非等华为精神领袖，主要就是通过文化和思想来引领华为。他们虽然不直接参与企业的生产经营决策，但他们事实上是真正的华为掌舵人。

➡ **从伙伴的角度看**，企业文化能够帮助各界了解企业的本质，形成企业的声誉。因为企业的声誉、形象、品牌是企业文化的外现，所以优秀的企业文化，对于提升企业的口碑、品牌形象将发挥巨大的作用。每个企业都是生活在各类公共关系之中的，企业文化可以帮助合作伙伴，包括投资者、客户、供应商、媒体和所有其他利益相关者，通过企业公布的或员工言谈举止中体现的，迅速了解这个企业的本质属性。正如中国石油、中国石化、中国海油这“三桶油”，虽然分分合合，你中有我、我中有你，但还是存在着不少文化差异，说话办事的风格都不一样。这些最终都会变成合作伙伴的口碑、企业的声誉、产品的品牌和公司的形象，而影响企业的可持续发展。

（3）企业文化的发展历程

企业文化是在一定的条件下，企业生产经营和管理活动中所创造的具有该企业特色的精神财富和物质形态。它包括企业愿景、文化观念、价值理念、企业精神、道德规范、行为准则、历史传统、企业制度、文化环境、企业产品等，其中价值观是企业文化的核心。

笔者在做企业文化培训时，尝试了让听众通过三步法逐步删繁就简，很快记住企业文化概念的方法，即记住八个关键字的方法。

☞ 第一步：企业文化是企业在长期生产经营活动中确立的，被企业全体员工普遍认可和共同遵循的价值观念和行为规范的总称。

☞ 第二步：企业文化是企业成员共同的价值观念和行为规范。

☞ 第三步：企业文化 = 价值观念+行为规范。

通过三步法，记住八个字应当是比较容易做到的。

企业文化相对于社会文化属于亚文化，属于子系统。企业文化有别于思想政治工作，属于企业管理范畴。

目前，学术界普遍认为企业文化发展有如下历程。

20世纪80年代初企业文化理论上演了“四重奏”：即美国加利福尼亚大学日裔管理学教授威廉·大内于1981年所著《Z理论——美国企业怎样迎接日本的挑战》、斯坦福大学教授理查德·帕斯卡尔和哈佛大学教授安东尼·阿索斯于1981年合著《日本企业管理艺术》、阿伦·肯尼迪和特伦斯·迪尔于1982年合著《西方企业文化》以及由托马斯·J·彼得斯和小罗伯特·H·沃特曼合著《成功之路》等的翻译和在中国的出版发行，是企业文化理论在中国传播的开始。与此同时，在一些合资企业及东南沿海企业所实施的CIS战略和强调价值观管理的行为，乃中国企业文化理论传播之发轫。

1987年，原中纪委书记、中顾委委员韩天石同志多次赴广东、深圳等地考察，从南方等地刚刚兴起的企业文化热中察觉到这种新兴理论的大好前景，将对走上改革开放的中国企业以及中国经济和社会发展产生巨大的影响。于是，他和一批理论界、企业界的有识有志之士共同倡议，于1988年成立了中国企业文化研究会。

中国企业文化研究会成立以后，举办了多种类型的学术讨论活动，对于什么是企业文化？要不要搞企业文化？如何建设具有中国特色的社会主义企业文化等问题进行了深入研讨，并逐步取得了共识。

此后，全国性、地区性和行业性企业文化社团组织如雨后春笋般快速生长，活跃在全国各地和行业系统中。这些社团组织进行了卓有成效的研究工作，取得了丰硕的研究成果和实践经验，出版、发表了许多专著和论文，并且为企业界推出了大量的研究成果，受到政府和企业欢迎和好评。与此同时，《中国企业文化报》《中外企业文化》《企业文化》《现代企业文化》《企业文明》等数十种企业文化报刊媒体相继诞生。这些媒体刊物成为了企业文化理论与实践应用交流的良好平台，起到了推波助澜的作用。

企业文化理论研究大致可分为三个阶段：

➡ **第一阶段**　是20世纪80年代初到90年代初期，这个时期主要任务是引进传播与评价，重点在介绍西方企业文化的研究成果。

➡ **第二阶段**　是20世纪90年代初期到21世纪初期，这个阶段的主要任务是以比较、特色研究为主，形成了一大批中国自己的研究成果。

➡ **第三阶段**　是进入21世纪以后，主要以“理论推广，特色案例研究”为主，企业文化教材、案例成果大量出现。理论界和企业界对企业文化理论的关注迅速提升，不少院校工商管理和财经类专业开设企业文化课程，各种社会培训也大量出现。值得一提的是，在党的十八大之后，我国企业文化建设进入了快速发展阶段。企业文化作为社会主义文化的重要内容，在当前繁荣社会主义文化的时期，得到了空前的发展与繁荣。

（4）本土企业文化传统

“企业文化是舶来品”是广泛流行于我国学术界的一种认识，但这种认识有待于商榷。

产生这种现象原因有二：一是在缺乏文化自信背景下的产物；二是所谓的专家

学者习惯于眼睛向外，缺乏对本土企业的深入、系统研究。中国石化集团下属企业南京化学工业公司前身为范旭东、侯德榜老前辈创建的永利铔厂。2021年4月，为了配合中央电视台拍摄《信物百年》，我在南化公司的展览厅、工业遗址、档案室盘桓数日，聆听永利铔传人讲述口口相传的动人故事，让人肃然起敬。

信物百年
（第一张发明证书）

在永利公司成立不久的1928年，范旭东就创办了《海王》内部刊物。范旭东先生重视旬刊、钟爱旬刊。尽管他日理万机，却坚持亲自撰写稿件，据不完全统计，他先后在《海王》刊物上发表的文章达100多篇，这些文章产生了良好反响和重要作用。在他的感召下，马寅初、徐悲鸿等许多社会名流积极为《海王》旬刊投稿，使旬刊声名大振。范旭东先生对企业文化的培育，对媒体的功能认识深刻，并且亲力亲为，值得后人学习借鉴。

范旭东先生亲自组织、发动员工制定了“永久黄”（永利化学工业公司、久大精盐公司、黄海化学工业研究社）团体“四大信条”：

> 我们在原则上，绝对的相信科学；
> 我们在事业上，积极发展实业；
> 我们在行动上，宁愿牺牲个人顾全团体；
> 我们在精神上，以能服务社会为最大光荣。

“四大信条”由侯德榜先生楷书书写，展示在显眼位置。范旭东先生制定的“四大信条”成为“永久黄”团体的共同理念和行为准则，成为企业发展的文化基因。永利铔厂是中国化学工业第一厂，当年的四大信条概括起来就是“相信科学、发展实业、顾全大局、服务社会”。这四大信条到现在为止仍不过时。随着岁月的洗礼，“四大信条”的光辉越来越耀眼，它岂止是“永久黄”人的信条，南化人的信条，而且是中国化工人的信条，也是中华民族深沉的民族禀赋。当我们许多所谓文化专家热衷于到国外去寻找企业文化起源和案例的时候，却出现了“灯下黑”的问题，我们应当增强中华民族的文化自信，到范旭东、侯德榜等先贤的“四大信条”中去挖掘企业文化富矿，去汲取精神营养！

（5）企业文化的特征

➡ 人本性　人本文化在中国有着悠久的历史。《论语》乡党篇记载：厩焚。子退朝，曰：“伤人乎？”不问马。马代表的物和财产，人本是对物本的扬弃，是企业管理的进步，企业文化是人本管理的体现。

企业文化最为关注企业中人的因素的管理与激发。人是一切生产力中最活跃的因素，以人为本是现代企业管理的核心，随着知识经济的到来，人才已成为成功企业不可或缺的重要资源，现代企业的竞争表面上看是产品和服务的竞争，实际上是技术和管理的竞争，归根到底是掌握先进技术和管理知识人才的竞争。人才是最为重要的资源。事业成败的关键就是能不能发现人才，能不能用好人才！

对外部而言，企业的生产和服务必须以顾客为出发点和归宿，在多变的市场竞争中，企业成功与否，看收入和利润，而收入和利润不仅仅依靠商品和服务的价格，在微利的买方市场时代，在很大程度上依赖于购买商品和接受服务顾客的数量和人次，归根到底，依赖于企业满足顾客作为人的需要的程度。企业所有的生产都在于通过各种努力，生产适宜客户本性需求的产品，以至于有人说“懒人创造世界”。大家看现在的手机就是这个特点，它越来越方便、越来越简洁、越来越人性化。可以说以客户为中心也是人本性的一个重要体现。

因此，企业必须以顾客为上帝，以顾客需求为根本开发、生产和提供满足顾客需求的产品和服务，不仅要满足顾客的购买和使用需求，还要做好售后服务，满足客户的售后服务需求。

➡ 学习性　崇尚知识将成为新时代的基本素质和要求。过去有专家认为，今后人类的知识大约以每三年增长一倍的速度向上提升，当今社会有了ChatGPT、百度文心一言之类的大模型推出来之后，知识更新的速度简直是日新月异。知识总量在以爆炸式的速度急剧增长，老知识很快过时。但是我不认为随着人工智能对知识的生产速度过快，人们就应该放弃对知识的学习、只依靠AI，而是应该更换调整原来的学习方式和方法。知识的积累需要学习，创新的起点在于学习，环境的适应依赖学习，应变的能力来自学习，这就需要一种重视学习，善于学习的文化氛围，因而企业不再是一个终身雇佣的组织，而是一个终身学习的组织和学校。因为知识就像产品一样频繁更新换代，使企业持续运行的期限和生命周期受到最严厉的挑战，只有通过培养整个企业组织的学习能力、速度和意愿，在学习中不断地实现企业变革，开发新的企业资源和市场，才能应对这样的挑战。

创新性 我们已经进入了一个全球化的创新经济时代，创新的作用得到了空前的强化，并升华为一种社会主题。企业的发展和壮大离不开创新。创新是企业战略的核心。企业只有基于创新制定战略，才能获得和保持竞争优势。创新是企业的生命源泉，在竞争激烈的时代，成功者往往是那些突破传统游戏规则、敢于大胆创新、不畏风险的人，也就是善于捕捉信息、把握未来、在思维模式上能迅速改变的人。

在信息社会中，充满着不可预测和不确定性，那么怎么才能应对呢？这就需要企业培育创新文化，营造创新氛围、勇于创新实践，以变应变。

速效性 由于现代通信传播工具的广泛应用和互联网的普及，现代企业之间的竞争越来越表现为时间上的竞争，在未来的市场竞争中，不只是大鱼吃小鱼，而且会快鱼吃慢鱼，因此培育起一种重视速效的文化已成为现代企业的当务之急。企业速效文化要求在最快的时间里发现并满足消费者的当前需求。随着科学技术的发展和消费者消费观念的转变，现代市场竞争的焦点，不仅看谁的技术更优良，谁的规模更强大，谁的资本更雄厚，更要看谁最先发现并满足消费者的当前需求并迅速抢占市场。

企业速效文化要求企业每个员工更新观念，树立时间观念，增强危机意识，企业要营造出能够充分发挥员工知识水平和才能的企业文化氛围，在瞬息万变的市场竞争中，建立起最快速反应的机制，让员工充分发挥自身潜能，在各自工作岗位上都讲求效率，不断增强企业的活力。

融合性 企业自身具有追求发展的内在要求，经济全球化也给企业的发展带来了机遇和挑战，目前企业已经从过去的恶性竞争逐步转向既竞争又合作的新型竞合关系，主观和客观因素都迫使企业必须不断融合多元文化，同时，经济全球化也为企业文化的融合铺平了道路，让身处这个时代的企业成为跨文化的组织。实际上，企业融合文化，应当是多元文化、合作文化和共享文化的集合。多元优于一元，合作大于竞争，共享胜过独占。企业有了包容性的融合文化，就能实现优势互补和资源重组，在更为广泛的程度上实现多赢。只有善于竞争和合作的企业才能在市场中不断地做大做强，立于不败之地，成就基业长青。

适应性　生产力决定生产关系，生产关系反作用于生产力；经济基础决定上层建筑，上层建筑反作用于经济基础。企业文化作为企业的上层建筑、意识形态，必须适应经济基础的需要，必须适应生产力的需要，也必须适应企业的战略发展目标的需要。企业的战略目标如果想成为“世界一流”，它就必须有开放包容、合作共赢的全球思维，有敢于争先、勇创一流的拼搏精神，有鼓励创新、容错纠错的工作机制。

（6）企业文化认知的误区

在企业文化建设的实践中，常常会遇到对企业文化的误读和片面理解。企业文化的认知误区主要有以下几点。

企业文化是社会文化的移植　企业文化相对于社会文化来说是亚文化或子文化，社会文化取代不了企业文化，两者不能混为一谈。每个企业诞生的历史、时代背景不一，产品、资源、市场有别，因此难有普遍适用的企业文化，更需要各具特色、量身定制的企业文化。当然，企业文化一定具有当时时代的背景色彩。比如说中国石化2009年推出的《企业文化建设纲要》，把1983年确定的“爱我中华、振兴石化”升级为5个词：“发展企业、贡献国家、回报股东、服务社会、造福员工”，就体现了那个时代上级关于“科学发展观、和谐社会”这一大的社会背景。

企业文化建设是领导的事　诚然，一个企业的企业文化建设是由领导尤其主要领导主导倡导的，但是，绝对不光是领导的事，而是全体员工的事，与每个员工紧密相关。每个员工都是参与者和受益者。离开了广大员工的积极参与，再美妙的计划，再华丽的辞藻都是无本之木，无源之水。

企业文化是先进企业的专利　有的企业认为，企业文化建设是先进企业的专利，后进企业无法搞好企业文化建设。这也是一种片面的认识。不仅先进企业要重视企业文化建设，而且暂时处于劣势地位的后进企业更应该重视和开展企业文化建设。所有的企业也都有自己无意之中形成的文化，所有的企业都有建设自己的企业文化的权利。有些文化不适应生产力的需要，不适应社会的要求，就是落后的文化，应该去修正，这也是企业文化建设。比如说，有的企业有贪腐文化，腐败成风，就必须去改造它。企业文化建设不会成为企业的负担，而是有利于企业凝聚人心、激发斗志、克服困难、改变现状，因此，无论先进企业，还是后进企业都需要建设企业文化。

➡ 企业文化就是搞文化活动　我们经常听到介绍，企业文化工作做得很好，组织了什么联欢晚会、办了多少个媒体、发了多少篇稿子。企业文化建设需要一定的载体和形式，需要报纸电视、微博微信，需要唱歌跳舞，需要标语口号。开展文化活动无疑是企业文化建设的重要内容，但不是全部，也不是核心。企业文化建设是一个系统工程，只有各个子系统优化，才有可能实现母系统优化。企业文化最重要的是通过一定的载体传递出来的企业共同的价值观、是非观念、对错标准，而不仅仅是写写画画、蹦蹦跳跳。

（7）企业文化的普遍作用

企业文化是企业的灵魂，是推动企业发展的不竭动力。

麦肯锡认为："世界500强胜出其他公司的根本原因，就在于这些公司善于给他们的企业文化注入活力，凭借企业文化力，这些一流公司保持了百年不衰。"企业文化建设是提升企业整体素质的系统工程。企业文化力是企业持续健康发展的强大的内在驱动力。企业文化是企业基业长青的基因。企业文化对企业的生存发展主要有以下普遍作用。

➡ 导向作用　所谓企业文化的导向作用就是通过它对企业的领导者和员工起引导作用。企业文化的导向作用主要体现在两个方面：一是经营哲学和价值观念的指导；二是企业目标的指引。企业文化就像一个装在后脑勺里面的无形的指挥棒，让员工自觉地按照企业要求去做事，这就是企业文化的导向作用。企业核心价值观与企业精神，发挥着无形的导向作用，能够为企业和员工提供方向和方法，让员工自发地去遵从，从而把企业与个人的意愿和远景统一起来，促使企业发展壮大。

优秀的企业文化，不仅仅对员工具有很强大引导力，对于合作伙伴如客户、供应商、消费者以及社会大众都有很大引导力；优秀的企业文化对稳定人才和吸引人才方面起着重要作用。没有人不愿意去更好的企业工作；也没有哪一个客户不愿意和更好的企业合作。这就是华为的聪明之处。华为大学对内不对外，专门开辟一个培训部对合作伙伴，原来免费，现在变成收费项目，挣钱绝对不是他们的本意，传递华为文化、培育共同价值观才是他们的目的。当然，这也是最顶级的公共关系——让你认同我，自然选择我。

➡ **凝聚作用**　企业文化以人为本，尊重人的感情，从而在企业中营造一种团结友爱、相互信任的和睦氛围，强化团队意识，使企业员工之间形成强大的凝聚力和向心力。如“厂兴我荣，厂衰我耻”成为员工发自内心的真挚感情，“爱厂如家”变成员工的实际行动。

企业文化可以把员工紧紧地团结在一起，形成强大的向心力，使员工万众一心、步调一致，为实现目标而努力奋斗。事实上，企业员工的凝聚力的基础是企业的明确目标。企业文化的凝聚力来自于企业目标的正确选择。如果企业的目标既符合企业的利益，又符合绝大多数员工个人的利益，即是一个集体与个人双赢的目标，那么说明这个企业凝聚力产生的利益基础就具备了。否则，无论采取哪种策略，企业凝聚力的形成都只能是一种幻想。

➡ **激励作用**　共同的价值观念使每个员工都感到自己存在的价值。自我价值的实现是企业文化的最高精神需求的一种满足，这种满足必将形成强大的激励。企业文化建设取得成功、在社会上产生良好影响时，企业员工会产生强烈的荣誉感和自豪感。他们会加倍努力，用自己的实际行动去维护企业的荣誉和形象。优秀的企业文化在无形中对员工起着激励和鼓舞的作用。良好的工作氛围自然就会让员工享受工作的愉悦。如果在一个相互扯皮、勾心斗角的企业里工作，员工自然就享受不到和谐和快乐，反而会产生消极的心理。企业文化所形成的文化氛围和价值导向是一种精神激励，能够调动与激发职工的积极性、主动性和创造性，把人的潜在智慧诱发出来，使员工的能力得到全面发展。

➡ **约束作用**　企业文化的约束作用主要是通过完善管理制度和道德规范来实现。一是规章制度的约束；二是道德规范的约束。企业文化在与员工的相互作用中处于主导地位。新员工很快会被企业文化同化，不能与企业文化相融的员工则会被企业淘汰。

企业文化本身就具有规范作用，企业文化规范包括道德规范和行为规范。当企业文化上升到一定高度的时候，这种规范就产生无形的约束力。它让员工明白自己行为中哪些不该做、不能做，正是企业文化所发挥的软约束作用的结果。通过这些软约束从而提高员工的自觉性、积极性、主动性和自我约束力，使员工明确工作意义和工作方法，从而提高员工的责任感。

辐射作用 文化力不止在企业起作用，它也能通过各种渠道对社会产生影响。文化力辐射的渠道很多，主要包括传播媒体、公共关系活动等。上级领导、社会公众通过企业文化而认知企业。企业文化塑造着企业的形象，优良的企业形象是企业成功的标志，包括两个方面：一是内部形象，它可以激发企业员工的自豪感、责任感；二是外部形象，它能够深刻地反映出企业文化的特点及内涵。企业形象除了在本企业有很大的影响之外，还会对本地区乃至国内外产生深远影响。

调适作用 企业各部门之间、员工之间，由于各种原因难免会产生一些不协调的问题，解决这些不协调问题需要各自进行自我调节。企业与环境、与顾客、与国家、与社会之间也会存在不协调、不适应，也需要进行调整和适应。企业文化在处理这些不协调问题时能发挥积极作用。

第三节

品牌是什么

大国崛起，品牌先行！品牌是国家综合实力的象征。《定位》的作者之一阿尔·里斯甚至说过：“世界上最富有的国家的经济是建立在品牌之上，而非建立在商品之上，这一点毫无例外。”

1 全球品牌时代已经到来

品牌是企业乃至国家竞争力的综合体现，也是参与全球化的重要资源，拥有国际品牌的数量和质量体现了一个国家、一个企业的经济实力和科技实力。品牌是高质量发展的重要象征，加强品牌建设是满足人民美好生活需要的重要途径。品牌是企业最重要的资产之一，它时时刻刻影响着客户的选择，能为企业带来现实的溢价与未来稳定的收益。伟大的品牌都是由内向外建立和成长起来的，起于认知与理解，始于思路和方法。

2014年5月10日，习近平总书记在河南考察中铁工程装备集团时提出“三个转变”，要求“实现中国制造向中国创造转变、中国速度向中国质量转变、中国产品向中国品牌转变”，为推动我国产业结构转型升级、打造中国品牌指明了方向。为大力宣传知名自主品牌，讲好中国品牌故事，提升自主品牌影响力和认知度，从2017年开始，我国将每年的5月10日定为中国品牌日。

近年来，我国品牌建设取得积极进展，品牌影响力稳步提升，对供需结构升级的推动引领作用显著增强。同时也要看到，新一轮科技革命和产业变革深入发展，品牌发展理念和实践深刻变革，我国品牌发展水平与全面建设现代化国家的要求相比仍有差距。

因此，国家有关部门对品牌工作越来越重视。2022年，国家发展改革委联合六部门专门发出《关于新时代推进品牌建设的指导意见》(〔2022〕1183号)，总体思路是“以习近平新时代中国特色社会主义思想为指导，全面贯彻党的十九大和十九届历次全会精神，深入贯彻习近平总书记关于品牌建设的重要指示精神，立足新发展阶段，完整、准确、全面贯彻新发展理念，构建新发展格局，以深化供给侧结构性改革为主线，以满足人民群众日益增长的美好生活需要为根本目的，坚持质量第一、创新引领，开展中国品牌创建行动。适应新时代新要求，进一步引导企业加强品牌建设，进一步拓展重点领域品牌，持续扩大品牌消费，营造品牌发展良好环境，促进质量变革和质量提升，推动中国制造向中国创造转变、中国速度向中国质量转变、中国产品向中国品牌转变，久久为功促进品牌建设高质量可持续发展”。

指导意见确定的发展目标分两步走。

➡ 第一步到2025年，品牌建设初具成效，品牌对产业提升、区域经济发展、一流企业创建的引领作用更加凸显，基本形成层次分明、优势互补、影响力创新力显著增强的品牌体系，品牌建设促进机制和支撑体系更加健全，培育一批品牌管理科学规范、竞争力不断提升的一流品牌企业，形成一批影响力大、带动作用强的产业品牌、区域品牌，中国品牌世界共享取得明显实效，人民群众对中国品牌的满意度进一步提高。

➡ 第二步到2035年，品牌建设成效显著，中国品牌成为推动高质量发展和创造高品质生活的有力支撑，形成一批质量卓越、优势明显、拥有自主知识产权的企业品牌、产业品牌、区域品牌，布局合理、竞争力强、充满活力的品牌体系全面形成，中国品牌综合实力进入品牌强国前列，品牌建设不断满足人民群众日益增长的美好生活需要。

指导意见从四个方面明确了将要培育的产业和区域品牌。

一是要打造提升农业品牌。实施农业品牌精品培育计划，聚焦粮食生产功能区、重要农产品保护区、特色农产品优势区和现代农业产业园等，打造一批品质过硬、特色突出、竞争力强的精品区域公用品牌。深入实施农业生产“三品一标”（品种培优、品质提升、品牌打造和标准化生产）提升行动，加强绿色、有机和地理标志农产品培育发展，打造一批绿色优质农产品品牌。开展脱贫地区农业品牌帮扶，聚焦特色产业，支持培育一批特色农产品品牌。加强科技创新、质量管理、市场营销，打造一批产品优、信誉好、产业带动性强、具有核心竞争力的合作社品牌、家庭农场品牌和农业领军企业品牌。发展乡村新产业新业态，围绕休闲农业、乡村服务业等，打造一批新型农业服务品牌。

二是要壮大升级工业品牌。大力实施制造业“增品种、提品质、创品牌”行动，形成有影响力的“中国制造”卓著品牌，培育一批先进制造业集群品牌。引导装备制造业加快提质升级，推动产品供给向“产品+服务”转型，在轨道交通、电力、船舶及海洋工程、工程机械、医疗器械、特种设备等装备领域，培育一批科研开发与技术创新能力强、质量管理优秀的系统集成方案领军品牌和智能制造、服务型制造标杆品牌。鼓励消费品行业发展个性定制、规模定制，在汽车、纺织服装、消费类电子、家用电器、食品、化妆品等领域，培育一批高端品牌、“专精特新”企业。推动电子信息产业创新发展和原材料产业关键技术攻关，培育一批竞争力强的品牌企业。加强工业产品质量安全监管，督促企业落实质量主体责任，提升质量管理数字化水平，提高产品技术质量性能、稳定性和可靠性。

三是要做强做精服务业品牌。加强服务品牌意识，提升服务品牌价值。推动金融、物流、研发设计、商务咨询、人力资源、节能环保等生产性服务业向专业化和价值链高端延伸，培育具有国际竞争力的生产性服务品牌。推动商贸、健康、养老、托育、文化、旅游、体育、家政、餐饮等生活性服务业向高品质和多样化升级，创新发展体验服务、共享服务、智慧服务等新业态新模式，培育专业度高、覆盖面广、影响力大、放心安全的服务精品，推动形成服务优质、应用面广的在线服务品牌。面向产业数字化发展需求，围绕人工智能、5G、工业互联网、智慧城市、智慧农业等领域，培育优质数字化品牌。实施“数商兴农”，培育电商优质品牌。

四是要培育区域品牌。鼓励各地围绕区域优势特色产业，打造竞争力强、美誉度高的区域品牌。支持产业联盟、行业协会商会、企业等双修区域品牌，在商标标识、质量标准等方面加强协调，宣传推介区域品牌形象。构建区域品牌质量标准、认证和追溯体系，推动产业集群质量品牌提升。充分发挥集体商标、证明商标制度作用，加强区域品牌运用、价值评估和知识产权融资，强化区域品牌使用管理和保护。加强地理标志的品牌培育和展示推广，推动地理标志与特色产业发展、生态文明建设、历史文化传承、乡村振兴等有机融合，提升区域品牌影响力和产品附加值。

发改委还明确提出四大措施，支持企业实施品牌战略。

一是提升技术和质量水平。支持企业深入开展质量提升行动，实施全产业链质量提升，加强企业技术创新和产业链协同联动，促进技术迭代和质量升级。支持企业推进生产自动化、智能化、绿色化，构建规范化、标准化、精细化的运营体系。鼓励企业推广先进质量管理模式，开展质量管理数字化升级，建立全周期全流程质量安全追溯体系。鼓励企业完善质量管理体系，夯实高质量发展的计量能力和水平。开展对标达标提升行动，鼓励企业制定高于国际标准、国家标准水平的企业标准，推动形成一批具有引领带动作用的企业标准“领跑者”和一批具有市场竞争力的“领跑者”标准。

二是塑造提升品牌形象。鼓励企业推进产品设计、文化创意、技术创新与品牌建设融合发展，建设品牌专业化服务平台，提升品牌营销服务、广告服务等策划设计水平。实施商标品牌战略，加强商标品牌指导站建设，培育知名商标品牌。引导企业诚实经营，信守承诺，积极履行社会责任，塑造良好品牌形象。支持企业强化商标品牌资产管理，提升品牌核心价值和品牌竞争力。

三是丰富品牌文化内涵。积极推动中华文化元素融入中国品牌，深度挖掘中华老字号文化、非物质文化遗产、节庆文化精髓，彰显中国品牌文化特色。推进地域文化融入品牌建设，弘扬地域生态、自然地理、民族文化等特质。培育兼容产业特性、现代潮流和乡土特色、民族风情的优质品牌。

四是发挥大型骨干企业示范引领作用。推动大型骨干企业特别是中央企业进一步发挥示范引领作用，深入实施中央企业品牌提升专项行动，加大品牌建设投入，积极推进全面品牌管理，促进品牌建设与企业经营良性互动，形成一批具有中国特色的品牌建设实践经验。支持大型骨干企业融入国家形象塑造，参与国际重大交流活动，传递中国品牌理念，不断增强全球消费者对中国制造、中国建造、中国服务的品牌认同。

发改委还要求，采取三种措施，扩大品牌影响力。

一是鼓励品牌消费。以质量品牌为重点，促进消费向绿色、健康、安全发展。广泛开展品牌宣传推广工作，推进品牌故事“走基层、入民心”，引导消费者认可、信任优质品牌。鼓励企业在重大装备和重点工程中使用优质品牌产品。创新数字化消费新场景，鼓励有条件的地方和企业持续培育新型消费。依托中国品牌日系列活动和中国农民丰收节、全国消费促进月、双品网购节等重要活动，营造品牌消费良好氛围。

二是引导品牌国际化。鼓励企业实施品牌国际化战略，拓展国际市场。引导企业构建研发、采购、生产、品牌建设推广、售后服务一体化体系，开展商标海外布局。鼓励品牌企业与国际品牌企业合作，提高品牌国际化运营能力。引导行业龙头企业带动中小企业联合开展海外品牌建设推广，合作双修展销中心、营销渠道、服务网络、研发体系和公共海外仓。支持企业参加海外品牌展示和推广活动。

三是积极参与国际合作。推动完善品牌相关的知识产权国际规则和标准。推进重点领域计量、标准、检验检测、认证认可结果国际采信、互认。推动行业协会、品牌服务机构与国外相关组织开展合作交流。鼓励品牌研究和标准化活动国际合作，积极开展品牌评价、品牌管理等领域国际标准的制修订，加快品牌标准应用和标准信息共享。

发改委还要求夯实品牌建设基础。

一是加强品牌保护。统筹推进商标、字号、专利、著作权等保护工作，加强驰名商标保护，严厉打击商标侵权等违法行为。完善跨部门、跨区域知识产权执法协作机制，加强知识产权信息公共服务资源供给，推进商标、地理标志等知识产权数据共享，依法依规加强知识产权领域信用体系建设。支持企业加强商标品牌保护，完善商标品牌维权与争端解决机制，推进商标数据国际交换与应用，推动商标品牌保护、纠纷处置的跨国协作。加强国家海外知识产权纠纷应对指导中心、国家海外知识产权信息服务平台等建设，开展海外纠纷应对指导服务。

二是强化质量基础设施。建设若干国家级质量标准实验室。推进品牌培育、品牌管理、品牌评价等标准化建设，构建完善的品牌标准体系。开展“标准化+”行动，促进全域标准化深度发展。推动标准升级迭代和国际标准转化应用，加快建立健全质量分级制度，推动实施中国精品培育行动。推动国家现代先进测量体系建设，加强计量测试技术研究。鼓励符合条件的地区建设检验检测认证公共服务平台，实施质量基础设施拓展伙伴计划，打造质量基础设施集成服务基地。

三是加强人才队伍建设。支持企业实施品牌人才提升计划，完善品牌人才引进和培养培训机制，提高品牌创建、运营和管理能力。鼓励企业联合高等院校开设品牌理论和应用管理课程，培养一批具有国际视野和品牌管理专业素质的企业家、管理人才。支持企业加强品牌适用人才培训，鼓励企业和专业机构、职业学校开展品牌管理职业培训，培养品牌建设专业人才。弘扬工匠精神，培养造就一批高素质技术技能人才。

发改委甚至还明确从四个方面进行组织落实，加强品牌建设的保障体系建设。

一是加强组织协调。坚持党对新时代品牌建设工作的领导，把党的领导贯彻到品牌建设工作的各领域各方面各环节。深入贯彻落实党中央、国务院决策部署，充分认识品牌建设的重大意义，强化组织实施，完善工作机制。国家发展改革委要加强统筹协调，会同中宣部、工业和信息化部、农业农村部、商务部、国务院国资委、市场监管总局、国家知识产权局等部门，按照职能分工，对品牌建设加强指导，协同配合，形成合力，扎实推进品牌建设工作。

二是营造良好环境。深化“放管服”改革，加快构建适宜品牌发展的产业生态和制度环境，健全品牌发展法律法规，完善市场监管。支持自由贸易试验区在推进品牌建设方面深化改革创新，发挥示范引领作用。持续开展国际消费中心城市培育建设，推动城市商圈、重点商业街区、社区生活网点、步行街等错位发展、优化布局。不断完善品牌建设支持政策，鼓励企业加大品牌建设投入、建立品牌管理体系、提高品牌培育能力。健全国家质量奖励制度，鼓励地方对质量水平先进、品牌影响力突出的组织实施激励。

三是培育品牌标杆。鼓励重点行业和领域企业开展品牌建设行动，培育一批重点行业和领域精品品牌，打造世界知名品牌企业和品牌产品。发挥品牌标杆示范作用，引导区域、行业、企业开展对标提升行动，增强品牌培育和管理能力。适时总结推广全国品牌建设典型经验和做法。

四是加强品牌宣传。深入开展中国品牌日、“质量月”、全国知识产权宣传周等活动，推动全社会形成爱护品牌、享受品牌的良好氛围。围绕“中国品牌　世界共享”主题，持续办好中国品牌博览会、中国品牌发展国际论坛、行业和地方特色品牌创建活动等。鼓励开展中国品牌海外展示专题活动，讲好中国品牌故事。

国务院国资委近年来对品牌工作也是历史上前所未有的高度重视。2022年2月，中央全面深化改革委员会审议通过的《关于加快建设世界一流企业的指导意见》明确将“品牌卓著”作为世界一流企业的基本特征之一。

2022年11月，国资委印发《关于开展中央企业品牌引领行动的通知》，组织实施中央企业品牌引领行动，将其作为推动中央企业加快建设世界一流企业的“四个行动”之一。

2023年2月，国资委党委书记、主任张玉卓将品牌作为提高核心竞争力的四个关键词之一，并强调加强品牌管理，实现中国制造向中国创造转变、中国速度向中国质量转变、中国产品向中国品牌转变。

到了2023年年底，在召开的中央企业负责人年会上，张玉卓主任又特别强调，企业要围绕增强核心能力，提高核心竞争力，更加注重提升五个方面的价值。一是更加注重提升增加值，提高中央企业对国民经济增长的贡献度；二是更加注重提升功能价值，高水平实现经济属性、政治属性、社会属性的有机统一；三是更加注重提升经济增加值，提升企业经营效率和质量；四是更加注重提升战略性新兴产业的收入和增加值占比，大力发展新质生产力；五是更加注重提升品牌价值，树立高目标追求，关注表外资产，不断提高企业品牌附加值和品牌引领力，加快建设世界一流企业。

把品牌提高到如此的高度，这在央企国企的历史上是最高的一个阶段，足以见得国资委领导对于品牌工作的高度重视。而且各央企国企纷纷响应，狠抓落实。在企业战略的统领之下，大力加强了对品牌工作的管理和建设，品牌工作取得了前所未有的进步。

2 品牌的定义

如果你是头一次做家庭装修，一定有个体会——同一类产品，不知道买什么好。首先是选择品牌知名度比较高的品牌，然后在网上看看留言情况确认一下口碑，最终下决心购买。如果有朋友熟人推荐，往往很起作用。由此可见，品牌和声誉就是为消费者提供购买的决策依据。因为品牌包含了一定的质量、技术信息，可以从一定程度上降低消费者的购买风险和选择成本。

伟大企业的背后其实是公众对企业价值的广泛认同。

我们理想中的品牌，也应该是有温度的、有情感的，能够让公众会心一笑的。它与公众应该形成三个共同体关系：信息共同体，企业告诉公众所关心的；利益共同体，企业给公众提供好的产品；价值共同体，让公众见证企业的价值追求，在价值层面共振。所以，我认为品牌本质，就是三个共同体的建设，但最终落到价值共同体上。一旦成为价值共同体，信任关系建立了，社会和公众对待企业犯错的容忍度就会高得多，从而获得谅解和理性对话的机会。这就需要我们在日常的声誉管理上加强情感的沟通，在心灵在道德在情感层面形成共振。

目前，越来越多的公司都关注自己的品牌建设，很多学科领域也相继引入了品牌的概念，借用品牌的视角来研究相关的问题，因此出现了很多新的名词，如国家品牌、城市品牌和领导力品牌等。无论品牌应用在哪个领域，都需要正确认知品牌的基本含义与构成要素，以便准确地把握品牌的核心内容，为品牌的建设提供可以借鉴的方案。

对品牌的定义，不同的专家从不同角度进行了诠释。

《兰登书屋》（Random House）对品牌的解释是“品牌代表某一种产品或服务的广为人知的名称。”这个解释在很大程度上把品牌名称作为了品牌的代名词。

哈佛大学商学院原副院长、营销学教授约翰·奎尔奇（John Quelch）认为“品牌不仅仅是一个名称，也不仅仅是一种视觉的标志，也不是一句广告口号。品牌其实是一种承诺，是一个俱乐部。对于一个品牌来讲，目标就是要像皇家马德里足球队一样，可以把他的球迷组织起来，得到支持和忠诚。”这个解释强调品牌的作用与文化特征。

美国营销协会（American Marketing Association）在《营销术语词典》中给出的品牌定义为：“品牌是一种名称、术语、标记、符号或设计，或是它们的组合运用，其目的在于确定一个卖方或一群卖方的产品或服务，并将其与竞争者的产品或服务区分开来。”

菲利普·科特勒（Philip Kolter）和凯文·莱恩·凯勒（Kevin Lane Keller）认为“品牌就是在某些方式下能将它和用于满足相同需求的其他产品或者服务区分开的一种产品或服务的特性。”

上述品牌的定义从不同的层面揭示了品牌的部分内涵，都有其合理的成分。对企业而言，我更喜欢这样一个品牌定义：品牌是企业向客户及其他利益相关人所提供的、差异化的价值承诺，一种持久不变的契约，是存在于客户心里的无数次美誉的积淀。

品牌建设与品牌本身不同，更多地强调过程。简单说，品牌建设就是“传播特点，形成购买”的过程。这里面有三个关键点，所有的品牌都是要强调传播，不管是通过广告、论坛、新闻、口碑，总的来说，就是要千方百计对目标客户形成传播；其次是要传播自己的独特点，所有的品牌都有各自的特点，不一定都是自己的优点，但一定是自己的特点，甚至不一定要面面俱到；再一点也是最终目的就是一定要形成购买，抛弃购买目标的品牌建设就是“耍流氓”，纯属于自娱自乐。

品牌不仅是宣传出来的，而是由质量、技术、服务、实力、口碑等多种因素叠加构成的，是全体员工共同努力践行的结果，比如当谈起苹果和IBM时，我们分别会联想到什么？IBM，我们会想到推动世界的进步。而谈到苹果，就会感觉持续的创新精神。这就是这些品牌给我们的承诺，一种契约，一种烙印。

（1）品牌源起的关键词——“烙印”

品牌，其概念的形成可以追溯到古希腊、古罗马时期，以及我国的商周时代，是一种用以区别其他竞争者产品的烙印和标识。品牌的英文“Brand”，它来源于古挪威语“Brandr”，意思是“烧灼”。在古代，劳动人们用这种方式来标记家畜区别于他人的私有财产。随着时间的脚步，中世纪欧洲的手工艺匠人们，用这种打烙印的方法，在自己的手工艺品烙下标记。随着一个烙印的落下，商标从此产生了，于是顾客们通过烙印识别产品的产地和生产者。中国古代在器皿文中或其他部位上打上生产者名字，这些就是最初的品牌标识。如果大家去南京看一看中华门（就是当年的聚宝门），据说是历史上有名的大富豪沈万三参与修建的，为了保证城墙砖的质量，采取了严密的检验制度，每块砖上都在侧面印有制砖工匠和监造官员的姓名，一旦发现不合格制品，立即追究责任，这是世界上首次采用的质量追踪制度，欧洲等西方世界直到二三百年后的工业革命时代才有所采用。而因为烧制城墙砖的技术难度是相当大的，因此要在城砖上留下工匠的姓名，本身就是一种标识和宣传，可想而知能工巧匠们为了烧出来最好的城砖，下了多大的功夫。湖南、湖北、江西、京师四地，共125个县的工匠，展开了一场无形的比拼，最终结果是修建出了600多年屹立不倒的城墙，经过无数的战火，依然坚固挺立，成为世界城墙建筑的典范。

烙印是深刻的、恒久的。品牌，因为成为消费者头脑中有价值的烙印而成为企业最有价值的资产。例如，耐克的小勾子标识，造型简洁有力，疾如闪电，一看就让人联想到使用耐克体育用品后所感受到的速度和爆发力。烙印不只是功能性的优势，更多承载的是情感上的优势，甚至价值观。

烙印也是很难轻易变化的。随着时间的变化，品牌的外在形象，其产品的功能、特性，甚至品牌个性都或多或少会发生一些变化，但是品牌烙印打在消费者头脑中的核心价值观是很难改变的。IBM从品牌诞生到今天经历了多次战略更新，品牌形象迭代升级，但是IBM的勇于创新、高品质、积极拥抱时代变化的品牌主张始终如一。

（2）品牌定义的关键词——“承诺”

“品牌”的定义可以很复杂（从纯学术研究角度），也可以很简单（从企业战略和管理角度）。其实，所谓“品牌”是经常挂在大家嘴边的，就像买电脑就要买Mac，加油就要加中国石化，买鞋就要买阿迪、耐克……那么品牌究竟是什么呢?

品牌，顾名思义，就是产品的牌子。如今，随着时代的变迁和经济的发展，品牌的含义已不仅仅限于产品的烙印和标识，品牌一词也具有了越来越丰富的内涵。

品牌的力量来自于受众的认知和口碑。对客户和大众来说，品牌即印象。在当下品牌体验时代，品牌是一个与产品和服务有密切关联的、存在于消费者或客户心目中的稳定、一致、积极的联想和体验。有一句话叫“开宝马、坐奔驰”。奔驰是用来坐的，宝马是用来开的。为什么呢？说起宝马，大部分人会首先想起的是优秀的驾控性能，让驾驶人在驾驶过程中体验到绝无仅有的驾驶乐趣是宝马一贯的宗旨，这和宝马汽车品牌价值主张主打“驾驶的乐趣”一脉相承。奔驰汽车的内饰做得很精致，给人一种“尊贵的享受”，沃尔沃的核心主张就是“安全”，汽车安全带是它发明的，最近一句“唯爱与生命不可辜负”的广告语，非常贴切。这就是品牌在消费者脑海里不断提醒、不断强化形成的品牌联想。

对于企业来说，品牌是对外的承诺，对客户及其他利益相关者的承诺。品牌不是简单地打打广告、喊喊口号就可以，口头的承诺只会让品牌慢慢淡出人们的视线。做品牌需要企业在自己的工作生活中去踏踏实实做出来，就像栽种树苗一样，精心培育，它才会慢慢成长成大树。套用毛泽东主席所说“一个人做点好事并不难，难的是只做好事，不做坏事”，一个企业实现一个承诺并不难，难的是一辈子信守承诺。

历史经验告诉我们：优秀的品牌都会长期发展品牌的一致性，注重通过一致的言行，兑现品牌价值承诺，给用户带来优质体验。只有信守承诺、兑现承诺，才有可能打造品牌。

多年来，苹果公司一直在不断推出具有创新力的产品，并且这种创新始终以用户为中心，通过人性化的体验价值，最终实现品牌价值的持续增长。根据2023年Interbrand全球最佳品牌100强榜单结果显示，苹果品牌价值达5026.80亿美元，11年蝉联榜单第一位，充分体现了品牌作为企业最重要的无形资产的巨大价值。

品牌不仅仅是广告与宣传，企业的所作所为，将最终影响到品牌。品牌是企业所坚持的立场、是对外的承诺。结合社会新技术趋势，品牌会对企业未来的业务方向起到决定性的巨大作用。

（3）品牌发展的关键词——“进化”

历史上，品牌发展经历了识别、价值、体验三个进化阶段：

——20世纪早期　品牌识别时代

· 品牌被认为是业务和产品的身份识别符号；

· 品牌沟通是单向的；

· 品牌对企业战略没有任何影响力，品牌工作仅局限于创造与管理身份识别。

——20世纪后期　品牌价值时代

· 品牌被看作企业的重要资产；

· 品牌开始深入了解客户，开始出现双向的品牌沟通；

· 品牌在董事会上有了一席之地，品牌工作侧重对品牌资产的衡量与管理。

——21世纪　品牌体验时代

· 品牌被认为是客户体验的总和；

· 市场力量从品牌端转移到了客户端，品牌沟通以双向互动的方式进行；

· 品牌是企业战略的重要组成部分；

· 所有业务部门围绕品牌打造稳定一致的客户体验。

品牌就是这样，它最早是一个烙印，后来演变为一个差异化的标记，起到理念和形象识别的巨大作用。而今，随着商业的繁荣，品牌在经济中越来越重要，我们对品牌的认知与理解逐渐成熟。品牌体验时代的到来，更是让大量的传统企业和创新型企业都主动将品牌提升到企业经营战略的高度。

3 企业的品牌战略

说起战略，大家常常感到非常玄妙。其实战略就是决定把有限的资源重点投放在什么地方，或者忽略什么地方。也就是说决定干什么或不干什么，这就是战略。干什么是战略，不干什么也是战略。

（1）什么是品牌战略

品牌战略与企业战略有什么关系呢?

企业战略就是决定企业要做什么和不做什么，是解决企业长远发展的方向问题。品牌战略就是一个企业的最高管理层，能够把品牌作为一项重要的战略来重视，愿意投入足够的力量，不求一时一地的得失，而是把它作为一个长远的重点来进行统筹安排。宝马则将客户定位于追求驾乘乐趣的成功人士，始终以“终极驾驶体验”作为企业品牌战略的核心，在产品设计中不遗余力提升汽车操控性能，研究如何将2.0T能够弄出推背感来，也是因为品牌定位决定其生产线如何把品牌体验呈现出来。所以，与其说国际优秀企业在管理上存在各种秘而不宣的各种“绝招”，不如说它们不约而同地选择了将品牌作为企业的核心战略。

从这个角度说，品牌战略就是企业真的将品牌作为核心竞争力，以获取高额利润与价值的企业经营战略，它是激烈的市场竞争的必然产物。它以建立强势品牌、创造品牌价值为目标，高屋建瓴地将品牌建设提升到企业经营战略的高度，通过诸如产品、价格、渠道与广告媒介等战术性操作实现总体发展战略。

另外一点呢，就品牌自身的重点来说，品牌战略就是决定品牌代表什么或不代表什么，它确立了品牌长期定位的核心价值。做品牌甲方的人，常常是想一个品牌就把组织的各方面都包括进去。面面俱到，等于没有说，一定得有舍有得。

2009年，我在中国石化报社担任社长时，创办了中国石化团购网，曾经和奔驰北京公司合作团购汽车。我们建议奔驰北京销售像其他品牌一样，找一些员工较多的企业搭展台、搞试驾。奔驰北京销售未采纳我们的建议，而是选择在高尔夫球场附近举办试驾奔驰新车。为什么不选择在企业搭台试驾呢？他们老总告诉我，因为它的品牌定位决定它的营销方式，奔驰车品牌定位是高端的，要给客户带来的品牌体验也是高端的、尊贵的享受，不能放低身段采取摆地摊的方式来卖奔驰车。

这件事情给了我一个很大的启发。据说，奔驰总部工作人员有1000人，其中有200人在从事品牌工作。我感觉特别诧异，他们怎么能对品牌工作如此重视？中国企业的品牌工作常常是放在营销部门作为其中的一个组成部分。还有一些成功的跨国公司在把品牌工作放在枢纽的地方，作为企业最重要的战略来统领、来布局。比如说如果企业的品牌定位是走高端路线，打造的是高端品牌，那么就决定了它的研发系统要大力研发高端技术；它的生产线要高端，产品品质要绝对有保证，甚至要不计成本；它所招的员工素质要高；它的产品定价要领先于其他同行；它的营销场地也得非常高端；它的营销广告是要投放在飞机上，而不是在出租车——所以品牌定位决定了很多其他的工作。从这个角度来说，能把品牌上升到这个高度来认识，可能才是品牌战略最淋漓尽致的体现。

相对于以其他元素作为手段的战略而言，如生产战略、营销战略、服务战略、资源战略等，四两拨千斤的品牌战略因其具备比其他战略大得多的巨大的杠杆效应，而成为最理想的战略。整体上说，企业品牌战略的发展可以分为三个层次：

第一个层次，销售是目标，品牌是手段。初创企业、求生存谋发展的企业、急于扩大市场份额的企业处于这个层次。处于这个层次的企业正在努力提高销售额，努力运用“营销”手段达到这个目的。在这个层次，这些企业所理解的所谓

“品牌”其实是“品牌营销”，动不动就自称自己是“品牌营销”，其实只是他们诸多营销手段中看起来比较美好的一种。

第二个层次，品牌是目标，营销是手段。规模较大的企业、具备一定的竞争优势的企业处于这个层次。现在中国有许多企业处于这个层次。处于这个层次的企业已经解决了生存问题，正向着长期稳定发展的目标迈进，因此会认真考虑“品牌”问题。在这个层次，这些企业所理解的“品牌”是“品牌战略”，是它们企业战略的重要部分。

第三个层次，品牌是目标，品牌是手段。具备最明确的竞争优势的企业、资源最好的企业、发展最快的企业、最创新的企业和最卓越的企业处于这个层次。为数不多的中国企业处于这个层次。处于这个层次的企业已经经营多年，声誉、产品、客户、销售渠道都比较成熟，这些企业所理解的“品牌”是“品牌资产”，是它们企业中最宝贵的资产。

有志于构建强势品牌的企业把品牌置于企业发展的核心，把品牌作为驱动内部员工和外部市场的动力，实践品牌承诺。

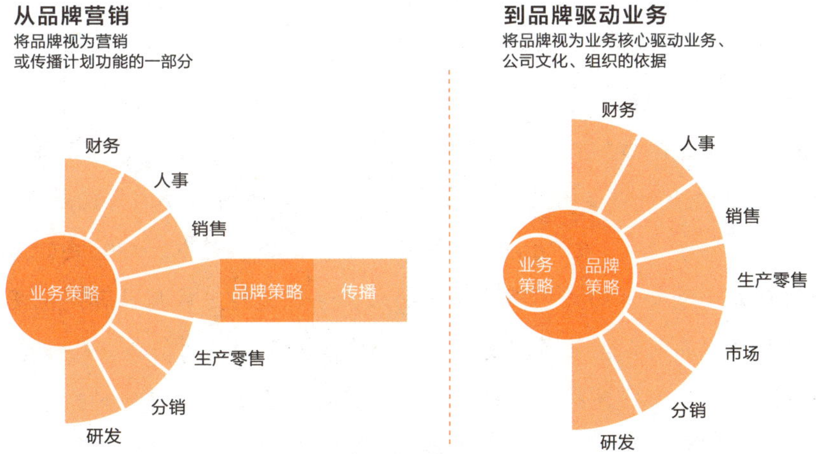

品牌战略并没有一定之规，但它必须包括对品牌核心内容的规划，即对品牌定位、品牌架构、品牌识别和品牌传播的规划。其中品牌定位和品牌架构是两个关键要素。

品牌战略与企业战略是硬币的两面。品牌战略的地位可以是这样的：

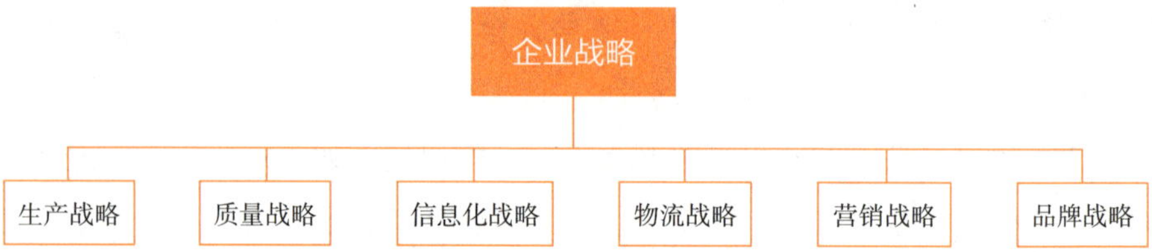

也可以这样理解：

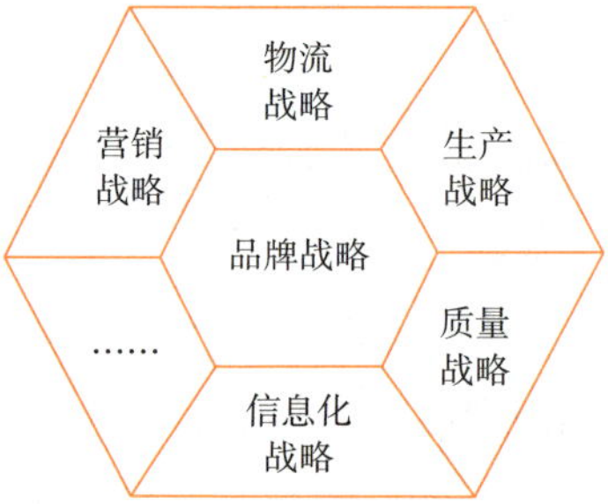

（2）如何进行品牌定位

品牌要在市场中确定独特的市场区隔，并在理念、品质、要素、服务等方面形成差异化形象系统，是自身和竞争对手之间最根本区别的综合体现，必须要突出自己真正的“差异化”。

品牌定位是品牌战略的核心中的核心，以此推动品牌建设融入并驱动公司业务运营和管理提升。精准的品牌定位是品牌经营成功的前提，为企业进占市场，拓展市场起到导航作用。成功的品牌都有一个特征，就是以一种始终如一的形式将品牌的功能与消费者的心理需要连接起来，通过这种方式将品牌定位信息准确传达给消费者。品牌定位就是在受众头脑中找到一个独特的位置，并占据它。

顾名思义，品牌定位的重点在“定位”二字，它的关键任务是探索与锚定一个品牌应该在消费者与客户心目中占据哪个独特而有价值的位置，也就是说，明确消费者与客户在接触品牌时应该产生怎样的联想与感受。

以中国石化长城润滑油为例，多年来坚持“航天级润滑保护”的品牌定位，为长城品牌贴上了顶级高端的标签，客户一提及“长城润滑油”，就能和“高科技、高品质、国际化”联系起来，在客户中都取得了非常好的效果。

品牌定位是塑造品牌形象的客观基础，品牌传播依赖于品牌定位。唯有定位明确的品牌，才会形成鲜明的品牌个性。正像灯塔为船只提供了清楚的方向，每一个强势品牌都有一样东西在引领着品牌发展的航向，我们说它就是品牌定位。品牌定位不是仅仅为了提炼一个品牌口号用于传播，品牌定位源于业务战略，要体现企业现有地位和未来能力构建方向，反过来又要引领业务发展。它是品牌战略规划的第一步，是一切企业品牌建设工作的基础与出发点。“定位”这项品牌战略事项的重要性不言而喻，需要灵感、经验，更需要事实和数据才能真正做好。通常，我们遵循的品牌定位原则如下：

聚焦性原则　品牌定位应聚焦、明确，标签不能太多，最好能集中到某一两个点上，否则会导致品牌形象的混乱。因为公众不能同时接收和记住很多声音，所以品牌定位应当有统一的标签，形成一个声音，这样公众才能听得清楚，对企业品牌形成明确清晰的认知。比如一家酒店，它可以根据实际情况定位成最像家的酒店或者最奢华的酒店，而不能既是最奢华的，又是亲切温馨、能带来家一般的感觉的，因为这两者概念并非完全相同，只能选其一。但很多企业往往就是这样，既要这个，又要那个，结果没给公众留下一个深刻的印象。

品牌定位尤其是要遵循传播规律：伤其十指不如断其一指。早些年我们在研究塑造中国石化品牌形象的时候，品牌专家曾一针见血指出中国石化品牌形象现状："你们宣传今天说是环保的中国石化，明天又说艰苦奋斗的中国石化，你出来的形象都是满身油污的工人阶级，有时候又说你是负责任的中国石化，有时候又说是创新的中国石化，出来又成了科技精英的形象，你到底是什么样的中国石化？宣传资源和广告投入永远是有限的，特别是在传播过度的社会，如果希望品牌给受众留下长久的印象，就要简化信息，传播不能过于宽泛，否则会使宣传效果大打折扣。你们宣传的点太散了，你那点广告费说十个不如说一个，归根结底是没有弄清楚品牌定位"。

➡ 差异化原则 信息碎片化时代，消费者越来越抵触和排斥空前泛滥的潮水般的广告信息，即使勉强接受某种信息，也很快就会被其他信息所取代。因此，选择差异化必须做到两点：差异点对消费者确实有吸引力；消费者相信产品能够实现差异点。

品牌差异性可从质量、形象、便捷、价格、服务、利益等方面产生。与竞争对手相比差异越多，越容易获得定位优势，品牌形象也会更加突出。当然，一个品牌很难在许多方面都表现出与对手截然不同的差异性，但是只要有一项特别突出的差异化优势，同样能够帮助品牌占据有利的市场位置。

20世纪90年代，许多不同大类的品牌（啤酒、洗衣粉等）都推出了相应产品的"清爽"版，但很多品牌没有成功，因为清爽并不能让消费者将之与品牌建立起直接的相关性联系。再如，很多镇痛药品牌会选择药效持续时间长作为差异点。但经过调研发现消费者对镇痛剂药效持续时间的要求并不高。绝大多数消费者更加关心镇痛剂是否能够迅速见效，而持续时间长或许就暗示着见效慢。

➡ 长期性原则 消费者没有义务长期保持对某一品牌的额外关注，因而企业只能通过长期的、潜移默化的宣传与强化才能防止消费者将品牌淡忘。此外，已经确定的品牌定位不能轻易变更，否则会影响品牌在消费者心目中的形象。短期内，促销能够增加公司的销售额。但从长期来看，促销只会减少公司的销售额。因为它教会顾客不要再以"正常"价格买东西。

派克笔一直保持高端定位。然而，1982年派克品牌为了拓展市场，开发了售价仅3元的低档笔，低档笔的推出扰乱了原有品牌定位，最后其没有顺利打入低端市场，高端市场也丧失了很大的市场份额。

（3）如何进行品牌架构

定位是全面品牌管理的价值层面。而谈到品牌架构，全面品牌管理就进入到了结构层面。

确定单一品牌还是多品牌战略，确定企业品牌与产品品牌的关系，在新市场领域采用品牌延伸还是采用新品牌，建立逻辑性强的品牌架构。

随着企业规模的不断扩大和业务情况的日益复杂化，产品种类和品牌种类都不断增多，企业往往同时运营着多个品牌。公司品牌（企业品牌）和产品品牌、服务品牌、人物品牌之间的关系变得越来越复杂，公司内部不同品牌之间的关系也越来越复杂。如何对公司管理的各个品牌进行科学的组合，保证其运转协调，如何处理好公司内部的品牌关系以及界定品牌组合的范围与角色日益重要。在全面品牌管理中，品牌架构是一个关键话题。

那究竟什么是“品牌架构”呢？

简单地说，品牌架构就是一个企业所有品牌的关系全图，主要解决企业内不同品牌之间的有机组合问题。品牌架构就如同一个大家族的族谱一样，解决家族成员都有谁、彼此之间都是什么关系这个重要的结构性问题。

例如，保洁公司董事长雷富礼说道：“采用品牌组合，形成高成长的、更高利润的、资产配置更有效的业务，这是补充宝洁核心竞争力的一个重要决定。”

品牌之间的关系涉及许多问题，例如，公司和产品使用同一个品牌还是发展独立品牌？进行品牌延伸，还是建立新品牌？怎样管理公司的品牌组合？这些问题的解决依赖于公司的品牌架构管理。品牌架构管理定义了公司所拥有的品牌数量和各个品牌对应的目标市场。品牌架构不仅是重要的理论概念，也是重要的管理概念，企业在扩张的过程中，如果不能明晰品牌架构的特点，就会导致营销资源分配不合理和营销策略混乱。

品牌架构要解决两个问题：

问题1：品牌数量——企业到底需要多少个品牌？

问题2：品牌关系——各品牌之间是什么关系？

伴随着企业的发展壮大，企业面对的市场情况会越来越复杂，业务多元、细分市场、更多的产品和渠道以及客户群体，企业旗下的子品牌也越来越多。因此，企业需要构建科学合理的品牌架构，以便让受众能够清晰了解企业各品牌之间的关系，增进沟通，帮助企业节约资源，最大化利用品牌资产。在全面了解品牌架构之前，需要明了什么是企业品牌与产品品牌，以及二者之间的关系。

依据不同标准，品牌可划分为不同类型。在众多品牌类型当中，我们最常见的是企业（或集团）品牌与产品品牌。

企业品牌与产品品牌既有区别又有联系。企业品牌与产品品牌是不同的。通常，企业品牌指的是一个企业的品牌，传达企业的品牌理念、价值观等，附着在上面的元素有企业形象、要素和识别体系等，如中国石化就是企业集团品牌。而产品品牌是指具体的产品的品牌，可以与企业品牌相同，也可以不同，附着在上面的元素有产品和服务的价值观、产品和服务的形象、要素和识别体系等，长城润滑油、易捷、石化机械、易派客就是中国石化旗下的产品品牌。二者有着不同的内涵和作用，具体体现在品牌塑造目的不同、涵盖范围不同、目标对象不同等。

企业品牌塑造的目的是将企业价值观和个性传递给利益相关者，而产品品牌的塑造是通过建立一个有吸引力的品牌形象或诉求来推动具体产品的销售。企业品牌的受众包括企业所有的相关方，如社会、政府、媒体、所有者/股东、投资者、供方、伙伴、子品牌消费者、用户及内部员工等，而产品品牌的核心受众主要是指下游经销商和消费者。企业品牌的发展与塑造以企业核心价值观、经营理念、业务发展方向与竞争优势为导向，而产品品牌以消费者为导向，满足消费者需求是产品品牌塑造的根本。

“通用”与“凯迪拉克”“雪佛莱”属于企业品牌与产品品牌之间的关系，因为一般消费者对凯迪拉克认知崇尚主要是通过“凯迪拉克是美国总统座车”“极

企业品牌	产品品牌
1. 企业品牌指的是一个企业的品牌，传达企业的品牌理念、价值观等	1. 产品品牌是指具体的产品的品牌，附着在上面的元素有产品和服务的价值观
2. 塑造的目的是将企业价值观和个性传递给利益相关者	2. 目的是通过建立一个有吸引力的品牌形象或诉求来推动具体产品的销售
3. 受众包括企业所有的相关方	3. 受众主要是指下游经销商和消费者
4. 企业品牌的发展与塑造以企业核心价值观、经营理念、业务发展方向与竞争优势为导向	4. 以消费者为导向，满足消费者需求是产品品牌塑造的根本
1. 产品品牌与企业品牌是否统一取决于它们的形成过程、产品类别和企业发展阶段等； 2. 通常不同类型、不同发展阶段的企业对企业品牌和产品品牌的侧重各不相同； 3. 企业品牌离不开产品品牌的支撑，但是产品品牌并不能完全替代企业品牌的价值	

尽豪华”“平稳舒适如安坐在家中”等信息而建立的。“通用”这一形象在促进人们对凯迪拉克的崇尚赞誉方面所能起的作用是很有限的。但是消费者对“凯迪拉克”的向往与赞美往往会提升“通用”品牌的美誉度。这就是子品牌反哺母品牌的案例。

企业品牌离不开产品品牌的支撑，但是产品品牌并不能完全代替企业品牌的价值。企业品牌与产品品牌本来是属于品牌属性的问题。但在实际操作中，它无可避免地会成为品牌架构问题，因为，有时候企业品牌作为产品品牌的背书品牌而存在；有时候在传播中企业品牌却完全不出现，似乎这两个品牌本没有关系。

基于中央企业集团管控与业务多元化特征，品牌的分类也较为复杂，有的可以划分为集团品牌、业务品牌、产品系列品牌、产品品牌/服务品牌、人物品牌/技术品牌/管理品牌/要素品牌等多种类型。

如何对最终的品牌组合做出科学决策？这就是品牌架构需要解决的问题了。

按照不同的划分标准，品牌架构可以划分为不同的类型。从市场的角度去看，品牌架构大致有四种类型：单一品牌、多品牌、背书式品牌、主副品牌。

单一品牌架构：企业生产经营的所有产品都使用同一品牌的架构模式，也称为统一品牌架构模式。

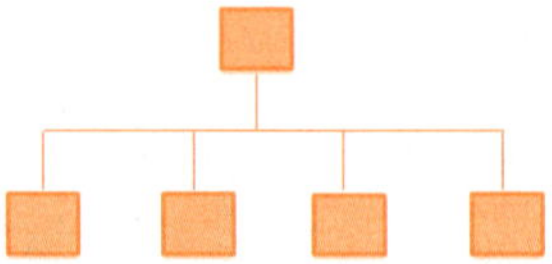

单一品牌架构

优点	缺点
1. 便于对外宣传； 2. 减少营销成本； 3. 易于被顾客接受	1. 容易在顾客中产生心理定势； 2. 不利于集团产业的延伸

SIEMENS

SIEMENS 电力和天然气

SIEMENS 风力发电和可再生能源

SIEMENS 发电服务

SIEMENS 能源管理

SIEMENS 建筑技术

SIEMENS 运输

SIEMENS 数字化工厂

SIEMENS 加工工业

SIEMENS 金融服务

SIEMENS 医疗保健

SIEMENS 其他业务

西门子单一品牌架构

西门子用全球架构四大板块——工业、能源、医疗、个人及家庭用品，合力共塑西门子品牌家族。

多品牌架构：企业在同一个产品品类中使用多个品牌，所有业务针对各自目标市场，进行独立的品牌设置，并不与主品牌保持明显关联。

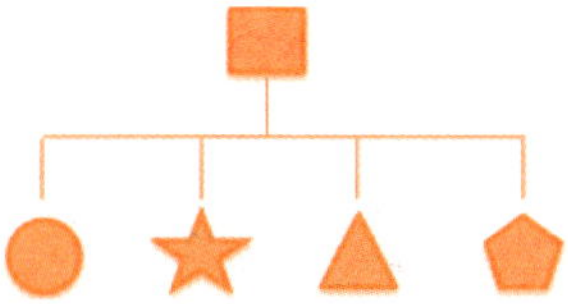

多品牌架构

优点	缺点
将集团品牌与业务单元品牌分开，以达成更加有效的沟通结果	1. 营销成本高； 2. 各业务单元协同性更差

宝洁采用多品牌架构，实际上宝洁是多品牌的创立者。如在洗发水市场领域，“沙宣”“海飞丝”“潘婷”“飘柔”都是宝洁旗下子品牌，多品牌策略的目的在于深耕细分市场，充分占领多种品类。

背书式品牌架构：用企业品牌作为产品基本保证的架构模式。其特点是以企业能力作为消费者信任的基础，所属的品牌使用不同的名称进行发展。根据背书的程度，可分为强背书和弱背书。

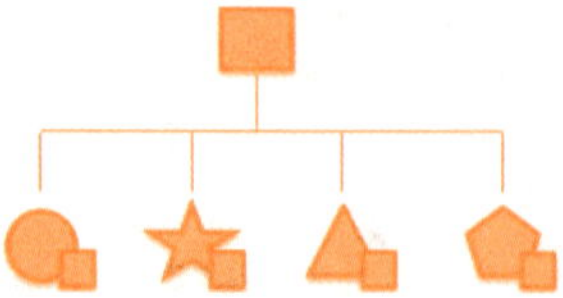

背书式品牌架构

优点	缺点
1. 增加消费者信任度； 2. 子品牌有相对的自由度	1. 受益品牌失败会使集团背书品牌受到损失； 2. 各业务单元协同性差

雀巢采用背书品牌架构。旗下所有品牌，和营养有关的部分都用“雀巢”这个名称（强背书）；和营养无关但和食品有关的，虽然不直接使用“雀巢”二字，但雀巢仍为其背书，如“美极”调味品的背后是雀巢（弱背书）。象征背书人的作用就是让品牌之间的关系明朗化，并为背书品牌提供信誉与保障。

主副品牌架构：公司标识或名称用于旗下所有业务，业务本身带有独立的标识或名称。

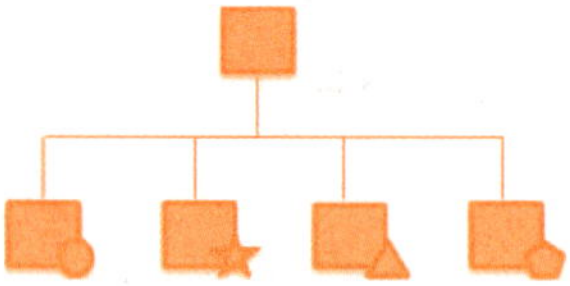

主副品牌架构

优点	缺点
协调下属公司品牌矛盾，尽快达到重组，保持原有品牌资产价值	1. 重构过程成本较高； 2. 协同性难以处理

微软产品均以Microsoft作为产品品牌标识元素，以拉动产品的知名度。

从企业的视角，品牌架构可以划分为不同类型，针对于中央企业，集团品牌架构又有哪几种形式？

因为品牌架构问题反映到企业架构上就是企业结构性问题，它往往涉及一个集团的多级企业（各分子公司），并涉及企业管理的众多部门，是典型的全局性管理事务，因此特别需要在企业全局层面做好沟通和协调。品牌架构尤其需要跨

微软主副品牌架构

层级跨部门的有效沟通。企业各级领导需要顾大局，需要严格按照品牌手册中所规定的品牌架构管理办法来从事管理。

中央企业因为普遍规模较大，尤其需要强调战略执行和管理，因此需要很好地集中统一管理品牌架构，但中央企业又有鲜明的特征，即一般拥有多元化的业务组合。基于这一特点，一般情况下，基本采用复合式品牌架构，根据业务之间的关联性，有统一品牌、背书品牌、联合品牌、独立品牌四种品牌使用形式，集团进行授权管理。

序号	品牌形式	与集团主业的关联性	特征
1	统一品牌	高度关联	不管涉猎多少业务领域，拥有多少个产品，都统一使用集团品牌
2	背书品牌	关联	集团品牌是产品品牌的基本保证和支撑
3	联合品牌	一般关联	两个公司的品牌同时出现在一个产品上，体现了公司间的相互合作
4	独立品牌	不关联	集团旗下相对独立的子品牌

4 企业品牌的作用

太多企业成功的经验告诉我们：品牌，是商业社会炙手可热的终极利器。创建和培育强势品牌，对于企业本身，以及利益相关方，乃至国家都有重要的经济意义和作用。

（1）第一大作用：信任

➡ 品牌能为消费者带来消费信任，极大节约比较成本。

品牌是一种身份的象征，不是企业独有的，是与各利益相关方共有的。在商业社会中，人是真正主宰的力量，没有广大消费者的参与，企业不可能独立生存。从客户角度来讲，购买产品后，有两种需求；一是功能性需求，二是心理性需求。功能性需求得到满足，客户就会产生信任；心理性需求得到满足，就会持续购买，并且愿意跟别人分享使用经验。长期持续使用以后，就会建立对品牌的忠诚度，对产品质量和服务产生新的期望。在这个过程中，客户对产品提供者先是建立了信任，其后形成依赖，最后产生期望，并愿意分享。

比方说，到某石油企业加油要有不一样的、独特的品牌体验，顾客愿意为你消费。所以，品牌实际上就是在建立与消费者情感上的一致性，是建立在一种独特信念基础之上，这种信念深入人心，正是这种信念使得以需求为基础的购买提高升华到了理想的层面。

品牌对于顾客的意义，不仅方便顾客选择商品，减少顾客在购买商品时所花费的时间，也能帮助降低顾客购买风险，品牌是企业产品质量和信誉的保证，消费者购买知名品牌，自然降低了其购买风险，减少他们在搜寻商品过程中投入的时间和精力，相应提高消费者的效用成本比。

例如，当你想购买某款电子产品时，通过口碑推荐和品牌体验，自然会青睐华为、苹果等在世界范围内有影响力的品牌。从社会心理学角度，品牌还有利于形成消费者在消费过程中的社会认同，并且成为某个消费阶层的标志，有时候消费者购买的不是商品，而是一种情怀。购买宝马汽车的消费者，选择宝马品牌的主要原因除了汽车的操控感、安全、服务等理性需求，还有一个很重要的原因，就是这款车所带给我的驾驶乐趣以及与我个人的价值认同较为吻合。

（2）第二大作用：溢价

品牌能为企业带来溢价和效益。

品牌是企业非常重要的核心资产，其价值直接影响着企业效益。品牌拥有者可以凭借品牌的优势不断获取利益，能使企业的无形资产迅速扩大。可口可乐公司创办人阿萨·G·坎德勒曾经说过，“即使我的企业在一夜之间化为灰烬，只要我的牌子还在，我就马上能恢复生产”，这句名言和可口可乐品牌的成功一样，鼓舞了无数企业家的品牌梦想，也让我们看出品牌对一个企业的巨大作用。品牌的形成需要一个过程，更需要大量的投入，不能急功近利。品牌塑造是一种投资行为，就如同我们往银行存钱一样，往社会上、市场上储蓄我们的信用。有储蓄，才能有回报，但一开始没有回报也属于正常。绝对不能为了眼前利益，牺牲品牌；更不能为了主客观利益，损害客户利益，以致前期品牌建设的成本沦为沉没成本。品牌的塑造必须踏踏实实，一步一个脚印，通过量的积累，实现质的提升。

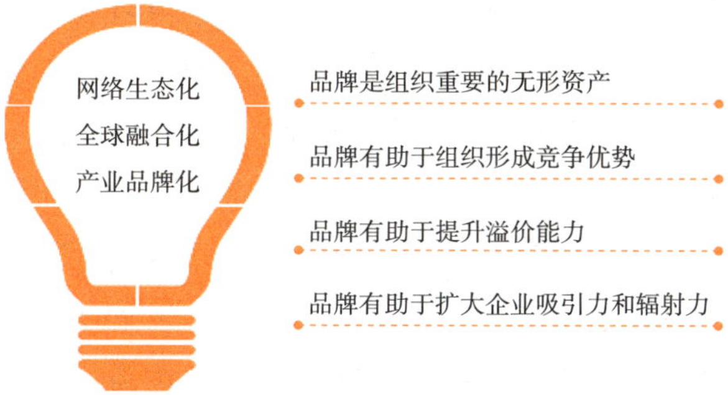

品牌有助于组织形成竞争优势。品牌是企业的产品区别于竞争对手的重要标识，在产品同质化现象下，是使企业避免陷入价格竞争的最后一道屏障。在品牌的创建与培育过程中，企业整个价值链上的所有人员，包括员工、股东、顾客、供应商、经销商、政府和社区等利益相关方，都被纳入品牌管理体系内，共同参与品牌建设和成果分享，让他们在企业品牌建设中发挥各自的作用。以华为的手机业务为例，华为在刚刚起步的时候业务很简单，就是为西方的例如沃达丰公司这样的手机生产商提供零部件，但在做了几年后华为很快意识到，作为OEM（定点生产，俗称代工）生产商利润很低，因此他就迅速转型，开启了品牌塑造之路。手机市场是非常大的红海市场，无论是苹果还是三星，都投入了非常大的资源。为了打造品牌，华为在以下两方面做出了很大的努力并且获得了成效：第一，华为重视创新，在研发方面进行了大量的投入，例如它把收入的15%投入到研发上面，在研发投入方面已经超过了苹果；第二，华为不断丰富品牌核心价值，从感性层面增加客户黏性。在B2C的市场里，消费者购买消费品的决策往往是感性的，华为非常巧妙地利用了这一点，通过不断增加核心价值、讲故事，在感性层面影响消费者去选择华为品牌，除此之外，华为还在品牌传播方面加大了投入比例。品牌建设为华为带来了红利，从2017年开始，华为已经成为可以比肩苹果、三星的占世界第三大市场份额的手机供应商。Interbrand“2020年全球最佳品牌榜”中，华为是唯一上榜的中国品牌。在国外，我们很少能见到中国品牌投放的广告牌，但在机场，华为却经常出现在我们的视线里。

品牌能带来高溢价，一般品牌做好了，影响力就能够获得提升，并进一步为企业带来高溢价和附加利益。纵观全球知名股票组合榜单，高价值品牌始终以出色的股价表现领先大市，高附加值的品牌能创造更丰厚的股东回报。顾客忠诚使品牌具有“溢价”能力，越强势的品牌，溢价能力越强。衡量一个产品的品牌价值，最简单粗暴的方式就是用同类产品价格与同行相比贵多少。打个比方，茅台飞天比茅台镇酒成本也许差不太多，生产工艺也一样，但是茅台飞天售价大约5~10倍于茅台镇酒但还是供不应求。从200元到2000元，这多出来1000多元就是企业的商誉，这就是品牌的溢价。有影响力的品牌，意味着高溢价的品牌价值。企业获得高额品牌溢价的过程，其实就是一个树立知名品牌的过程。企业只有树立良好的品牌形象，才能具有更强的溢价能力，才能获得更大的利润。

品牌有助于扩大企业吸引力和辐射力。品牌的吸引力是一种凝聚力，好品牌能产生凝聚力，增强员工对企业的认同感和归属感，与企业同舟共济，荣辱与共，从而更好地为社会、社区、群体提供价值，相当程度上提升了利益相关者的凝聚力。品牌辐射力则是一种扩散力，好品牌能产生扩散力，既能使投资环境价值提升，还能吸引人才，使资源得到有效集聚和合理配置，使企业获得持续发展，相当程度上提升了社会管理综合效率。

（3）第三大作用：名片

➡ 品牌是国家名片，品牌战略是国家战略的重要组成部分。

大国崛起，品牌先行！品牌是国家综合实力的象征。《定位》的作者之一阿尔·里斯甚至说过：“世界上最富有的国家的经济是建立在品牌之上，而非建立在商品之上，这一点毫无例外”。

有一个真实的故事。前几年国家领导人说，我有两张国家名片，一张是高铁，一张是核电。作为中国石化的品牌部总经理，我们也非常羡慕。我们仔细研究了中国石化在世界上最领先的东西就是我们的炼油技术，现在在世界上不光是生产能力大，而且技术也是领先的，实力也非常强。那么能否把它打造成国家第3张名片呢？于是我就发起了一个活动，争取要把中国石化的炼油技术打造成国家的第3张名片。我的这个创意，得到了国资委新闻中心时任副主任闫永先生的赞赏，他把这个创意推而广之，要在央企当中推动大家争当国家第3张名片，在当年也还是起到了很好的推动作用，很多央企都积极参与了。到了当年年底，新闻中心发布了一批“第3张名片”，大概有20多家。“第三”不是第一，已经就不是新闻了，再加上一批也不成为新闻，因此这件事情也就不了了之了。但是从一个方面折射出大国重器、尤其是核心技术是可以或者渴望成为国家的名片。

2023年Interbrand全球品牌最具价值100强品牌中，美国品牌的全球统治地位再次显示美国仍然是全球唯一的经济超级强国：在前10名全球品牌中，第一名苹果（Apple）美国，5026.80亿美元/+4%、第二名微软（Microsoft）美国，3166.59亿美元/+14%，第三名亚马逊（Amazon）美国，2769.299亿美元/+1%，第四名谷歌（Google）美国，2602.60亿美元/+3%，第八名可口可乐（Coca-Cola）美国，580.46亿美元/+1%。真正是占领了半壁江山，凸显出美国品牌在全球的影响力。美国品牌一直成功地占据着世界品牌主流地位，美国作为全球第一大经济体，是

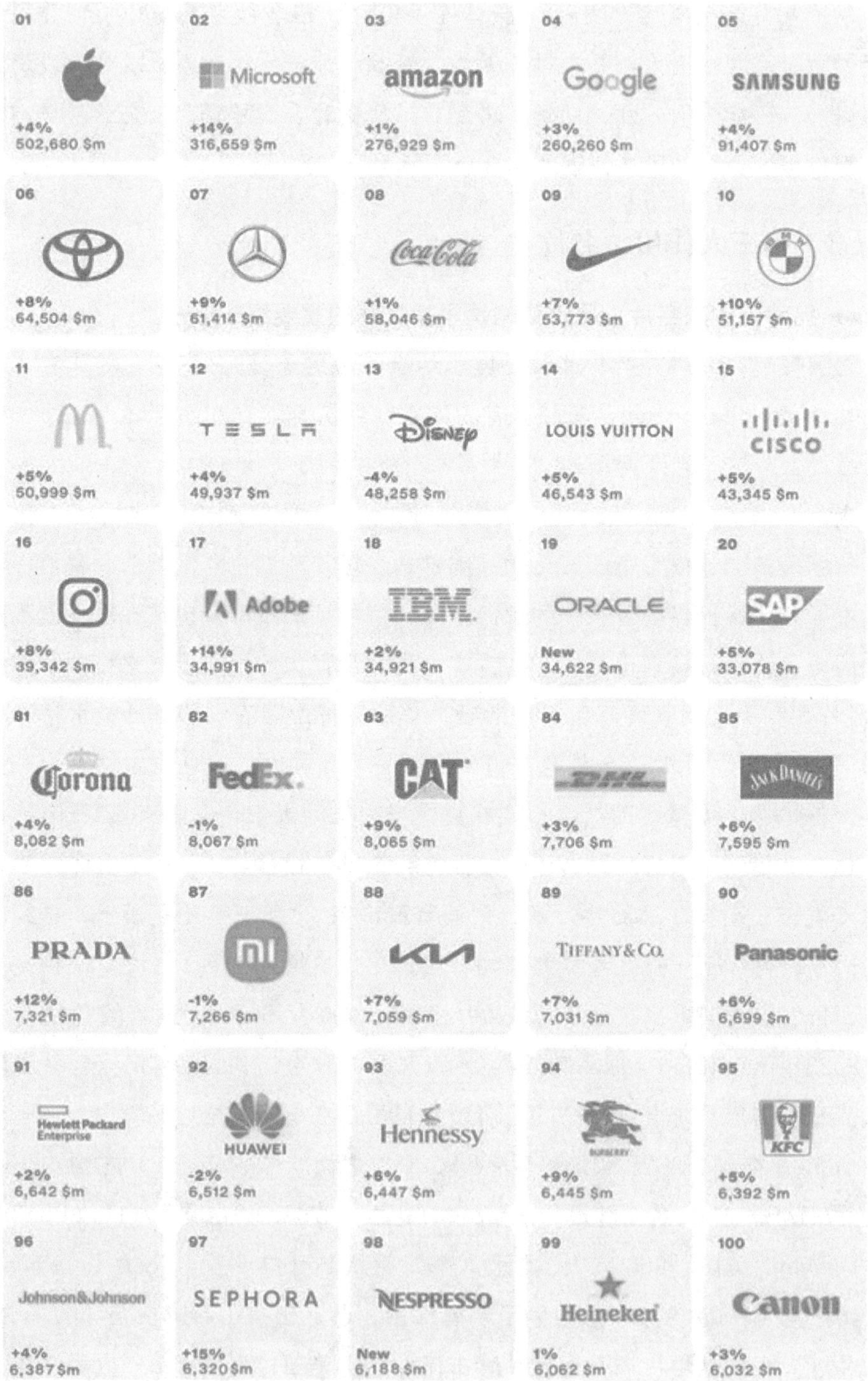
01
+4%
502,680 $m
02
Microsoft
+14%
316,659 $m
03
amazon
+1%
276,929 $m
04
Google
+3%
260,260 $m
05
SAMSUNG
+4%
91,407 $m
06
+8%
64,504 $m
07
+9%
61,414 $m
08
Coca-Cola
+1%
58,046 $m
09
+7%
53,773 $m
10
BMW
+10%
51,157 $m
11
+5%
50,999 $m
12
TESLA
+4%
49,937 $m
13
Disney
-4%
48,258 $m
14
LOUIS VUITTON
+5%
46,543 $m
15
CISCO
+5%
43,345 $m
16
+8%
39,342 $m
17
Adobe
+14%
34,991 $m
18
IBM
+2%
34,921 $m
19
ORACLE
New
34,622 $m
20
SAP
+5%
33,078 $m
81
Corona
+4%
8,082 $m
82
FedEx.
-1%
8,067 $m
83
CAT
+9%
8,065 $m
84
DHL
+3%
7,706 $m
85
Jack Daniel's
+6%
7,595 $m
86
PRADA
+12%
7,321 $m
87
mi
-1%
7,266 $m
88
KIA
+7%
7,059 $m
89
TIFFANY&Co.
+7%
7,031 $m
90
Panasonic
+6%
6,699 $m
91
Hewlett Packard Enterprise
+2%
6,642 $m
92
HUAWEI
-2%
6,512 $m
93
Hennessy
+6%
6,447 $m
94
+9%
6,445 $m
95
KFC
+5%
6,392 $m
96
Johnson&Johnson
+4%
6,387 $m
97
SEPHORA
+15%
6,320 $m
98
NESPRESSO
New
6,188 $m
99
Heineken
1%
6,062 $m
100
Canon
+3%
6,032 $m

建立在强势品牌基础之上的，并通过品牌向全球输出美国文化。

而中国上榜的品牌只有两个：第87名小米（XIAOMI）中国，72.66亿美元/−1%，和第92名华为（Huawei）中国，65.12亿美元/−2%。

在2023《财富》全球500强企业排行榜上，中国已经以142家企业的数量超过美国高居榜首，但在Interbrand全球100强品牌排行榜上，中国却只有2家。差距如此之大，充分说明世界级品牌数量与国家经济实力高度一致，是否拥有世界级品牌，已经成为衡量一个国家市场经济发达程度的一个重要指标。中国目前仍属于“制造大国，品牌小国”，培育知名品牌，发展品牌经济已经成为中国经济发展的当务之急，同时也是我国企业提高国际竞争力，打造世界一流企业的重要途径。

关于品牌与文化的双修关系、什么是文化、什么是品牌，林林总总、拉拉杂杂讲了这么多，所以不厌其烦，就是希望能够给读者一个正确的、总体的、深刻的、前沿的形象，如果你正好是一个大企业的品牌和文化工作者，或者你是一个小企业的企业家，是企业品牌和文化建设的第一推动者，那么，弄清楚这些就很有必要。古人云：知己知彼，百战不殆。通过了解其他企业的品牌和文化的一些相关知识，通过了解在行业、国家乃至世界层面上品牌和文化处于一个什么样的水平，有助于你更好地思考自己的企业品牌和文化。恰如老子所说：“知人者明”，只有先知人，才能后自知。而真正的自知，就不是单纯的理念一个关系、几个概念那么简单了，一定要从实践出发，在实践中检验你所学到的知识，在实践中丰富和发展你的知识，转化为新知识，这也是王阳明先生所说的“知行合一”“事上磨炼”。下面，我们就开始进入真刀实枪的操作，从企业品牌和文化的建设、落地、传播、创新四个大的环节，详细展开每一个环节的全过程，进行全面呈现和分析。

2 双修

企业的品牌与文化

第二章 企业品牌与文化的建设

——阴阳相济，文品共融

品牌与文化有点像中国古老的太极阴阳鱼。文化是阴，而品牌是阳。阴极则阳生，阳极则阴生，文化向前走一步就是品牌，品牌往前走一步就是文化。甚至很多时候，文化就是品牌，品牌就是文化。

第一节

建设阶段品牌与文化的双修关系

企业究竟该怎么样建设自己的品牌和文化？建设阶段企业品牌与文化的双修关系是什么？品牌和文化具体如何建设，又是如何互相影响的？究竟是品牌更重要还是文化更重要？是先建设品牌还是先建设文化？

春风化雨，润物无声，品牌和文化建设都要在人心上面做文章，不能是表面文章，更不能浮皮潦草，而要精雕细琢，全神贯注于一点。

当前号称为“流量经济”时代，大家都追求短平快。有的小企业也许会认为：这个问题还不简单，自然是品牌先行。将自己的产品品牌尽快打出去，让消费者一夜熟知，然后产品大卖，能够赚钱不就行了？这让我想到当年轰动一时的“秦池标王事件”。秦池，一家山东潍坊市临朐县的名不见经传的国有企业小酒厂，1995年11月8日在第二届“央视标王”竞标会上一掷千金：以6666万元的价格打败了标的为6298万元的“孔府家酒”以及标的为6398万元的“孔府宴酒”，一举抢得新一年的“央视标王”。而当时酒厂一年的利润只有3000万。但这挡不住秦池豪赌一场的雄心：以6666万元的广告投入，换来中央电视台一个“标王”！短时间内，秦池成功了，根据1996年秦池酒厂对外通报的数据，秦池酒厂当年实现销售收入9.5亿元，利税2.2亿元，分别是1995年的5倍和6倍。但1996年的秦池在“央视标王”竞标会上更加疯狂：竞标金额3.212118亿元，引爆现场！时任秦池酒厂掌门人的姬长孔语出惊人：“这是我的电话号码！”真有些黑色幽默的味道！

这一次大出风头的结果，是秦池再创销售新高，位于市场之巅，但也高处不胜寒，很快，同样是将秦池捧上天的记者们又开始暗中调查，结果发现了惊人的秦池勾兑“内幕”。1996年当年秦池的销量就腰斩，1997年销量再一次腰斩，然后，秦池几乎在市场销声匿迹了。

三年时间，恰如一句俗谚："看他起高楼，看他宴宾客，看他楼垮了。"这就是秦池给我们留下的教训：品牌的背后一定是文化。没有文化的支撑，就没有在关键时刻的理性的自我约束，就会在混乱的价值观的指导下做出一些逾越雷池、踩踏红线的事情而不能自拔。结果，就好像饮鸩止渴一样，只能是在短时间内加速自我毁灭！

也许有人会说：文化建设见效太慢了。如同金庸武侠小说里面的剑宗和气宗。剑宗练剑，几个月乃至一两年就能成为高手；气宗练气，五年起步，十年内能成为高手就不错。打个比方，品牌就像剑宗，文化就像气宗。其实，气宗里面也有绝世高手。在酒类世界里，茅台酒为代表的酱香酒，就是属于气宗一类的门派。需要经过最少五年的时间，才能向市场推出第一批酒。而真正的好酒，需要三四十年的封坛酝酿。所以，茅台酒是真正的厚积薄发，一旦进入到十年、二十年以上的竞争，没有谁是他的对手。更重要的，他还可以穿越市场的周期。不管市场起起落落，他始终按照自己的节奏，稳步推出自己厚重而不失时尚的产品。2023年茅台推出"茅台冰淇淋"，让人生的第一口茅台酒从吃茅台冰淇淋开始，可以说圈粉无数。

所以说，文化需要品牌，品牌也需要文化。在每一个发展阶段，二者都必须相辅相成，都必须有着自己固定坚守的、稳定支撑的核心。

在品牌和文化的建设阶段，我经过思考，认为品牌和文化双修关系是：

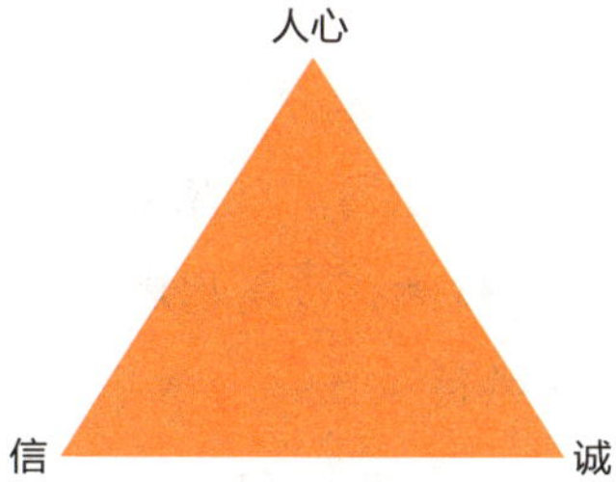

对内方面，也就是文化的建设，要围绕着左边的顶点"信"字来展开和实践。

对外方面，也就是品牌的建设，要围绕着右边顶点"诚"字来展开和实践。

内"信"而外"诚"，这也是传统儒家文化"内圣外王"的第一个层次。

“信”与“诚”，从字面上来说，各有不同；从本质上来说，是一体的。

“诚”，在《说文解字》里，本来就是左边一个“言”，右边一个“成”。信，在《说文解字》里，更是直接解释为“诚也”，完全一样。

在企业内部，文化建设的开始阶段，最重要的不是确立什么样的使命、愿景、价值观，不是确定如何远大的发展方向，制定什么样的战略，而是要立信。立信，如同历史上的商鞅“徙木立信”。将一根木头杆子放在城墙南门，谁能搬到北门去，给五十金。这么简单的事情，这么丰盛的报酬，没有人相信。但真的有一个人去做了，也真领到报酬了。于是，“信”就立起来了。在这里，“信”最重要的就是两个字：“不欺”。不欺什么？不欺人心。用我的真心、诚心换取人们的信任。通过某一件具体的事情，让人们看到，我是一个诚信的人。诺必践，言必行，这样一来，人们就会相信你，你说什么，别人会听；你下达了什么命令，别人也会去做，因为相信你。这个相信，一开始还是有条件的，但随着信任的积累，慢慢就会变成无条件的相信。历史上有著名的“周公吐哺，天下归心”。信的最高境界，就是“归心”。一开始，是你恨不得将自己的心剖开给大家看；最后，是大家争着将自己的真心献给你。这就是“信”的力量。

企业文化所谓凝聚人心，就是要通过这种“信”的方法，达成互信和共识。

再来说企业外部的品牌建设，为什么要围绕一个“诚”字来展开呢？“诚”，同样是“不欺”。胡雪岩创办“胡庆余堂”，店里面挂的一块匾额就是“戒欺”：“凡百贸易均着不得欺字，药业关系性命，尤为万不可欺。余存心济世，誓不以劣品弋取厚利，惟愿诸君心余之心，采办务真，修制务精，不至欺予以欺世人，是则造福冥冥，谓诸君之善为余谋也可，谓诸君之善自为谋亦可。”这是胡雪岩亲自给胡庆余堂制药定下的铁的规则，也是胡庆余堂称雄制药界的原因所在。从我国古代以来，商业的一个铁的法则就是“童叟无欺”。不欺，就是光明正大，就是堂堂正正，就是公平、阳光做生意。

“品”有三个口：第一个“口”，是你企业自己说出来的：“我的产品如何如何好”；第二个“口”，是消费者众口相传的：“某企业的产品如何如何”；第三个“口”，才是决定你品牌等级地位的关键：“某品牌是一个什么样的等级地位”。品级高低，就在于前面两个“口”，基础越扎实，口碑越好，积累等级越高。

这个“品”也有三个层级。第一个层面是“品性”，产品的研发的初心，究竟是为了造福人类，还是为了单纯的攫取高额利润；第二个层面是“品质”，产品在研发制作销售的过程当中，能够在看不见的地方都有品质的保障，这是良心行为；第三个层面才是品牌。在这个基础之上，向社会公众展示自己的品质、品性，并且得到别人的认可，固化在客户心目当中的形象，这个才能够形成“品牌”。

可见，不管是对内的“信”，对外的“诚”，在这个阶段，品牌和文化双修的一个关键，就在于“人心”。人心是最难揣摩的，但是人心也是最容易被打动、被感动的。一旦你获得了人心，自然做事情一呼百应，在市场上有了人心基础，自然就会“风雨不动安如山”。这一定律放之四海而皆准，从古到今都是颠扑不破的真理，永不过时。2023年的华为就进入到了这个境界，应该说华为新出的手机价格定得还是比较高的。但是因为已经拥有了人心，民众普遍没有太多的指责。华为的常务理事余承东公开号称自己的汽车“遥遥领先”，千万级以内的汽车他们是最好的。这种夸张的表述如果换一家汽车厂商，肯定会招来诟病。尽管遭到同行的指责，公众留言还是袒护华为。

从“人心”出发，品牌和文化双修，就必须做好如下方面：

（1）立志

立志要大，格局要高。立意要高远。王阳明最推崇“立志”，“志不立，天下无可成之事；虽百工技艺，未有不本于志者”“故立志而圣则圣矣，立志而贤则贤矣”。立志非常重要，这是由人心的特性决定的。人往高处走，没有谁的心里不渴望向上向善，因此，立志远大，格局高远，就会自然赢得人心，就会得到追随。

（2）沟通

在品牌和文化建设的阶段一定要做好沟通的工作。人心隔肚皮，没有人知道其他人心里在想什么，因此，必须要有效沟通。你有一个苹果，我有一个苹果，交换后还是各有一个苹果。你有一个主意，我有一个主意，交换后就是每人有了两个主意。沟通产生价值。沟通的过程，本身就是一个共同提高的过程。沟通要尊重彼此，要有一颗包容的心，要有开放的襟怀，要平等对待每个人。

（3）谦逊

“谦”是我国古代圣贤留给我们的修养方式和做事的大智慧之一。做人要低调，做事情同样要低点切入。海纳百川有容乃大，大海是处于最低的位置，因此接纳得最多，也成就了海的博大永恒。同样，文化建设和品牌建设都要从低点入手，以谦逊的姿态来找到自己稳固的落脚点。这一阶段不是谈论价值的时候，更不能直接要求效益。因此，品牌和文化建设都要在人心上做文章，千万不要急于求成，最好任何功利色彩都不要有。单纯、专注、执着、温情，带着真挚的情感和专业的本领去做好一件事情，一点一点积累，苦练内功，犹如百丈树木，扎根大地。文化的根扎得越深，将来会长得越高，也越有抵御风雨的能力，品牌才会真正基业长青。

（4）开放

品牌和文化建设阶段，一个重要的共同特点就是要开放。

什么是开放？一两句话讲不清楚。不过，我在这里想引用一下老子说的“空”的概念。老子是思想深邃的哲学大师，他大概第一个发现了“空”的妙用。“空”并不是真的“空”，但“空”可以接纳万象，“空”可以生出万物。我们置身其中的这个宇宙是“空”的，我们每天呼吸的气体是“空”的，我们的头脑里看似纷纷芸芸装满那么多的思想意识，其实却是“空”的。只有懂得“空”，不断将自己保持在“空”的状态的人，才能“空”中生有，生生不息。

大海就是如此。大海的开放性就在于它的“空”，永远也装不满。大海向四面八方所有的水张开自己的怀抱，容纳一切，接受一切。看起来是浩瀚无边的“空”，却又蕴藏着无比的能量，转化为无尽资源。

对于企业来说，在初创阶段也是“空”的。这个“空”是最好的状态，一定要好好加以利用。而在这个“空”的状态中，品牌与文化几乎不可区分。

我们来看两个例子。一个是华为，在创立的时候起这么大的一个名字，让人一听就联想到“中华有为”，任正非一定很有魄力吧？其实很多人都知道，那正是任正非人生中最低谷的时候。刚刚经历了从军队转业之后初涉商海的第一次失败经历，家庭也遭遇离婚打击，一家人的生活来源都扛在他的肩头，而他只能用从亲戚朋友那里借来的2万元注册华为。他想做什么？后来任正非的一句话可以作为注解：“为人类服务，而不是为金钱服务。”也许这就是“华为”二字中蕴含的最深刻的内涵和最高理想。

在人生最低谷的时候，却选择张开胸怀拥抱全世界——这就是华为，任正非从一开始就赋予了其无限的开放性。这也是他在人生中做出的最坚定的主动选择，从此决定了华为将走向一条艰难而辉煌的道路。

还可以再举一个例子：阿里巴巴。马云最初创建阿里巴巴的初心，就是要让天下没有难做的生意，要让中国的企业有更多机会参与国际贸易。他为了寻找一个世界各地人们都知道的名字煞费苦心，甚至在饭馆里逮着人就问：“你知道阿里巴巴吗？”结果大家都说：“知道。”于是马云放心了，阿里巴巴的名字确定下来。最终他也的确将阿里巴巴从一个中国小公司做成了世界性的大企业，面向全球和全世界做生意，从一开始马云就赋予了阿里巴巴最大的成长空间。

（5）超越

超越就是不断地向上，有着无限的自我提升的可能性。

企业的品牌和文化一定从一开始就是超越性的，这叫做“始其大”。什么东西是天然具有超越性的？我们看看身边，有一种司空见惯的东西——水。水就是具有超越性的。每一滴水看起来微不足道，但却都有着奔赴大海的雄心壮志。为了回归大海，它们从千山万岭、千沟万壑中艰难地冲出来，汇聚成河流湖泊，经过千里万里，中间甚至还要经过沙漠这样的极端环境，最后通过液态、固态、气态等各种方式，最终归于大海。水的这种超越性是充满智慧的。

每个人也都具有超越性，用王阳明的话说，就是都可以成为圣贤。王阳明的学说之所以影响深远，至今仍然被很多企业家所推崇并身体力行，就在于他的学说是一个活的学问，在世俗的现实世界里超拔我们的生命和精神，而他又不是完全的出世，只是在世道人心的磨砺中不断帮助我们向上、向善、向美。这种超越性是哲学而不是宗教，是我们中国哲学特有的一种色彩，也是中国企业取之不尽的财富。

企业为利润而生，但必须超越利润而有着更高的追求。正如人和动物都是生命，而人就是要找到自己的那一份超越性的追求——这种自我意识的觉醒和人作为创造主体性的自觉担当，使我们成为了人！

企业追求利润，但利润是工具而不是目的。正如德鲁克所说："企业的目的在企业之外。"企业的目的还是在人——对内为了员工，对外为了顾客。以人为中心，企业就会有无限的超越性，有永远存在的理由。从这个意义上说，企业品牌和文化也就都是永生不灭的。

（6）仁爱

仁爱是儒家以孔子为代表所提出的最高原则，也是做人的最高标准。具体什么是"仁"，孔子讲了很多，但最根本的一条就只有两点："克己""爱人"。

"克己"，就是克服自己的欲望。人应该是欲望的主人而不是欲望的奴隶。人有欲望才有生存和发展的动力，但欲望不能够反过来控制人。人兼有理性和感性，理性最终一定是占上风的，人类才能组成一个和谐社会，人类才得以有一个永续存在的环境。企业也是如此。

"爱人"，就是要爱别人。人是有血缘关系的，但对于血缘关系以外的人，也仍然要去爱他们。如何去爱，就是"己所不欲勿施于人""推己及人""立己达人"。我们中国文化讲"善"，其实"善"就是"仁"的一个基础层次。"善"，首先是不作恶，然后是爱家人，再就是不伤害别人，然后是爱别人。如何真正去爱别人？就是去尊重、去关怀，去从人性的普遍情感出发，以人道和人文施以关怀，大家一起努力，构建老有所养、幼有所育、学有所教、人人有所成就、价值有所实现、精神有所寄托的和谐美丽社会秩序。

如果只是作为个体，我们去爱别人，我们去做善行义举，能力毕竟有限；但作为企业，如果将自己的力量发挥出来，就有很大能量。我们看灾害发生的时候，个人捐款几十万上百万元，企业则动辄千万元、上亿元；我们看在社会公益上，企业承担的社会责任远胜个人；甚至在推动人类社会进步上，企业也比个人展示出更多的能力和本领。这就是“企业向善”“科技向善”，企业在“善”的层面上，在世界范围内，已经有了普遍的共识；在“仁”的层面上，“企业爱人”，对内爱护员工，对外爱护顾客、甚至是陌生的毫不相干的人，也已经成为主流。现在很多年轻人都喜欢“海底捞”“星巴克”，这些企业的品牌和文化传达的就是：“我们爱你们”。这种爱是发自内心的真诚，是企业服务体现在每一个具体细节中的。不管是腰缠万贯，还是身无分文，在这里你都能感受到温暖。

以上讲的这些双修关系，也可以称为“共同基因”，是写在品牌和文化的骨子里，也是流淌在血脉深处、永不止息的生命和精神动力。如果从一开始，就有明确的这些意识，就会在以后少走许多弯路。

当然，品牌和文化的建设具体怎么做，也有各自的规律要遵循，下面我就结合自己的实践经验，介绍一些通用做法和个人建议。

第二节
企业文化建设

社会整体环境，时代的大环境至关重要。“只有时代的企业，没有企业的时代”，这样的话里面蕴含着深刻的哲理，值得企业领导者和管理者反复去思索、践行。

1 指导思想

先来看一组案例：

谷歌公司大家都很熟悉，作为搜索引擎领域的先驱和典范，谷歌是当今世界上最成功的互联网公司之一。关于谷歌的企业文化，大家最耳熟能详的应该就是那句“永不作恶”，这是Google的经营理念之一。Google于2004年首次公开募股的招股书，就被称为“不作恶的宣言”：“不要作恶。我们坚信，作为一个为世界做好事的公司，从长远来看，我们会得到更好的回馈——即使我们放弃一些短期收益。”这一企业宗旨形成于1999年。当时，一些商业人士加盟技术驱动的谷歌之后，谷歌创始人之一阿米特·帕特尔和其他一些早期员工都持抵制的态度。他们担心，未来可能迫于客户的要求更改搜索结果排名，或者开发一些他们不愿意开发的产品。阿米特·帕特尔在谷歌销售人员与客户会面的会议室里表达了自己的担心，阿米特·帕特尔在一个白板的右下角非常清楚地写下了：“永不作恶。”一段时间之后，当谷歌人力资源团队讨论企业宗旨时，共列出了10条企业价值，最后只保留“永不作恶”一条，因为大家一致认为，它涵盖了其他内容。

“永不作恶”不只是一句口号而已，几年后，谷歌为美国的五角大楼提供人工智能技术，为军事无人机技术提供帮助，这个本来看似简单的一个企业与政府的技术合作，却为谷歌带来了很大的麻烦。麻烦的开始，是谷歌相关项目的核心员工罢工并进行抗议，其后联合了大量的内部员工要求公司终止这项可能会夺取他人性命的“Maven”项目。但是在谷歌高管的坚持下，项目依旧没有被终止。此时，最初发起反抗的这些项目员工提出了离职诉求，原因就是谷歌所参与的这个项目与“不作恶”的文化信念，有着强烈的冲突。这件事情最终导致谷歌4600多名员工联合上书进行抗议，至少13名员工愤然辞职抗议，最终谷歌公司高管迫于压力，正式宣布退出“Maven”项目，并承诺不会将谷歌的人工智能技术用于关联武器类等可能造成人身伤害的项目——而这个故事也成就了谷歌最好的公司形象，给他们公司带来了非常好的声誉，为他们公司的品牌带来了积极的贡献。

“不作恶”，简简单单的一个词汇，本身所带来的文化信念却远比企业设定大量的行为准则、文化词语都更具有约束和震慑的强力作用。因为“不作恶”本身，已经概括了大量的限制性负面词语。谷歌的“不作恶”，从表象上来看，就是坚信“无须作恶，也可以赚钱”，“无须西装革履，也可以认真执着，工作充满着挑战，而挑战充满了欢乐”。其还有更深一层的意思，就是要了解用户、关注用户，为用户提供无偏见的信息访问，黏住用户，为用户提供更有效、更有价值的服务，与用户成为互相帮助的好朋友，真正做到你中有我、我中有你。

相比之下，我们国内一些搜索引擎总是急于“赚钱”“变现”，很少提及用户、体验、产品。“竞价搜索”是一种只知道砍树不知道种树的行为，迟早有一天会发现自己守着的这个山头已经变成荒山。不管这个企业为自己设定的价值观有多么高大，但是按照竞价排名来给顾客提供咨询服务，反映出他们的价值观根本没有落地，折射出这家企业的文化建设是有问题的，品牌与文化的建设是不同步的。这种利益驱动为主线的价值观、企业文化是很难打造出伟大公司的。

还可以举一个例子，中国石化的企业使命——为美好生活加油，不仅仅超出了“不作恶”的层面，还要充满积极向善的正能量，为人们的美好生活加油。

“加油”一词中国远古没有，外国也没有，《牛津字典》上直接翻译中文“add oil”。“加油”一词最早出现在中国清代清嘉庆年间，贵州知府张瑛每天派人深夜巡城，见有亮灯读书者便免费添加一勺桐油，送上一句鼓励。后来当地读书蔚然成风，人才辈出，“加油”一词由此而生。

对于一个石油企业来说，为美好生活“加油”一语双关，具备多重意义。增加车用的物质上的能量——为车加油、加天然气、加氢、充电换电；还为人的需要提供食物方面的能量——便利店提供各种食物；甚至还提供精神方面的能量——“卡车司机之家”“环卫驿站”为特殊人群提供暖心服务。这个企业使命一经提出，得到了企业内外、上上下下的普遍好评，更重要的是已经慢慢地转化为员工的行为。缺斤短两、坑蒙拐骗、以假当真等“作恶的”行为在中国石化基本上绝迹，相关的负面舆情大大减少。中国石化的26000座便利店，每个店虽然比较小，但是它一个共同的特点就是货真价实。“为美好生活加油”这个理念引导了人心向善，得到了强烈共鸣，从2014年8月8日发布，一直沿用至今。在中国石化许多加油站里面，员工都喜欢把“为美好生活加油”外显出来，向社会展示自己的价值理念，它事实上已经成为中国石化一幅非常得人心、展形象、树品牌的旗帜。有一位中国石化的高管告诉我，他有一个朋友对他说：我特别喜欢到你们中国石化加油，是因为你们那一句口号非常好——为美好生活加油，我觉得我去给汽车加一次油，就是在为我自己的美好生活加了一次油。可见这个理念得到了包括员工、顾客在内的广泛的共鸣。后来我为此写了一首歌《为美好生活加油》，号召大家一起加油。开篇用童声讲述了“加油”一词的由来，配的是沙画动漫，非常唯美。当然，歌词并没有直接出现中国石化，而是社会上的通用的情绪和感受，因为每个人在奋斗当中都会遇到一些坎坷，都需要鼓励、欣赏、加油。

为美好生活加油
歌曲

这些“反面”和“正面”的案例，都是从源头上说明了企业文化建设的极端重要性。对外宣称自己企业是多么高尚伟大，但是在企业文化落地上没有践行自己的理念，品牌就会变成空中楼阁、沙土高楼，难以置信。

而现在比较成功的几家互联网公司，他们在企业文化建设、核心价值观管理方面做得非常好，给他们品牌打造打下了坚实的基础，这也是他们能够快速地在短短的10多年内成为巨头的奥秘之一。

企业文化不是天然形成的，它需要有意识地进行建设。一般说来，企业文化建设的基本指导思想，离不开这样三个方面：

（1）尊重历史

立足于企业自身的发展历史，从中找出优秀的文化基因加以传承，对不良的文化基因加以扬弃。在这个过程中，可以对比其他的优秀企业，了解别人的文化基因是什么，是如何传承的；但是归根到底，还是要找到自己的独特基因，而不能想着将别人的基因拿过来，“拿来主义”甚至是“照搬照抄”是不会起作用的。

（2）符合现状

符合现状就是要跟企业的业务特点和发展阶段结合起来。既要考虑外部文化的影响因素，如国家大政方针、行业的特殊规定，以及区域文化影响因素、市场的特定状态等；同时又要考虑企业内部文化的影响因素，如约定俗成的价值观念，传承下来的行为习惯等。在此基础上，要对企业管理做深刻的透视，找出企业面向未来最大的差距和不足，以及如何通过文化战略来解决这些问题并进行优化设计。

（3）面向未来

企业文化传承过去，但一定是面向未来的。企业文化的设计，不能以一年两年计，而是要管用五年、十年，甚至二三十年。企业一定要有做百年老店的雄心壮志，企业文化则是基业长青最持久的驱动力。企业文化不管是一把手文化，还是创始人文化，文化就是文化，文化生命会超越我们的自然生命，甚至是企业生命。文化永存就要求文化建设一定要有大视野、大格局，做长远的建设规划。

2 基本原则

建设企业文化，通常要遵循如下的五项基本原则：

（1）源于实践，适度超前

坚持从企业改革发展实践中提炼文化理念和管理模式，用先进的企业文化引领企业改革发展的新实践。要适度超前，注重引领。企业核心价值观的确定，首先取决于企业的使命和愿景，取决于你想办一个什么样的企业。如果要打造世界的、一流的企业，就必须有“兼济天下”的胸怀和“勇立潮头”的理念。

（2）继承传统，与时俱进

继承和发扬企业优良传统和管理经验，结合时代发展要求，借鉴国内外先进企业的文化管理模式，持续优化推进企业文化建设。文化是一定有基因传承的，但是也得根据时代发展的要求与时俱进更新观念。中国的企业尤其是民营企业，在创业伊始更多地强调“效率至上，效益为本”，特别强调创效益、追求投资回报率。随着时代的进步、企业的做大，履行社会责任、成为伟大企业，必须充分认识其对未来可持续发展的重要性，必须提到议事日程上。

（3）突出共性，兼容个性

在坚持企业文化统一性的前提下，要尊重所属企业的差异性，培育和塑造符合各单位实际的特色企业文化，实现集团公司共性文化与成员企业个性文化、本土文化与海外文化的有机融合、相得益彰。大型企业集团往往是由各种企业组建而成的，许多下属企业历史比母公司要早得多。母公司既要海纳百川，把下属公司的优良文化基因吸收到母公司的企业文化建设当中去，同时也要在遵循母公司统一价值观的前提之下，允许子公司保留自己独特的文化特色。

（4）统筹规划，有序推进

企业文化建设是一项长期复杂的系统工程。要围绕改革发展的重点工作和突出问题，找准切入点和着力点，增强工作的系统性、针对性和时效性。世界上最难做到的两件事情是："把别人的钱装在自己的口袋里，把自己的思想装在别人的脑袋里。"企业文化建设也是一个长期的过程，是从开始到最后都要坚持的过程。

（5）领导带头，全员参与

各级领导者是企业文化建设的倡导者与推行者，必须身体力行，充分发挥示范带头作用。全体员工是企业文化建设的主体，要在实践中不断学习、践行和传播，共同建设和发展企业文化。古人有很多事例，"楚王好细腰，宫中多饿死""上有所好，下必甚焉"说的就是这个道理。我们观察一个企业可以发现，这个企业的主要领导如果比较开放，下属也会比较开放；主要领导如果比较保守，下属也会比较保守；主要领导喜欢打高尔夫球，下属也会跟着学习；主要领导喜欢喝酒，下属企业喝酒一定会蔚然成风。

3 表现形式

学术界通常认为，企业文化的表现形式可以分为三个层次：表层体现在员工行为方面，中层（物质层）体现在企业一系列规章制度层面，深层（核心层）则体现在企业的使命、愿景、价值观方面。

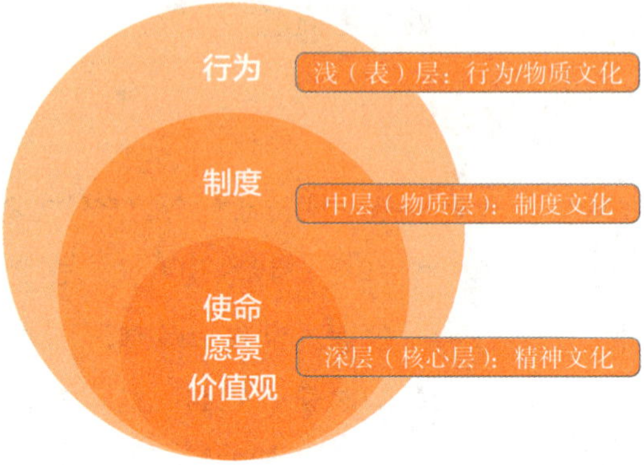

企业文化表现形式与企业文化建设

表层文化体现在员工行为方面。一个企业员工的着装、说话的方式，对工作纪律的态度，为人处世的风格等，这些个人行为都是企业文化一些表层的体现。

从物质层看，企业文化主要体现在企业的制度建设方面。一个企业倡导什么、反对什么，主要是用制度来进行规范。这里非常鲜明地体现了企业的文化导向。

企业文化最核心的部分就是企业的使命、愿景、价值观。它们决定了企业的发展方向、前进动力和是非标准，是最重要的构成。

（1）表层

在三个层次中，表层次的企业文化，可以看员工的行为。比如一个公司的员工下班后喜欢聚在一起喝酒，另一个公司的员工下班后则很少联络，这两种习气都在公司存在多年，这就是公司不同的企业文化体现。企业文化在公司员工着装上也会有所体现，虽然没有发布过关于着装的文件要求，但经过观察会发现，一个单位的人往往有一种共同的气质，这种气质事实上是对某种文化的共同的认可，大家言谈举止上都觉得这样做是对的，那样做是错的，这个往往是一种企业文化的体现。

（2）物质层

物质层的企业文化，从公司的制度特别是考勤制度上，可以看出不同公司的企业文化。有的公司严格考勤，并配备严格的奖惩制度；有的公司处于中间状态，考勤上给予一定宽松空间；有一种公司则实行完全宽松的考勤制度，员工可以灵活决定自己的工作时间。在不同的考勤制度影响下，公司员工对考勤的态度也截然不同，也会强化这种企业文化，形成一种循环。

（3）深层

深层的企业文化则体现在企业的愿景、使命、价值观中。如果把企业比喻成一棵大树，使命、愿景和价值观就是大树的根，企业制定的发展规划和各项制度就是躯干，员工的行为就是枝叶，企业的产品和服务则是果实。如果这棵大树的根能深扎在国家和民族的土壤里，汲取传统文化和现代文明的营养，则这棵大树一定枝繁叶茂、果实累累。不同基因的种子生长出不同的根，不同的根生长在什么样的土壤里，决定了能长成多么高大的树。所以说，不同的使命、愿景和价值观决定了企业的独特文化和未来发展。如同树之常青，企业也随之长青。

对于企业高层领导和各级员工来说，使命、愿景和价值观是指路明灯，帮助他们明确自己使命的崇高、愿景的美好、职责的重大；使命、愿景和价值观是时时事事可以对照的镜子，帮助他们做出更明智、更负责的决定和行动；使命、愿景和价值观是铭刻于心、默化于行的座右铭，激发他们的工作热情、创新潜能和奉献精神；使命、愿景和价值观是强力的黏合剂，增强企业成员的自豪感和归属感，增强向心力；使命、愿景和价值观是永动机，不断增强其他利益相关方对企业的认同感。

4 核心内涵

企业使命、愿景与价值观，是企业文化的核心构成部分，也各有内涵。

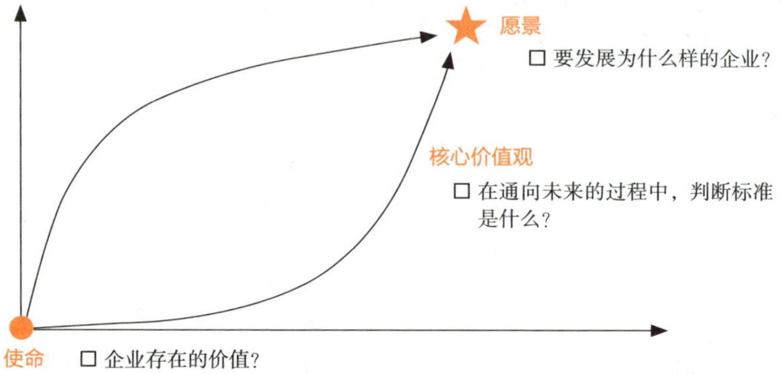

（1）企业使命

企业使命，是指这个企业存在的终极价值，是企业的根本性质和存在的理由，是企业在社会进步和社会经济发展中所应担当的角色和责任，是制定企业发展战略、经营思想、经营领域的重要依据。彼得·德鲁克基金会主席、著名领导力大师弗兰西斯认为：一个强有力的组织必须靠使命驱动。企业的使命不仅回答企业是做什么的，更重要的是为什么做，这是企业终极意义的目标。崇高、明确、富有感召力的使命不仅为企业指明了方向，而且使企业的每一位成员明确了工作的真正意义，激发出内心深处的动机，也会给企业带来非常高的美誉度。试想，“为美好生活加油”的使命让多少中国石化的员工对企业、对顾客、对社会倾注更多的热情和心血；“让世界更加欢乐”的企业使命为迪士尼带来了多少吸引力，帮助品牌提高了多少美誉度。

企业使命常常是在组建的时候重点考虑的，也有的是在企业一些改革发展的重大转向的时候提升的。1983年组建中国石化的时候，国家主要是为了解决人民群众吃饭穿衣难的问题，要为国家经济增加新的动力。解决吃饭问题，主要是要大力发展化肥业，提高粮食产量；解决穿衣问题，主要是要大力发展化纤业，替代棉花，解决粮棉争地的矛盾；解决发展问题，主要是想提高石油化工在国民经济中的地位，通过振兴石油化工支撑实现国民经济翻两番的目标。因此，这个由改革发展的大环境和时代因素所赋予中国石化的使命里面，天然就有着浓墨重彩的“发展企业、报国为民”的色彩。在公司正式组建之后，第一任总经理陈锦华就提出了以“爱我中华、振兴石化”作为企业精神，明确了企业事实上的使命。后来，在确定新时期企业使命时，又升级为“为美好生活加油”，前者更多强调了国家意识、企业意识；调整后升级到为人类命运共同体、为业务所在国、为本国的人民、为员工、为客户的美好生活加油。前后两个使命有所关联，但后者紧跟时代的脚步、视野更广，更有利于推动中国石化朝着世界级跨国公司方向发展，也得到了几任领导班子和企业内外的广泛好评，获得了更高的美誉度。

（2）企业愿景

企业愿景，是企业对未来的设想和展望，是企业在整体发展方向上要达到的一个理想状态，即“愿望中的景象”，回答企业将成为什么的问题。它往往是插在山峰最高处的一面红旗，需要几代人坚定不移地朝着这个方向去努力。它为企业提供了一个清晰的发展目标和未来图景，告诉企业的每个成员企业将要走向哪里。

中国石化最新提出的企业愿景是：“建设世界领先洁净能源化工公司”，“世界”是强调要成为国际化的公司；“领先”强调不仅仅是世界一流，而且是在一流里面要成为前三名；“洁净能源”是强调能源要朝着洁净方向去发展；“化工”是强调要朝着高端方向去发展；“洁净能源化工”也同时强调，除了产品要优质之外，整个生产过程也要环保低碳、降低能耗；“公司”是强调朝着市场化方向去发展。尤其是“世界领先”的提法，是时任中国石化的董事长张玉卓先生提出来的。“世界领先”与“世界一流”有什么不一样呢？85分以上的都可以称之为“世界一流”，而张玉卓先生界定的“世界领先”内涵是：“同行中的前三名”才叫领先。可以看出，中国石化的企业愿景表明了公司未来的宏图大志。关于“洁净”的表述，有利于扭转社会上对能源企业“污染大户”的口碑，打造良好的企业声誉。

当然，企业在不同的历史时期，会根据自己在竞争的历史方位中的地位和自身的实力，对自己的发展愿景进行调整。2024年春节前，中国石化印发新版企业文化建设纲要——《中国石油化工集团有限公司企业文化建设纲要（2024年版）》。新版《纲要》确立了“爱我中华、振兴石化”的企业精神，“为美好生活加油”的企业使命，“打造世界领先洁净能源化工公司”的企业愿景，“人本、责任、诚信、精细、创新、共赢”的企业核心价值观，“严、细、实”的企业作风等核心价值理念。

此次修订，是中国石化成立40年来的第3次修订，对近年来公司推动改革发展的新理念、新实践进行了提炼补充，完善了企业精神、企业使命、企业愿景、企业核心价值观和企业作风等方面内容，内容更清楚、重点更突出。

从企业愿景看，中国石化早期提出来打造具有“较强国际竞争力”的公司，后来随着实力的上涨提出来要打造“世界一流”，2020年又调整为打造“世界领先”。愿景可以根据公司发展到一定阶段之后的实力和各方的期望进行调整，不是一成不变的。

一个企业的愿景是做世界一流、世界领先，还是做国内一流、本地区域一流、本行业一流？是愿意承担人类社会或是国家民族的历史责任，或者只是自己愿意做一个小作坊、赚点小钱发点小财？这都无可厚非，但是其决定了一个企业的格局和段位，某种意义上决定了企业能走多远。

（3）企业价值观

企业的价值观，是指企业绝大多数的干部员工都潜移默化的、一致认可的判断标准，是企业决策和企业员工行为的重要依据，是企业承担宏大使命、实现美好愿景可以依赖的现实路径和必须采用的做法。

中国石化的核心价值观是“人本、责任、诚信、精细、创新、共赢”。“人本”就是强调以员工为本，以客户为本。华为公司强调的是“以奋斗者为本”，而中国石化强调的是“以人为本”，我们不好比较这两个核心价值观的高低上下。但是，在具体的实践中，中国石化在推动“三项制度改革”上，难度确实要比华为大得多。而华为有这种文化基因打底，他们上上下下都认为企业应该“以奋斗者为本”，当一个老员工不再存在奋斗的价值的时候，他会自动退出历史舞台，不会有太多的怨言。当然华为也并没有真的让这些老员工“归隐山林”，而是给他们新的岗位，类似于企业顾问，将华为文化的接力棒交给下一批奋斗者。

再比如，“责任”“诚信”“精细”“创新”“共赢”，这些文化理念都不只是一个简单的词语，而是每个词语都从企业的发展历程中提炼出来，又对应着企业未来的发展。因为出自企业本身，血脉相连，因此每个员工就会觉得很熟悉，可以一下理解其背后的复杂含义，因此深入人心。相对应于每一个词语，绝大多数干部职工都会认为：“这样做是对的，不这样做就是错的。”是非标准、价值判断，一目了然。很难想象在中国石化，一个不讲诚信、不负责任、做事不精细的人，会得到大家的欣赏，会得到重用。这就是企业价值理念所起到的引领性的作用。

所有的企业价值观的设计都是正能量的，没有哪个企业会把违背公序良俗的观念作为自己的价值观。不管是以人为本，还是以奋斗者为本，不管是遵纪守法、报国为民，还是诚信创新、合作共赢，都是从文化的角度来展示企业的正能量，能让人产生美好的联想。如果能在实践中扎扎实实做到，就会形成企业良好的口碑和塑造企业正面的形象，由此而转化为企业长期向好、持续增长的经营绩效，稳健向前，大步迈进。

目前，国内外对使命、愿景和价值观之间逻辑的理解和顺序的安排基本就是使命、愿景、价值观，也有个别企业将愿景置于使命之前，这些都不重要的。重要的是，要真正认识到：使命是企业的根本，即企业的一切源于使命；愿景是把使命转变为真正富有意义的预期结果；价值观是企业在实现使命和愿景过程中的思维模式和行为方式，即做事原则。

5 文化来源

企业文化非常重要，究竟该怎么建设呢？企业文化的来源是什么？我们还是先举一个华为的例子。

华为的文化构成

HUAWEI

- IBM的西方管理理念
- 中华传统文化
- 毛泽东思想
- 解放军文化
- 任正非理念

华为公司的创始人任正非认为：企业文化应该是公司的灵魂，是其发展的核心。他没有明确地说，华为的企业文化有哪些来源和构成，但我们可以看到，他们公开倡导的："坚守创新、客户至上、自我驱动、团队协作"。我们还能看到任正非先生自己率先垂范，为华为公司奠定了文化基调或风格：坚忍不拔、艰苦奋斗、斗争精神、务实低调。再后来，随着华为的不断发展壮大，企业文化就更加清晰和富有特色。

以客户为中心，任正非说得非常坚决："在华为，坚决提拔那些眼睛盯着客户，屁股对着老板的员工，坚决淘汰那些眼睛盯着老板，屁股对着客户的干部。"这才叫真正的"以客户为中心"。

以奋斗者为本，一人一厨一狗的故事在华为广为流传，被认为是华为奋斗精神的最佳现实演绎：在非洲南部和马达加斯加之间一个偏僻岛国科摩罗，一名叫叶辉辉的华为员工，在这个极端贫困的岛国，数年如一日，一人一厨一狗驻守孤岛，克服恶劣天气、交通不便和物资匮乏等各种挑战，六年如一日，坚持为当地客户提供优质服务。什么叫华为奋斗精神？这就是华为奋斗精神！长期艰苦奋斗，华为立志要做百年老店，拒绝机会主义。三十年如一日，对着一个山口、一个阵地发起冲锋。多少人嘲笑过任正非的坚持和选择，可是嘲笑的人早已被时代的浪潮淘汰，而任正非屹立不倒。

再就是坚持自我批判，这也是华为的看家宝。据说，任正非在部队的时候就是活学活用毛泽东思想的标兵。他将民主生活会带到了企业，并且组建“蓝军”，设立战略预备队，华为不是军队，但是将人民军队的优良传统付诸实践，打造铁军。

以上可以看到，企业文化的来源构成是多方面，我将其归纳为六大来源：

企业文化的六大来源

（1）源于时代的需要

一个企业的文化往往会体现出所处时代的特点。当前社会主义核心价值观和新发展理念对我国企业的文化建设影响巨大，有很强的时代引领作用。我在研究中国石化的企业文化时发现，40年历史换了十任领导班子，所倡导的企业理念大体上是一脉相承的，各有侧重点和新提法，但是却往往折射出当时所处时代的背景。

在中国的石油化工行业，大庆精神、铁人精神无疑有着最鲜明的时代特性。

大庆的诞生，源于一个独特的时代背景：新中国工业刚起步，石油短缺成为制约中国经济发展的重大问题。一个令人吃惊的数据是：当1949年当毛泽东主席在天安门城楼宣布新中国成立时，全国原油年产量仅12万吨，总共才8台浅钻井机和40余名石油技术人员。第一个五年计划，唯一没有完成任务的就是石油产量。后来在苏联老大哥的帮助下，中国的石油问题得到一定解决，但随着中苏关系恶化，进口石油的道路中断了，1958年初，石油短缺已经影响到了国计民生：不少汽车被迫停运，军队甚至不得不撤销了一些急需的军事演习项目，全国各地乃至首都街头都出现了背负沉重煤气包的公交车辆……石油，石油，一时间，从中央领导到普通百姓，人人都念叨着“缺油”“找油”……为了甩掉“贫油”的帽子，举国打一场石油战争。1959年9月26日，松辽盆地的中央地带——黑龙江省肇州县大同镇的松基三井，终于喷出了黑黝黝的工业性油流——大庆油田诞生了。

一场排山倒海的大会战随之打响。中共中央下发文件，为大会战定下基调。中央军委作出决定，从中国人民解放军退伍军人中，动员3万人参加大庆油田工作。石油工业部集中了全国37个石油厂矿、院校的4万名职工，调集了7万吨器材设备，抽调了全国最优秀的几十个钻井队，从五湖四海向着大庆油田汇合……会战从此成为后来的胜利油田等一大批油田的传家宝。会战中也涌现出了一个响彻世界的名字：王进喜！王进喜在大会战中创下了一系列的纪录，赢得了“铁人”称号。萨尔图万人广场学铁人誓师大会：王进喜披红戴花骑在马上绕场一周，余秋里亲自拿起话筒，带着会战大军一遍又一遍地高呼“向铁人学习！”1964年1月25日，毛泽东等中央领导人在听了余秋里的关于大庆石油会战情况后，毛泽东说：“好嘛！我看这个工业，就要这个搞法，向你们学习嘛！要学大庆！”10天后，中共中央便下发了《关于传达石油工业部关于大庆石油会战情况的报告》，毛泽东亲手树立了大庆这面红旗。4月20日，人民日报刊发长篇通讯《大庆精神大庆人》，首次提出“大庆精神”概念，并且将大庆精神介绍给全世界。

今天，在中国的石油化工行业，“大庆精神、铁人精神”仍然在传承，一代又一代的石油化工人，以自己的丰富生动实践谱写新的诗篇和故事……

（2）源于企业的发轫

企业成立之初的文化后来往往容易得到传承。

如果要问最近十年，中国在哪个领域取得的突破最大，航天领域至少是名列前茅的。从神舟系列到天宫系列，再到天舟系列，中国在浩瀚太空中的每一次探索、迈出的每一步都激动人心，航天载人精神举国为之赞叹，已经成为最昂扬的时代精神。

而我们载人航天精神的崛起，只是中国航天事业60多年中诞生的伟大精神的延续。

一是航天传统精神，源于1956年10月8日，我国第一个导弹火箭研究机构——国防部第五研究院成立时，聂荣臻元帅在讲话中勉励航天工作者发扬自力更生、奋发图强的精神，毕生效力于我国的导弹事业。1958年，针对特殊的困难局面，聂荣臻元帅提出“集中力量，形成拳头，组织全国大协作”。1960年，国防部五院提出了“自力更生、艰苦奋斗，克服一切困难，为国争光”和“自力更生，发奋图强，争一口气，突破从仿制到独立设计这一关”的口号。1960年1月5日，中国航天史上具有里程碑意义的第一枚仿制导弹飞行试验取得圆满成功。1966年10月，周恩来总理针对“两弹结合”提出了“严肃认真、周到细致、稳妥可靠、万无一失”的16字方针。1984年10月，航天工业部召开劳动模范表彰大会，总结出了航天工作者在航天事业的发展中体现出的六种精神——自力更生、艰苦奋斗、大力协同、严肃认真、勇于攀登、献身事业。1986年，航天工业部党组根据聂荣臻元帅的倡导，正式将航天精神表述为“自力更生、艰苦奋斗、大力协同、无私奉献、严谨务实、勇于攀登”24个字，成为航天科技战线永远铭记、遵循的航天传统精神，也成为航天文化的主要基石。

二是“两弹一星”精神，源于1955年、1956年中央先后作出研制原子弹和导弹的战略决策，1958年提出研制人造卫星的问题后，漂泊海外的一批优秀科学家听从祖国的召唤，纷纷回国，与新中国培养的一批科技专家、科技人员和技术工人一起，以满腔热忱和奉献精神投入到强国兴邦的“两弹一星”事业中来。他们心怀对祖国的一片赤诚，隐姓埋名，默默奉献，甚至很多人为此献出了宝贵的生命。1964年6月，我国第一枚自行研制的东风二号地地导弹发射成功。1964年10月，我国第一颗原子弹爆炸成功。1966年10月，我国第一颗装有核弹头的东风二号甲地地导弹飞行实验成功。1967年6月，我国第一颗氢弹空爆实验成功。1970年4月，我国第一颗人造卫星发射成功。参与“两弹一星”的广大航天工作者在十分艰苦的条件下，取得了举世瞩目的成就。1999年9月18日，在新中国成立50

周年前夕，党中央、国务院和中央军委在北京召开大会，隆重表彰为“两弹一星”作出突出贡献的23名科技专家。江泽民同志发表重要讲话，提出并精辟阐述了“两弹一星”精神，即“热爱祖国、无私奉献、自力更生、艰苦奋斗、大力协同、勇于登攀”。这既是对航天战线企业文化的精辟总结，也成为各族人民在社会主义现代化建设道路上奋勇开拓的巨大推动力量。

三是载人航天精神。从1992年9月21日，中央作出实施载人航天工程的战略决策后，一直到2003年10月15日，神舟五号载人航天飞船发射成功。2003年10月16日，中共中央、国务院、中央军委对我国首次载人航天飞行成功贺电中，明确提出要“大力弘扬特别能吃苦、特别能战斗、特别能攻关、特别能奉献的载人航天精神”。至此，载人航天精神确立，成为“两弹一星”以爱国主义为核心的民族精神和以改革创新为核心的时代精神生动体现。在中国航天事业迎来60周年之际，我国将每年的4月24日确定为“中国航天日”。习近平总书记为首个中国航天日作出了重要批示，强调指出“探索浩瀚宇宙，发展航天事业，建设航天强国，是我们不懈追求的航天梦”。

航天精神，虽然经过了不同时期和不同发展阶段，但其本质从未变化，这就是：党的优良传统在航天科技战线的具体体现，中国先进文化与航天科技工业实践相结合的产物，民族精神在航天领域的表现形式。

（3）源于历史的传承

毛泽东在谈到中国工业发展时曾说，有四个人不能忘记：讲重工业，不能忘张之洞；讲轻工业，不能忘张謇；讲化学工业，不能忘范旭东；讲交通运输，不能忘卢作孚。由此可见范旭东在中国化学工业中的地位和作用。

范旭东，民国时期化工实业家，创办永利化学工业公司，为公司订立的四大信条，引领了中华民族化学工业的发展，至今仍然闪耀着伟大的光芒。这四大信条［见第一章第二节（4）本土企业文化传统］，简而单之就是“相信科学、发展实业、奉献大局、服务社会”，即使在一百多年后的今天来看，也一点不过时，石油石化战线依然在贯彻，这就是文化传承。

（4）源于业务的特色

生产力决定生产关系，经济基础决定上层建筑，这一点在企业文化建设层面有明显的体现。一个企业的企业文化形成往往和其工作性质、工作对象、工作范围有很大的关联。文化属于上层建筑范畴，它来源于业务也要适应业务、反过来作用于业务。

我想在这里和大家一起回顾一下中国核工业的企业文化发展历程。

提到中国核工业，人们耳熟能详的是“两弹一艇”，即原子弹、氢弹、核潜艇。

1955年1月15日下午，毛泽东主席在中南海主持召开中共中央书记处扩大会议，并作出了建立和发展中国原子能事业的战略决策。从此，中国开始了核工业建设和核武器研制的秘密历程。

而令人难以想象的是，最初的原子弹知识，竟然是1958年九局副局长吴际霖悄悄违反了苏联核武器专家的“规定”，在笔记本上暗中记录的一些重点，开会后和二机部领导以及少数科技人员聚集在一起，根据回忆整理出来中国原子弹第一份珍贵的资料。之后1960年7月16日，苏联单方面撕毁协议，撤回全部专家。周总理只说了一句话：“他不给，我们自己动手。”随即一场以周恩来总理为主任、由7位副总理和7位部长组成的“中央专委会”，率领全国26个部委、20个省（区、市），包括900多家工厂、科研机构、高等院校以及解放军各军兵种，拉开了浩浩荡荡的攻关会战大序幕。

1964年10月，第一颗原子弹爆炸成功。

1967年6月17日，中国先于法国成功地进行了第一颗氢弹爆炸试验。

1971年9月，中国自己研制建造的第一艘核潜艇安全下水。

1978年12月以后，中国对核工业的发展方针进行了重大调整，从过去主要为国防建设服务，调整为军民结合，保军转民，重点为国民经济和人民生活服务。

1981年，国务院批准《关于请示批准建设30万千瓦核电站的报告》。1985年3月20日，秦山核电站浇灌第一罐混凝土。1991年12月15日，秦山核电站首次并网发电成功。这使中国成为世界上第七个能自行设计建造核电站的国家。之后，广东大亚湾、秦山二期、秦山三期、广东岭澳、江苏田湾、浙江三门……中国核电装机稳步增长。

如果我们要用几个关键词来对核工业精神进行概括，应该是这样的：

一是“以身许国”。伟大的事业孕育伟大的精神，伟大的精神成就伟大的“人”。今天的人们也许难以想象，当初的核事业奠基者，竟然是一群平均年龄30岁的年轻人，邓稼先、朱光亚、周光召、欧阳宇……这些后来成为中国核工业栋梁的功臣，加入核工业时都不过30岁出头。据统计，中国在1960年从事核工业的10万人中，25岁以下的年轻人占68%，26～35岁者占25.5%，两项之和超过九成。正是这群年轻人，不管是国内自己培养的科技人才，还是响应祖国号召归来的留学生，凭借对祖国母亲的一腔赤诚，对党和国家、人民的忠诚，为了建设中国核工业、建设一个强大的新中国，义无反顾，无怨无悔，投入到了从零起步的核工业事业建设中去。于敏、王淦昌、邓稼先、朱光亚、吴自良、陈能宽、周光召、钱三强、郭永怀、程开甲、彭桓武……这是铭记在共和国史册上的英雄，还有无数和他们一样默默付出的核工业人。

二是“敢教日月换新天”。从20世纪70年代开始，中国核工业顺应历史和时代的潮流，开始了从“以军为主”转向“军民结合”，在强军的同时，重点为国民经济建设服务。和平利用核能成为新主题。

但是，和平利用核能，也就是核电，说起来容易，要真正做到却很难。这同样是一条漫长而坎坷的道路。从国民经济的发展来说，中国从1978年作出改革开放的决定，以经济建设为中心，新的历史时期提出了新的要求，核电成为助推国民经济发展的一个强有力推进器。从环境保护来说，核电没有二氧化碳的排放，可以让我们的天更蓝、山更绿、水更清，是造福子孙后代的好事情。但是核电本身却有一个要求，那就是“安全”。从一开始，人们对核电就是期许与疑虑并存。如何确保安全利用核能、使用核电？唯一的方法就是完全按照科学规律办事。

因此，从1974年开始，中国核工业就组建了专门团队，历时11年开展了380个科研试验项目，为首座核电站奠定了安全、科学的基础。有了这个基础，1983年6月在杭州湾海滨的一个叫秦山的地方，移山填海，机器轰鸣，秦山核电站从设计图纸上的蓝图正式变成现实。1991年12月，我国自行设计建造的秦山30

万千瓦核电站并网成功，因为是中国内地核电零的突破，因此又被誉为“国之光荣”。

之后，中国核电的“三级跳”就开始了：从30万千瓦到60万千瓦再到百万千瓦。中国从零开始，到装机容量一举占到世界在建规模4成。

从“适度发展核电”到“积极推进核电建设”的演变，目前我国已步入“安全高效发展核电”的新时代战略机遇期。根据公开数据，按已形成的核电发展条件预测，2035年将达到1.5～1.8亿千瓦。

三是“自主创新”。2011年日本福岛核事故，为全球敲响了核安全的警钟。之后我国采取了一系列举措，持续提升核安全及核应急水平，新建核电项目按照全球最高安全标准推进。2013年，修订版《国家核应急预案》发布。2014年3月，习近平主席在海牙安全峰会上全面阐述了发展与安全并重、权利与义务并重、自主与协作并重、治标与治本并重的核安全观，成为中国向世界发出的核安全宣言。

在新的核安全观指导下，中国核工业人通过自主创新，最终推出了具有完全自主知识产权的、中国的三代百万千瓦级核电技术“华龙一号”。不但标志着我国自主创新的核电能力，还肩负着走出去的战略任务，成为中国从核大国到核强国的一张国家名片。从两弹一艇传承下来的核工业精神“四个一切”：事业高于一切、责任重于一切、严细融入一切、进取成就一切，在新一代核电人身上又得到了进一步发扬和创新。

如今，“华龙一号”的品牌已经走向世界，从40年前英国和法国人联合帮助中国建设大亚湾核电站，到如今中国核电技术进入老牌核电强国英国，中国人和法国人联合为英国建新核电站，中国从“学生”成为了“老师”，这是一幕真实的写照，也是中国改革开放45年来中国企业从请进来到走出去的一个缩影。这是全体中国人和中国企业的骄傲。

（5）源于发展的需要

企业文化有时候也是高瞻远瞩的领导人有意设计的，用于引导企业发展——文化是一流的管理就是这个道理，不可否认企业文化的形成往往是领导人的设计或是领导人的风格精神、价值观的体现。

中国石化在20世纪80年代初期提出的“爱我中华、振兴石化”精神，是中国石化第一任董事长李仁俊、总经理陈锦华等领导人提出来的。陈锦华在中国石化总公司第4次直属企业厂长经理会上提出中国石化企业文化理念应体现：“继承和发扬大庆的艰苦创业精神，在事业追求上的开拓进取意识，认真办事的严格、准确、求实作风，亲密团结、相互支持的全行业集体荣誉观，敢打敢冲、思想过硬的队伍风貌”。在20世纪80年代初，“为中华崛起而读书”“爱我中华”是全社会的共识，也是李仁俊、陈锦华、盛华仁老一辈企业领导人极高的政治站位、强烈的国家意识、个人党性原则的重要体现。“爱我中华”强调的是国家意识，“振兴石化”强调的是行业意识。这个时代没有强调个人意识、个人利益。这个口号具有非常鲜明的时代色彩，是中国石化的核心价值观。爱国、爱企一直是石化行业的共识，在后来40余年的发展过程当中，作为企业精神，逐步内化为中国石化的文化主体理念。

（6）源于领导人的设计

聪明的领导往往会用企业文化来统领企业的发展、建设、管理。他们常常会根据公司的发展、业务的性质来设计企业文化，水平更高的领导善于未雨绸缪，根据可能出现的隐患来设计文化，进行规避、进行引领。

举一个例子，扬子石化在1983年第一次公司党委会上，为了鼓励来自五湖四海的5万建筑大军协同作战、奋力拼搏、勇于超越，提出了6个字的扬子精神来组织整个工程的建设，这6个字是“团结、拼搏、突破”。看似平淡的6个字，背后隐含了领导人的担心，也体现了领导人的希望。扬子初建的骨干人员来自南京化学工业公司和兰州化学工业公司的两支大的队伍，还有部队的复转军人、新毕业的大学生，还有当地的一些临时的雇员，再加上施工单位，共同形成了庞大的5万人队伍。时任扬子石化总经理彭哲春特别担心形成南化帮、兰州帮，所以他一上任就把“团结”作为全公司必须遵守的最重要的价值观提出来；而三四年之内要完成上百亿的投资，在方圆几十平方公里齐心协力地完成30万吨乙烯装置建设任务、建成一座庞大的石化城，也必须要“拼搏”，必须“白加黑”“5+2”；由于80年代初资金紧张，扬子的这套装置“接、保、检”放置了好几年，已经有新的技术出现，所以在建设的同时，还要想着突破原有的工艺设计、进口技术，“突破”迫在眉睫。

“团结、拼搏、突破”，这成了当时扬子石化上上下下共同遵守的非常重要的价值标准和行为准则。一个班子的成员如果团结往往会得到大家的认可；如果不团结，往往是党政两个领导都会受处分。在“团结、拼搏、突破”精神的引领下，扬子公司在20世纪80年代得到了快速的健康发展。随着时代的发展，扬子精神虽然内涵上有些调整，但是仍然在激励着扬子公司的发展。当年参加过扬子建设的一些兄弟单位，今天仍然在沿用着从扬子精神里汲取和借鉴的积极因素，促进企业发展。为了引导扬子石化干部员工形成共识，我们采取了多种多样的方式进行宣贯。我当年还写过一首歌《扬子是我们共同的名和姓》，一直传唱至今。

扬子是我们
共同的名和姓

中国石化扬子提出“团结、拼搏、突破”的扬子精神

6 建设内容

接下来，我们再看看企业文化建设的主要内容，通常包括以下部分。

（1）确定正确目标

就是要确立正确的企业使命、价值观、愿景目标。这个事情是“企之大者”，一般由最高层来思考、决策。业务部门要按照企业的发展战略，依照经济规律、经营思想先提供建议方案，推动这项工作。这是企业文化建设的基本内容，也决定着企业声誉管理的态度、方法。

（2）培育企业精神

就是要在长期的经营实践中培育能集中体现本企业精神风貌、激励职工奋发向上、规范企业行为的群体意识，引导职工树立正确的价值观念、职业道德、敬业精神。这是企业文化建设的核心内容，它很大程度上也会影响危机管理的效果。这个方面采取典型引领的方式效果非常好。例如大庆精神与铁人形象就是完美统一。

（3）转化为员工的自觉行动

企业文化核心理念一定要入眼、入耳、入脑、入心，要进行强化培训。从新员工入厂开始起就要告诉他在这个企业就得这么做才能行得通、走得远、提拔得快。其次是老同志率先垂范，领导以上率下做给新人和基层员工看，潜移默化的影响也会变成员工自觉的行为规范。

给大家举一个小例子：记得我三十年前从洛阳刚刚调到扬子石化工作的时候当过一年多的秘书，陪着当时的办公室主任龚仕文参加一个座谈会。现场没有服务员倒水，我21岁大学毕业，24岁当了公司团委书记，相当于正处，27岁为了爱情和集团，挂印辞官，调到扬子石化当个普通职员，从头再来。但是心里面还是心高气傲，不愿意给人添水续茶。比我大十几岁的龚仕文主任什么也没说，既没有指使我，也没有指责我，就自己站起来给到会嘉宾添水，羞得我抬不起头，接下来我倒水就心平气和了。龚主任是以他的示范来告诉我如何谦恭做人，一直影响了我后几十年，这就是企业文化的一种传承。

（4）塑造企业形象

就是要通过各种方式塑造企业的相貌、形态，包括产品信誉、服务质量、职工队伍风貌、企业环境，以及企业在社会公德、公益事业方面的形象等，并反过来影响企业员工和社会公众的认同感、是非观、价值观。这是企业文化建设的外在表现。正如海底捞在危机公关中，公司在公众面前公开保全员工的反应也吻合了公司一直以来倡导、培育的企业文化和据此打造的企业形象——“将员工当作顾客来服务”。公司面对由食品安全引发的舆情危机能快速化解，并实现成功逆袭，也得益于公司长期培育的企业文化。当然我很认同海底捞把员工当成顾客来服务，但是在价值顺序上，要不要把员工置于顾客之前，值得商榷。

另外，在企业文化建设过程中，还要注意积极探索推动“三个转化”：

（1）将国家主流的核心价值观和企业的政治、经济、社会责任转化为公司核心价值理念

当然这并不意味着将国家24个字的核心价值观原封不动地纳入到企业核心价值理念中去，而是说要将国家的主流核心价值观的基本原则落实到企业的核心理念中。企业的核心价值理念一定要跟国家的主流的核心价值观保持一致。

（2）将核心价值理念转化为公司经理人和员工的行为习惯

企业的核心价值理念，不仅仅是口号，也不仅仅是写在制度里面，一定要转化为公司上上下下的共同的行为习惯，落实在行动当中，这样的价值观才有意义。

（3）将经理人和员工行为习惯转化为企业竞争力

企业文化说到底还是企业竞争力，要将企业的核心价值理念落实到干部和员工的身上，变成自觉的行为，而这些自觉的行为就是将软实力转变成硬实力，变成企业最强的核心竞争力。反过来说，也可以从企业竞争力的角度来进行观察、衡量这些价值观是否有价值。这也是一个长期持续的过程。

企业文化建设的三个转化与四个层次

需要注意的是，在具体实践中，首先要坚持问题导向，评估以前的价值理念和企业文化有没有体现责任、和谐、共赢的时代要求，有没有处理好国家、社会、企业和员工的关系，是否有利于增强员工忠诚度、归属感、责任感和企业的凝聚力，还需要在哪些方面加强。其次，要正确处理好继承和创新的关系。企业在多年的发展过程中形成了优良传统，在培育新文化的过程中，要继续传承弘扬这些优良传统，决不能是“熊瞎子掰苞米”，随掰随丢，那样其实是对文化的破坏。最后，还要积极培育企业文化典型，让典型人物成为企业文化的“人格化”名片。选树企业文化典型，要有引领性，还要有代表性，特别不能忽视一线员工。文化典型可以是个人英雄形象，也可以是集体英雄群像。

7 三重境界

企业文化建设的理念和目标，概况来说就是：确立价值主张，达到三重境界。

> 价值主张，可以理解为明确企业的愿景、使命、价值观；
> 三重境界则是：美化企业形象、提升组织效能、建设精神家园。

在企业文化建设中，最为重要的是使命和愿景一定要“伟大”，要与“人类”相关，要有宏大的视野、高尚的情操，不能只是局限于利润最大化。

《基业长青》阐述了这样的观点：企业的存在价值就在于满足顾客的需求，企业的全部收益（包括员工的报酬、管理者的所得、股东的分红，以及对所在社区的贡献），不过是顾客需求得到满足后所给出的正常回报。所以，只有以顾客利益最大化为宗旨的企业，才能获得最强的生命力。也就是说，为客户创造价值是企业存在的唯一理由和依据。

随着市场经济的高速发展，许多企业的发展目标，或者说是宗旨已经偏离了企业真正存在的意义。许多人认为：企业的宗旨只有一个，那就是利润最大化。如果企业一心想着赚钱，就可能因为短期的目标，片面追求利润最大化，做出损害顾客利益的事情，最终影响企业的正常经营。

办企业当然要赚钱，但赚钱并不是优秀企业的最终目的，这就像军队就要打胜仗，而打胜仗并非军队的宗旨一样。毛泽东当年明确反对单纯军事观点，一再强调军队不能为了打仗而打仗。同样，企业也应防止狭隘的单纯利润观点，不能为了赚钱而赚钱。如果一心想着赚钱，企业就很容易作出错误的决策。片面追求利润最大化，难免做出损害顾客利益的事情来，如缺斤短两、以次充好、虚假宣传、霸王条款等。虽然一时可能占到些便宜，却损害了顾客利益，最终必然损害到企业与管理者自己。

据我长期以来的观察，那些整天把挣钱挂在嘴上、时刻想捞一把的人和企业，往往最后并没有赚到太多的钱；而那些把责任放在心头、着力提高服务和产品质量的企业反而得到了快速的、可持续的发展。因为那些以服务顾客为宗旨的企业，处处维护顾客的利益，才能真正赢得顾客的心，将事业越做越大。

河南的胖东来就是一个典型案例。

2024年龙年，正月初五，外地游客提前4小时来到了胖东来时代广场，高速公路出口下来的外地来客造成了堵车。从画面上看人山人海，让人感到特别惊讶。网友留言："一个超市带火一座城，这也是可以载入史册的了。"这在目前线下超市岌岌可危、实体市场顾客寥寥的普遍不景气情形下，实在是一个"异数"，那么为什么胖东来还会出现这种抢购现象呢？

胖东来总部在一个三线城市许昌，规模不及沃尔玛、家乐福等国际大品牌，却能成为家喻户晓的商超界顶流。就连马云、雷军都对其赞誉有加，马云称它是"中国企业的一面旗子"，雷军称它是"中国零售业神一般的存在"。我认为，他们就是一家把文化做到了极致从而带动品牌提升的典型。

为解决企业及员工的自驱力，胖东来建立了一套"以人为本"的文化体系，其以"自由·爱"为企业信仰，以"传播先进的文化理念"为企业使命，以"培养健全的人格，成就阳光个性的生命”为企业愿景。

胖东来人性化的服务色彩浓厚，给全国的零售企业树立了一个“用道德统领文化、用文化打造品牌”的典型。胖东来董事长于东来先生说：“我觉得（胖东来）这个牌子已经不是只属于咱自己了，咱们更应该是发自内心的去把这个牌子往好的方面去走”，“好人好事一定要形成习惯，这些东西在咱们的身上不足为奇了，不是感觉到荣耀的事，但是必须要的确是骨干里面。”

对我河南老家的这家神一般的企业，我一直有两个疑惑。一是胖东来如此成功，为什么不到许昌之外开店？看到一个采访过他的人的视频，其中的理由真是让我大跌眼镜、出乎意料。他说在外地办店，必须得派一部分员工去外地工作，这一部分员工就不能每天回家，会影响这部分员工的幸福感。

第二个疑惑就是为什么其他企业家不学呢？不是有很多企业家都到许昌专门考察过胖东来吗？胖东来的规章制度在官网上都有，什么岗位什么职责什么标准，所有的东西都是公开的，直接照搬照抄就行了，但是有一条其他企业都做不到，就是95%的利润分给员工做不到。

这所有的一切，都是因为胖东来的企业文化、核心价值观所决定的。他们的核心价值观就是以人为本、员工至上。在胖东来的服务宗旨中，所有的出发点是人，所有的落脚点，也是人。这个“人”，不单是服务业奉为上帝的顾客，还有帮企业提供服务的员工，甚至包括商超周边的环卫工人和外卖员等。可以说，胖东来奉行的第一教条就是：以人为本，传播爱与幸福。胖东来的以人为本的企业文化和“只有员工幸福，顾客才会幸福”经营哲学，不仅仅是作为口号在喊，而是的的确确落在了实处。他们每周要关店一天，让员工好好休息。因为于东来表示，如果不休息，市场管理干部那天也没法休息。这是真正的把以人为本、以员工为本，做到了实处，落实在了制度上，体现在了行动上。而员工也把顾客当成了自己的上帝，为顾客提供了非常周全的服务。从而打造了胖东来无与伦比的品牌魅力，实现了企业品牌与文化建设的良性循环。可以说，建立在“自由·爱”土壤上的管理体系是胖东来最大的差异化竞争力。用爱经营的胖东来，也成功建构了“企业爱员工，员工爱顾客，顾客爱企业”的管理闭环，从而打造了一个商业界神话般的无与伦比的品牌形象。

还有，如何处理与同行、与合作伙伴、与社会公益事业的关系问题，也是企业家决策时必须考虑的重要问题。如果企业家一意追求利润的最大化，便很容易做出以邻为壑、不讲信誉、污染环境、危害社会等错误决策。从一时情况看，企业确实盈利不少，但从长远看，却彻底败坏了企业的形象，为日后的衰败埋下了祸根。一些企业之所以长不大、活不长，很重要的原因就在于没有形成正确的价值观，或者企业家提出的价值观没有真正为全体员工所真正接受并严格执行。

看看下面一些世界级著名企业的使命和愿景，或许会对大家有些启发。

全球著名企业的使命与愿景

企业	使命 · 愿景 · 价值观
通用电器（GE）	使命 （1）无边界，快速、远大； （2）以科技及创新改善生活品质，在对顾客、员工、社会与股东的责任之间求取互相依赖的平衡； （3）在我们服务的每一个市场中，要成为数一数二的公司，并且改革公司，拥有小企业一般的活力 愿景：使世界更光明
飞利浦	使命：使客户感到满意；成功履行承诺；相互依存
三星电子	使命：为人类社会作贡献
微软	使命：致力于提供使工作、学习、生活更加方便、丰富的个人电脑软件 愿景：计算机进入家庭，放在每一张桌子上，使用微软的软件
思科	使命：成为世界一流的软件集团
苹果	使命：推广公平的资料使用惯例，建立用户对互联网之信任和信心 愿景：让每人拥有一台计算机 价值观：提供大众强大的计算能力
惠普	使命：为人类的幸福和发展做出技术贡献 价值观：我们对人充分信任与尊重，我们追求高标准的贡献，我们将始终如一的情操与我们的事业融为一体，我们通过团队，通过鼓励灵活与创新来实现共同的目标——我们致力于科技的发展是为了增进人类的福利 信念： （1）只要给职工提供良好的工作环境并相信他们，他们就能做好工作； （2）公司有关心和尊重个人以及承认个人成就的传统

续表

企业	使命·愿景·价值观
奔驰	使命：努力使自己成为世界汽车工业的领头羊，公司的任何发展都要顺应时代的需求，不断创新，推动汽车工业的发展
通用	使命：使GM成为全球领先的交通产品和服务供应商
福特	使命：不断改进产品和服务，从而满足顾客的需求，只有这样我们才能够发展壮大，为股东提供合理的回报 愿景：汽车要进入家庭
本田	使命：我们要具备国际观，尽心尽力提供效率最高但价格合理的产品，以满足全世界顾客的需要
沃尔玛	使命： （1）天天低价（三项基本信仰：尊重个人、服务顾客、追求卓越）； （2）给普通百姓提供机会，使他们能与富人一样买到同样的东西
宝洁	使命： （1）我们提供能改善全球消费者生活的优良的和有价值的产品； （2）消费者回报我们领先的市场份额和增长的利润； （3）这使我们的员工和股东受益，也使我们所在的地区繁荣昌盛 价值观：领导才能、主人翁精神、诚实正直、积极求胜和信任

接下来，再详细讨论企业文化建设三重境界：形象、物质、精神。

（1）建设精神家园

企业文化建设的第一重境界是建设精神家园，安顿心灵归宿。很多专家都讲述过这样一个观点：中国的企业和西方的企业不同，就在于西方的企业，员工的工作地点是在企业，而精神寄托是在教堂，因为他们有着自己的宗教信仰。在中国企业，我们的工作和精神，经常是合而为一的。我们说，爱厂如家，企业就是“家”，每个人都是“家”的一分子，都是主人翁。我们是“人民当家作主”，我们的企业是社会主义企业，当年毛泽东主席在评价鞍钢的时候，就将其称之为“鞍钢宪法”，而鞍钢的“两参一改三结合”（干部参加劳动，工人参加管理，改革不合理的规章制度，工人群众、领导干部和技术员三结合），主要就是发动群众，让群众中的创新创造活力竞相迸发出来。这才是真正“爱厂如家”，也只有这样，人们才会将企业视作自己的“精神家园”。

（2）提升企业竞争力

企业文化建设的第二重境界是提升组织效能、强化竞争力量。要求企业要讲究经营之道，按经济规律办事，根据企业使命、愿景、价值观，确定企业未来发展战略，以及以人为本的经营思想和管理办法。在企业文化的引领下，提升组织的效能，增强企业竞争力。

（3）塑造和美化企业形象

企业文化建设的第三重境界是塑造和美化企业形象，就是要通过各种方式塑造企业的相貌、形态，包括产品信誉、服务质量、职工队伍风貌、企业环境，以及企业在社会公德、公益事业方面的形象等，并得到企业员工和社会公众的认同。这是企业文化建设的外在表现，与企业品牌建设、形象维护、声誉管理直接相关。品牌其实是企业文化的外显，也是对企业文化建设的客观评价。

8 文化个性与社会共性

企业文化一个重要特点，就是要有自己的个性。企业文化的个性色彩越突出，就越容易被人们记住。这有点类似我们讲的“越是民族的，就越是世界的。”

那么，一个企业究竟应该如何找到自己的企业文化个性，或者说如何确定自己的核心价值观、提炼企业文化呢？

这里为大家总结了四个方面，或者说是四个标准。

（1）挖掘特质

➡ **挖掘创始人特质，确定企业起始的文化**　创始人的特质，就是看创始人是个什么类型的人，这将会大大影响公司的基因和发展方向。我们说华为公司的文化就与任正非密不可分。任正非自己本身的经历，他的思想，他的智慧，他的精神，就是华为文化最好的代言人。我们再来看看中国的互联网大佬们：马化腾是一个非常优秀的产品经理，腾讯给人的第一个印象就是产品型公司。腾讯的QQ、微信都在产品体验上优于同业公司；李彦宏毫无疑问是一个非常卓越的科学家，是个技术专家，百度被外界普遍认为是一个技术驱动的公司；曹国伟，典型的媒体人，新浪微博是中国当下流量最大的媒体平台，这些都是企业家特质。

在明晰创始人和核心团队的特质基础上，提炼和升华企业文化，可以成为企业文化的素材来源之一。明晰创始人特质的科学测试方法有很多，市场上有专门的公司提供这类服务，在明晰特质之后，还应关注到人不是全面、全能的，实际业务的开展还需要团队存在不同特质的人才作为互补。

（2）核心能力

➡ 弄清团队的核心能力，设计自己独特的企业文化 这个和创始人以及领导团队的核心能力有关系。团队的核心能力在一定程度上决定企业的价值定位。

企业的价值定位，一般有以下三种：

第一种，以运营为主，有一流的执行力。这类型的企业一般会以非常低的价格提供质量好的产品或者服务，对员工的要求很高，对产品的生产、供应链管理要求非常严格。产品类别相对有限，多元化相对不足。

第二种，以产品为主。这类型的企业讲究产品创新和市场品牌，企业在市场上表现非常活跃。在开发、创新、设计、市场时效性方面非常重视。

第三种，以顾客为主。这类型的企业非常关注客户服务，会针对每一个客户或者客户群体，提供量身定做的产品或者服务。产品类别较为丰富，有明显的差异化特点，是一个既能提供萝卜又能提供白菜的企业。

这三种类型的企业，无论你选择哪一种，都是可以的。选择这种东西，没有对错，也没有好坏，主要是看执行。

你选择一个100分的答案，如果你只执行50%，那它还是50分。如果你选择一个60分的答案，你去执行了100%分，那它就是60分。

所以，选择什么不重要，但是要选择符合团队个性的、能做的、做得来的。如果你是一个技术型的企业，比如像百度这样的，你偏要去做以顾客为主的市场，失败的概率会非常高。

我们可以来做三组这样的对比。

就餐饮行业来讲，就算是同一个行业，每家企业的核心也是不一样的。麦当劳以运营为主，海底捞以服务见长，巴奴火锅则以品质为主。

再来看看IT行业。IBM以产品、以解决方案为主；惠普以运营、以规模为主；戴尔以前是直销的，以客户为主。

再者，就算是同一个行业的，选择同一种核心能力，针对的方面也不一样。以电子商务的运营核心能力来讲。京东以产品交付管理为强。我们都知道，在京东买自营产品，不仅买到假货的概率会非常低，关键是物流非常快。今天下单，可能明天甚至当天就能收到货。天猫，擅长的是线上的商家管理。苏宁，则擅长针对线下的店面管理。

之所以有这么多的选择，每个人做的选择都不一样，是因为创始人、领导团队本身的天然条件是不一样的。或者说，你有意地去改变你的领导团队，这个领导团队你是有意去组成的。也就是，定战略再搭班子，而不是搭班子再定战略。

（3）成长阶段

➡ 关注企业的成长阶段，选择合适的管理文化　企业的成长阶段和企业成熟度有关系。企业成长，大概可以分为三个大的阶段：创业、运作和组织。

创业阶段，就是企业的谋生存阶段，证明理想是不是被市场接受的过程。这个阶段有很多的不确定性，这时候需要不断尝试、随时修正。这个阶段企业文化大多是身先士卒、以身作则、同甘共苦、敢于冒险的文化。

运作阶段，企业创业成功，初具规模但还是靠人治。今天很多中国的企业还在人治这个阶段，这也就是为什么很多老板非常辛苦，五更起半夜睡。因为很多体系还没有建立起来，或者他们刻意不去建立这个体系，很多事情都需要老板亲自拍板。如同古装剧里面皇帝说的就是法律，皇帝天天都要批折子。企业管理事业大发展，但是体系制度没建立起来，老板不在公司的时候，公司就容易停滞不前，甚至停摆。这个阶段的文化大多数就是领导敢于拍板、唯我独尊的文化。

组织阶段，就是已经建立了良好的财务体系、人力资源体系等，实行责任分工，靠机制做决策，靠职权去执行。这个时候采用的就是现代企业的科学决策、分工负责、奖惩分明的文化。

企业在什么阶段，要选择什么样的治理方式。如果企业在初创期阶段，就开始走组织这一阶段，那企业会夭折。如果企业已经达到一定的规模，还在人治这个阶段，那老板会累死。

（4）未来发展

➡ 结合公司未来发展的需要，设计适配使命愿景的企业文化 企业文化的规划还要考虑公司的发展需要。就像在作战一样，它需要到海上作战，我们就应该配备坚船利炮；如果到高山上作战，我们就应该配备登山利器；如果到沙漠里去作战，我们就要配备沙漠越野车或骆驼。中国企业如果以“世界一流”为愿景，要塑造“党和人民好企业”“负责任国际化大公司”的企业形象，在企业文化的配备上除了要保持原有的“爱国爱企”的文化、“勇争一流”的文化，还需要增强“兼济天下”的胸怀、“合作共赢”的理念、“开拓创新”的氛围和“责任担当”的意识。

以上四个方面，合起来主要讲的是企业文化如何找到适合自己的“个性”，但显然，企业文化不仅仅强调个性，还要强调社会共性。比如说安全文化就是从切尔诺贝利核电站爆炸事故引发起来的。1986年4月26日，苏联切尔诺贝利核电站4号机组发生爆炸，8吨多强辐射物质倾泻而出，使5万多平方公里的土地受到污染，320多万人遭受核辐射的侵害，损失惨重，举世震惊。当时的法新社报道分析事故的原因，指出除了有俄制RBMK型反应炉超乎寻常且粗糙的设计等技术原因外，“违反操作程序，缺乏安全文化”的人为失误是造成这一史上最严重核事故的重要原因。

1990年前后，国际原子能机构的专家学者率先提出了安全文化理论。1992年，我国核工业专家也开始探索和研究安全文化。1994年3月，国务院核应急办公室与中国核能学会联合召开安全文化研讨会，时任劳动部部长李伯勇要求“把安全生产工作提高到安全文化的高度来认识”。1995年，全国第五次“安全生产周”活动的主要内容为“坚持预防为主、加强隐患治理，积极贯彻《劳动法》《矿山安全法》等有关法律法规，倡导安全文化、提高全民安全意识”，首次正式提出了“安全文化”的理念。1995年和1997年，由中国劳动保护科学技术学会等单位发起，召开了全国安全文化高级研讨会和中国安全文化推进计划专家座谈会，随后一批安全文化的专家学者崭露头角，一批安全文化的论著应运而生，安全文化建设的热潮在祖国大地涌动，不少产业部门开始倡导建立企业安全文化机制。这就是强调了社会共性的重要性。

有一个案例：一家石油化工企业特别注重降本增效，在建设初期反复压减建设费用，所购买的建筑材料特别强调性价比。跟它相邻的一家中外合资企业则特别强调安全和质量，所用的材料特别强调质量而不是价格。投资同样规模的工厂的投资，合资企业的投资比中方要高，但是建设完成以后，他们的装置运行起来非常平稳，五六年才检修一次，而中方企业的装置因为经常会出现一些设备的跑冒滴漏，因此不得不每年检修一次。这种重大的战略选择就是企业文化在当中起作用。如果真的是安全文化落地、真的以“安全第一”作为价值统领的话，那么可能会选择高质量的设备而不会遭到诟病；如以投资短期效益为价值引领的话，那么降低成本肯定是首选的行为。

总之，企业文化要强调个性，也要兼顾社会共性。正如我们每一个独立的个体，既有自己丰富的个性，又要在社会的大环境里，适应共同的规则，因为这些规则是照顾绝大多数的人，考虑的是社会秩序的整体健康良好运行。只有整体环境持续向上向好，我们作为个体才能更好地去发展自己的个性。企业也是如此，社会整体环境、时代的大环境至关重要。“只有时代的企业，没有企业的时代”，这样的话里面蕴含着深刻的哲理，值得我们企业领导者和管理者反复去思索、践行。

第三节
企业品牌建设

“光说不做假把式，光做不说傻把式，又做又说好把式”。企业品牌的建设从实的方面来说，产品根据受众的需求进行研发、高质量的产品、贴心的服务，是打造品牌实实在在的三条必由之路。在品牌建设虚的一条线上也有三个关键点，那就是：“说给谁听？说什么？怎么说？”

1 总体思路

文化，点亮的是企业的心灵；品牌，勾勒的是企业的形象。

大道至简。企业的品牌建设可以说分虚、实两个部分，实的部分是做，虚的部分是说。常言道“光说不做假把式，光做不说傻把式，又做又说好把式”。企业品牌的建设从实的方面来说，产品根据受众的需求进行研发、高质量的产品、贴心的服务，是打造品牌实实在在的三条必由之道。这是企业做品牌建设当中最重要的基础和关键。

在品牌建设虚的一条线上也有三个关键点，那就是“说给谁听？说什么？怎么说？”“说给谁听”就是要找准受众，找准定位找准受众。“说什么”是说要知道自己说什么对方爱听，挖掘提炼出自己的独特优势，讲清楚自己产品的独特性。“怎么说”是要求一定要用特别夸张的表达方式，让别人记得住——这是我在上海中欧工商学院读MBA的时候上了好几天的品牌建设课，最后总结出来的三个关键点。

如果虚实结合起来，要构建一个企业的品牌，必须先明确回答“灵魂三问”，也就是要想清楚，企业品牌建设的总体思路是什么，三个关键环节缺一不可。

第一，想清楚“我是谁”？就是要解决企业的品牌定位的问题，思考我们的品牌内涵：我有什么独特的竞争优势？市场还有什么需求空白？这是要解决研发、生产什么，解决“对谁说”和“说什么”的问题。

第二，想清楚“如何说”？就是解决如何围绕品牌定位准确表达、整合传播，讲好品牌故事。同时还要保护好自己的品牌，包括打假。

第三，想清楚“如何做”？就是解决如何对内修炼内功，为客户交付高品质的产品和服务，兑现客户承诺。但这一部分与公司运营本身关系比较大，所以从具体实践角度来说，前面两个部分相对更有探讨价值。这是要解决说到做到的问题。

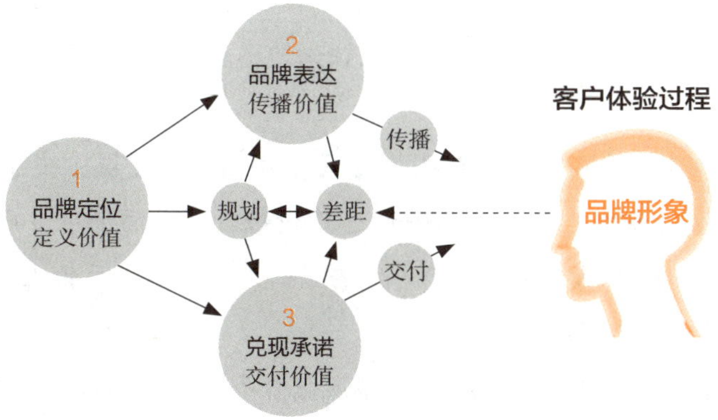

2 重视落地

近年来，方方面面对品牌越来越重视，不管是国企、民企、外资企业，大家都认识到品牌是企业的宝贵资产，非常重视品牌的落地。尤其让人刮目相看的是在国资央企系统，在国务院国资委指导下，国企结合国家战略和企业实际，大力实施品牌战略，提升品牌管理水平，加速品牌国际化进程，在品牌建设方面取得了积极成效，逐渐形成上下联动、重点突出的品牌工作格局。

2022年2月，中央全面深化改革委员会审议通过的《关于加快建设世界一流企业的指导意见》明确将“品牌卓著”作为世界一流企业的基本特征之一。

2022年11月，国资委印发《关于开展中央企业品牌引领行动的通知》，组织实施中央企业品牌引领行动，将其作为推动中央企业加快建设世界一流企业的“四个行动”之一。

2023年2月，在国资委党委理论学习中心组召开学习贯彻党的二十大精神集体学习会上，国资委党委书记、主任张玉卓将品牌作为提高核心竞争力的四个关键词之一，并强调加强品牌管理，实现中国制造向中国创造转变、中国速度向中国质量转变、中国产品向中国品牌转变。

2023年11月24日，国务院国资委召开中央企业品牌建设工作会议暨中央企业品牌引领行动推进会，总结近年来中央企业品牌建设成绩，研究部署下一阶段工作。张玉卓出席会议并讲话，强调要深入学习贯彻习近平总书记关于品牌工作的重要指示精神，以深入实施品牌引领行动为重要契机和有力抓手，加快打造一批管理科学、贡献突出、价值领先的卓著品牌，为建设世界一流企业提供坚实支撑。

2022年年底，国务院国资委又印发《关于开展中央企业品牌引领行动的通知》，对中央企业进一步做好品牌建设进行了全面部署，提出了明确要求。国资央企就纷纷行动起来，按照通知的指引，大力推动品牌工作的落地践行实践，取得了明显的效果。

在这个基础之上，2023年年底国资委正式发布中央企业品牌引领行动通知，将这一年的探索固化为一个长期管用的文件，意义十分重大。

《通知》具有五个鲜明特征，系统性、专业性、行动性、操作性、国际化。一是系统性。《通知》全面系统地对品牌建设提出了工作要求。既有指导思想和工作目标，也有工作部署的具体要求；既有品牌体系建设的各种要素，同时对重点行业的品牌工作给出了指导方向。二是专业性。《通知》专业阐述品牌管理的体系构建，包括品牌理念、品牌架构、品牌识别、品牌传播、品牌保护、品牌资产、品牌考评、品牌国际化等内容，同时关注品牌体验、数字化等专业前沿领域。三是行动性。《通知》要求中央企业落实品牌引领行动工作组织机构，明确牵头部门和专门人员，按照研究部署、组织实施、成效评估三阶段逐步推进实施，具有非常明确的行动导向。四是操作性。《通知》提出的一系列工作举措具有操作性。比如，要求企业将品牌建设经费纳入年度预算；提出把品牌战略作为企业发展战略的核心组成部分同步实施；对不同行业的品牌建设提出了不同的指导方向。五是国际化。《通知》对品牌国际化的发展策略、运营能力、传播水平提出指导要求，要求中央企业以品牌为载体带动产品、技术和标准走出去，加快迈向全球产业链价值链中高端。《通知》的这五个特征，充分体现了新时代国企改革“可衡量、可考核、可检验、要办事”的改革要求，对中央企业的品牌建设具有很强的指导性，对其他类型的企业也具有很强的借鉴意义。

3 建设准备

“三军未动，粮草先行。”一个成功的企业品牌建设，一定要做好“准备”工作。

首先，要打通企业品牌建设的“三堵墙”，这也是普遍存在的问题：

（1）第一堵墙：品牌建设意识薄弱

很多企业疏于品牌建设，自身品牌模糊。有的大企业不屑于做品牌，觉得自己的品牌已经很好了。因为信息茧房的原因，每个人都会以自我为中心、以自己的企业为中心，觉得自己的知名度已经很高了。其实对于这个世界，尤其是对于目标受众，你被了解得还远远不够。品牌建设的最终目标，一定要形成购买，而且是形成长期购买。不能把知名度当成品牌的全部，知名度不等于美誉度，更不一定等同于忠诚度。

还有一些中小企业品牌的保护意识薄弱，企业产品尤其是名牌产品被抢注的现象尤为严重，例如“熊猫”“长虹”，还有王老吉和加多宝关于正宗凉茶之争等。品牌是企业的无形资产，商标被抢注，从另一个角度说明企业的无形资产流失了，价值降低了，造成品牌资源无形资产的浪费。

再就是互联网时代，人人都是自媒体，诸多曝光的“丑闻”也伤害了企业品牌。这是品牌意识薄弱的最直接体现。比如每年央视“3·15”晚会曝光的不合格产品，让背后的企业品牌满目疮痍。应对舆论危机处理得好，可以化危为安；处理得不好，就会让一个品牌灰飞烟灭。南京冠生园当年就是因为当年没用完的月饼馅，第二年接着使用。这是一个质量事故，如果能够痛改前非，把坏事当成好事，全面增强质量意识，也还可以重塑品牌。但遗憾的是南京冠生园没能处理好这个危机，上百年的老企业后来竟倒闭了。

还有更让人哭笑不得的消息，中国已经无可置疑地成为奢侈品大国，但是在某种意义上这个第一是“耻辱”的。从品牌角度来看，所有的奢侈品和主流的消费品生产以及品牌归属都与我们无关；更加可悲的是，被国人追捧的国际知名品牌一旦将产地移至中国，就立刻被国人遗弃，以致跨国品牌的拥有者不得不放弃在中国设厂，以避免因“国产”而失去庞大的中国消费群体。这说明我们代工式的价值链（低端的生产）短期内并没有改变，企业管理者创立品牌的意识还是比较差。

还有存在“简单粗暴”的问题：有些企业管理者把做品牌简单地理解为营销环节的重金砸广告，不惜一掷千金，当年的秦池古酒在中央电视台拿下“标王”，喊出来的价格居然就是企业家自己的手机号码，真可谓“一鸣惊人”，但是花了很多冤枉钱，结果名声在外快于渠道扩张的速度，最终还是会面临企业的生死存亡，不过昙花一现而已。

（2）第二堵墙：不知如何建设企业品牌

在研究企业品牌建设时，发现很多企业对企业品牌的认知还存在诸多误区。

误区一：企业品牌就是产品品牌，将一个品牌沿用到企业新开拓的所有产业或产品上。很多企业在实施多元化战略时容易犯这个错误。比如一个企业以前是生产拖拉机的，当企业集团化以后，开始生产高级轿车，但在顾客的心目中，就会觉得该企业所生产的高级轿车也是低端品牌。如果是从事不同行业的企业集团进行品牌延伸时，就更要小心谨慎。例如，北京中日友好医院旁边有一个小广告牌——“瑞蚨祥寿衣”。我不知道是有人假冒，还是厂家的愚蠢，把一个百年老字号、民族品牌“瑞蚨祥”生生地祸害了。这可能是一个利润比较高的产品，因为中国人以孝为先，老人故去的时候愿意不惜代价，买一套好的衣服给逝者穿上。但是当“瑞蚨祥寿衣”大卖时，请问还有谁去买“瑞蚨祥睡衣”呢？这是典型的一个品牌滥用的反面案例。

误区二：强势子公司的品牌、符号就是集团品牌、符号，搞乱了集团品牌的“辈分”。中国企业（特别是央企）大都是先有子公司，后有集团公司。不管什么样的结果，先合并了再说。这就会暴露出一些问题。比如，集团品牌的价值缺失，子公司的品牌不愿意被打上集团公司的烙印等。

误区三：集团公司品牌形象不统一。企业的品牌形象一旦形成，一定要坚决贯彻、保持统一，绝不应该百花齐放。因为你要给顾客带来的是固化的、统一的、便捷的选择，而不要弄乱了顾客的品牌印象。如果像西游记里面的唐僧一样，弄不清楚是真悟空还是假悟空，顾客可没有唐僧那么好的耐性，最后只好都放弃。我看到有一些加油站标新立异，想突出自己的地域特色和独特品位。从一个站来看有可能是对的，但从品牌的整体性上来看，就是得不偿失。即便是增加了新的业务（比如加氢项目），也必须是统一设计、统一模板，绝不可各行其是。因为加油站统一品牌外观设计的主要目的，是为了让开车的人远远一看，就知道这是谁家的加油站。五花八门一定会让顾客心里产生疑惑，疑惑的结果是换一家他信得过的加油站。

所以再强调一遍：企业如果在品牌建设中，不能坚持统一的外衣，继续发展就会受到束缚。公司体量也许可以变大，但却很难成为“百年老店”。

（3）第三堵墙：品牌建设工作缺乏系统性和科学性

品牌建设是一个专业领域，很多企业虽然已经意识到品牌建设的重要性，但由于缺乏科学的理论指导和有效的实践经验借鉴，没有进行品牌建设的顶层设计和科学规划，往往事倍功半。比如在“品牌至上”年代，很多企业由于各种原因，稀里糊涂地成为事实上的“品牌奴隶”，每年拿出很多钱投资在品牌上面，做广告、做活动，但很多情况下并不是十分肯定和清晰地收获回报。

情况一：管理部门职责不清或者缺乏专业的管理团队。有些企业品牌管理组织不规范，负责管理的部门杂乱无章。一方面，企业的功能要经由组织承接，但有的把品牌管理职能放到市场营销部，有的放到行政部，有的放到文化部，还有的放到企业管理部等，成立独立品牌部门的凤毛麟角。先不说重视程度，单从功能实现角度来看，这些安排很可能导致责权混乱，形成推诿扯皮的现象。另一方面，现有品牌运营与管理水平较低，缺乏专业的管理团队。

情况二：没有系统的品牌战略规划，品牌定位多变，使企业发展陷入困境。品牌定位是为了帮助企业在竞争中建立优势，在产品销售中产生溢价。清晰的品牌定位是企业进行有效传播的基础，无论选择怎样的市场传播形式，都必须遵循品牌战略指引，在受众心智中建立唯一、长久的形象。背离品牌定位，言行不一，导致品牌建设花了冤枉钱。失偏的品牌定位不仅损害自身形象，还会丧失大批原有忠实用户。比如当业务发展进入瓶颈期，李宁公司选择进行品牌重塑，大幅修改品牌形象，在初期影响了品牌辨识度，造成部分原有用户流失。

一切皆有可能 → LI-NING MakeTheChange

2002年　　2010年

情况三：只看销量，过度依赖传播，品牌与顶层设计相脱节。比如一系列事件营销和广告轰炸，让恒大冰泉一战成名，借助品牌知名度快速提升销售，但品牌形象一年九变，广告停，销量停，昙花一现罢了。

情况四：盲目品牌延伸导致个别产品品牌成为企业经营的累赘。比如当食品饮料发展遭遇瓶颈时，娃哈哈尝试寻求多元化布局，寻找新业务增长动力，但盲目多元化布局，不仅内耗品牌资产，反而成为企业累赘。

品牌战略管理并没有一定之规，但它必须包括对品牌核心内容的规划，即对品牌定位、品牌架构、品牌管理、品牌设计、品牌传播、品牌保护、品牌评估等规划。由于专业性很强，需要定制一套适合企业现状的专门的套路和打法。

总结一些行之有效的实战打法，简单概括起来就是“三板斧”：品牌调研、品牌定位、品牌架构。做好了这关键三步，品牌建设水到渠成。

4 如何进行调研？

说到品牌调研，似乎这一步在品牌建设中最不起眼，容易被忽视，但确实是很重要的一个开始。“万事开头难”，调研是要对整个市场进行全面分析，并且是建立在足够数据支撑的前提下，为做出科学的品牌战略规划打好基础。这就好像一个有经验的老中医一样，望闻问切，关键还在于把脉的功夫，一下子找到真实的“痛点”，弄清楚病源，才能对症下药。

2015年前后，有一次出差的路上我和同事开玩笑说，中国石化的品牌现状是什么呢？他说是“臭豆腐”，社会上一说中国石化的品牌都骂，但是吃起来还香。有一个时期我们在回应社会上的批评时，一方面坦诚地承认、积极地改正，另一方面也进行幽默的引导：“骂归骂，加油还到中国石化”，以最大限度来维护中国石化的品牌形象。现在想，“骂归骂”说的是声誉；“加油还到中国石化”说的是品牌。如此引导，也是在声誉受损的情况下，尽可能保护企业的形象、产品的品牌。

中国石化成立后的前30多年，对国计民生作出了巨大贡献，但是利益相关方对中国石化的认知却存在明显的偏差。出现这些认知偏差的一个重要原因在于缺少一个清晰的品牌核心理念，传播信息过杂，也不聚焦，造成了利益相关方认知上的困惑，尚未形成有血有肉、富有特色的内涵和品牌形象。

为了摸清当时的现状，2014年，在品牌工作刚刚划转到思想政治工作部（企业文化部、新闻办）之后，我们启动了一项历时半年之久的品牌调研工作。聘请国际知名的品牌顾问公司，在内外部开展了品牌访谈和调研，以定性和定量相结合的方式，从品牌强度指标，即品牌清晰度、品牌差异性、品牌内部重视程度、品牌反应力等10个指标，对中国石化品牌健康度进行了诊断。下面就结合这次诊断的案例，来讲一讲做好品牌调研的四个方面：

（1）品牌形象调研

品牌形象的测评可以通过利益相关方不同群体的关注点来测评他们对企业品牌的认知，以此了解品牌在他们心目中的形象。

2014年调研的利益相关方范围覆盖到全球，涉及和中国石化密切相关的政府、投资者、媒体、公众、消费者、员工等，以访谈和讨论为主要方式。国内公众和消费者是我们调研的主要目标受众，国外的调研委托品牌咨询机构的全球分公司来协助。我们选择了6个主要城市投放了2500份调研问卷，在加油站、4S店、大型商场等主要场所以现场拦截的方式，通过词语联想、心理投射、隐喻及类比、拼图及填空等方式进行调研。经过调研，我们发现很多国内消费者分不清楚中国石油、中国石化。有消费者告诉我们说，本来想去中国石化加油，结果刚掏出加油卡，加油员说："先生，对不起，用不了，我们这是中国石油"。

还有一次，某央企一位做新媒体工作的同事受邀去中国石油传授工作经验。这位同事把我们中国石化新媒体"小石头"的做法一顿赞扬，说："你们的新媒体做得真好，值得学习。"事后他们才反应过来——"小石头"是中国石化的。

说起我们两家石油公司的名称也经常让老百姓混淆。中国石化全称叫"中国石油化工集团有限公司"，下属100多家直属企业，法定公司名称很多是"中国石油化工×××单位"，老百姓一看见前四个字，还以为是"中国石油"。中国石油的同事也很苦恼，中国石油全称叫"中国石油天然气集团有限公司"，但是中国石油下属的很多炼厂叫大连石化、兰州石化……，一见"石化"两个字，大家以为是中国石化的。因此，经常遇见媒体张冠李戴，闹出过不少笑话。因为中国石油和中国石化，他们是产业链相同的两个公司，大家都有油田、炼油厂、化工厂、加油站，以江苏省为例，既有中国石油的江苏石油公司，也有中国石化的江苏石油公司。以此类推，各省大多如此。

顺便科普一下中国石油与中国石化的区别。中国石油的前身是中国石油天然气总公司，再往前它属于石油部。中国石化再往前是中国石化总公司。他们过去都是按照线条在全国进行管理的，1998年之前国家启动了国有企业的深化改革，打破线条管理，组建区域公司，把原来归属于石油部、燃料部、化工部、纺织部等各个部委管理的企业改组为区域公司，鼓励大家互相竞争，砥砺前行，提升竞争力，来迎接WTO的挑战。国家先在南京进行了1个试点，把分别属于中国石化的扬子石化、金陵石化，属于纺织部的仪征化纤，属于江苏省的南京化学工业公司、石油公司5家企业，合并成“中国东联石化集团有限公司”。这是一个辉煌而又短暂的公司，但是当时成立的规格非常高，1997年11月19日李鹏总理在紫光阁接见，人民日报头版头条报道，中央电视台前4条10多分钟的新闻都是这个集团的组建。因为它证明了打破条条切割、实现区域化重组是切实可行的，从而拉开了中国改革国企重组的序幕。可惜，这个号称依据深思熟虑的战略决策成立的公司只存在了1年多的时间。时隔1年，在此成功探索的基础之上，国家启动了中国石油、中国石化的重组。如果以雄鸡地图来划分的话，大约以长城为界，鸡头、鸡背、鸡尾巴、鸡屁股（也就是我们国家的东北、西北、西南地区）划为中国石油的范围；鸡胸脯、鸡大腿（也就是我国的华北大部、东南部和中原地区）划为中国石化的范围；鸡爪子（也就是黄海、渤海、南海）划为中国海油的范围。组建之后，一是要求三方交换自己的资产。中国石化把大庆炼化等北方的炼油厂、化工厂交给了中国石油，中国石油也把胜利油田等靠南的油田交给了中国石化。二是鼓励三方互相竞争。中国石化把油井也打到了西北中国石油的地盘，中国石油也把加油站建到了海南岛中国石化的地盘，中国海油也开始上岸建了炼油厂，中国石化、中国石油也开始下海进行海上勘探。三是为了迎接WTO的挑战进行兼并重组之后的哥仨，要像小狮子一样互相进行竞争，摔打、撕咬、磨练。十多年后，三兄弟最终都锻炼成为膀大腰圆的巨无霸。中国石化、中国石油已经在连续多年在世界500强里面排名前5，中国海油也排名在前七八十名。这次重组是全国大型企业整合重组的成功试验，也是深化改革的一个序幕，应该说是非常成功的，后来许多央企的重组都是按照这个套路进行的。

基于这个原因，东北、西北和西南的东三省、内蒙古、甘肃、西藏、青海、四川、重庆、云南，我们遇到的以中国石油的加油站为多；东南方的从北京、天津、河北、河南、湖南、湖北、广东、广西到海南是以中国石化的加油站多。有人说中国的石油行业是垄断企业，其实我很不以为然，这哥仨竞争得也是很激烈的，尤其是在天津、北京、山东和河北两个大公司交界的地方，竞争是非常激烈的，经常会出现价格战。当然竞争过于激烈之后，也常常是三大石油公司的领导互相调防，中国石油的领导到中国石化任职，中国海油的领导到中国石油任职，中国石化也到中国海油、中国石油任职。大家互相交流，互相了解，既有竞争又有合作，是一个比较好的状态。从这个角度来说，将来也不大可能把中国石油、中国石化、中国海油合成一个巨无霸的公司，因为三家既具有相同性，也得保持适度的竞争，这样有利于提升三大公司对内、对外的竞争能力。

2023年，全国加油站数量已达到121300座，从集团归属分析，2023年社会加油站数量占比过半，中国石化、中国石油加油站数量占比分别位居第二位、第三位。据卓创资讯统计数据，民营加油站占比为52.13%，中国石化加油站数量占比26.20%，中国石油加油站数量占比19.64%，外资加油站数量占比2.03%。数据对比，民营加油站数量庞大，占据中国加油站数量半壁江山。从数字上看，构不成垄断。中国的成品油市场如果说用“寡头垄断”这个词可能会更准确一点。

不仅在国内，国际上即使是重要的利益相关方对我们也知之不多，经常分不清楚“三桶油”。调研数据显示：中国石化在国内知名度较高，国外知名度较弱；品牌美誉度不稳定，品牌对社会的贡献率与社会认可度不对称。国内市场对于中国石化既持有“规模大、有实力、可信赖、质量好”等正面认知，也存在不少负面认知。项目组最后给我们一份详细的报告，其中有一条让我至今难忘。在现场访谈中，让人在诸多动物中选择一个最像中国石化的，结果最多选择的是——“神秘的大象”。大家普遍认为中国石化“形象模糊”，分不清楚中国石油、中国石化，既封闭又神秘、大而不强——中国驻外员工吃住行都是单独的，只讲中国话，给人一种神秘感；“脾气温和”“孔武有力”，为人和善，没有侵略性。这个描述我至今觉得还是挺准确的。

总结：中国石化在国内外的品牌形象认知

· 国内外对中国石化的正面认知主要集中在：规模大、有实力、可信赖
· 较负面的认知主要围绕在中国石化在国际市场上的管理机制方面，体现了中国石化在软实力上与国际接轨的必要性

正面印象	负面印象
· 央企，集团效应	· 美誉度不高
· 生产规模大	· 缺乏创新
· 有经济实力	· 欠缺市场化竞争能力
· 国际化业务（海外主要是上游）	· 决策层次多
· 可信赖	· 欠缺品牌形象建设
	· 管理能力和制度与国际能源公司有差距

（2）品牌传播调研

品牌传播需要确保所有关联到品牌的传播活动都能反映、建立和忠实于品牌定位，兑现品牌核心价值承诺。在品牌传播的过程中，每一种可能与受众接触的品牌接触点和媒介渠道都要被一致的传播策略进行整合，使他们在品牌核心价值理念的指引下一致发声。

对于一家公司的品牌来说，我们需要每一次进入受众生活的都是同样的信息传递和积累，在有限的资源下增加品牌到达率，塑造一致的、正面的积极品牌联想。

专家一针见血指出："你们的宣传今天说是环保的石油石化企业，明天又说艰苦奋斗的，你出来的形象都是满身油污的工人阶级；有时候又说你是负责任的，大力宣传的是社会责任；有时候又说是创新的，展示出来的又是科技精英的形象。你到底是什么样的企业？宣传资源和广告投入永远是有限的，特别是在传播过度的社会，如果希望品牌给受众留下长久的印象，一定要简化信息，传播不能过于宽泛，否则会使宣传效果大打折扣。你们宣传的点太散了，你那点广告费，说十个点不如说一个点，归根结底是没有弄清楚品牌定位。"

也正是因为这一次调研，我们发现品牌定位的重要性，传播学里面也是"断其十指不如伤其一指"。如果没有清晰的品牌定位，在对外传播中，"品牌形象"就会多样化，分散传播效果，大家也就记不住你，因为在信息爆炸的时代，注意力已经成为大家争夺的稀缺资源。

（3）品牌管理调研

品牌管理诊断包括内部品牌意识、品牌组织、品牌架构、品牌资产管控等方面的内容。企业要做好品牌战略管理工作，就必须加强全企业上下和各部门间的配合与协调，企业纵向各管理层次和横向各部门，均应参与品牌管理的相关工作，不同程度地承担品牌管理职责和任务，使品牌战略管理工作成为一个有机整体。

国资委2023年成立社会责任局，进一步明确把品牌作为重要的工作进行推进。事实上，这些年来国企的品牌建设工作得到了大力发展。他们在调研的基础之上拿出一个杀手锏，非常有效，就是让各个企业互相学习，找两个单位进行对标。在对标的过程当中，许多企业就发现了自己的不足，要么是组织架构不合理，要么是品牌从业人员不够，要么是经费紧张，要么是品牌定位不明确。让各个企业在对标的过程当中，看到了自己的不足，在第二年的工作当中自我进行了改善。这是非常有效的一种调研和管理模式。

目前看，虽然国企的品牌建设起步较晚，但是这几年进步非常大。总体来看，大家在认识层面上都有质的飞跃，但是组织建设是国企品牌建设的软肋。一个是专职品牌管理的人员少，二是职责分散（有的综合管理部管、有的市场部管、有的企改和法律部管、有的党群工作部管、有的宣传部管）。好在近年来，央企国企越来越重视品牌建设工作，大多成立了由总经理或副书记为组长的品牌领导小组，定期研究部署品牌工作，组织开展品牌节活动，有不少企业也补充了品牌专兼职人员。

（4）与同行标杆企业对标

全球尚没有统一的品牌评价模式来评价品牌价值，尤其是话语权还被西方的品牌榜把持。但是总体来说还是能够反映出品牌的价值和实际的地位。目前，全球著名的四大品牌价值榜单排位还是Interbrand、BrandZ、Brand Finance、世界品牌实验室）。如果把这4家的排行榜都排出来，我们上榜企业与同行的差距应该还是可以看得出来的。

2019年8月8日，中国石化集团公司召开了品牌管理领导小组会议。会上，我代表品牌管理领导小组办公室汇报了品牌建设工作的情况。其中关于品牌价值的评价，我给出了一组数据：从全球著名的四大品牌价值榜单排位看（Interbrand、BrandZ、Brand Finance、世界品牌实验室），壳牌、埃克森美孚、BP等国际石油石化企业位列榜单行业领先地位，中国石油、中国石化开始进入行业前列。中国石化在2020年“全球品牌价值500强”行业排名低于壳牌、中国石油。

时任中国石化总经理、品牌领导小组组长的马永生同志问：“为什么我们的排名低于兄弟单位，主要原因是什么呢？”说实话，这个问题当时我并没有答上来。主要因为每家品牌价值评价机构的评价模型都不相同，具体因为哪个指标，社会上并未公开。永生同志说：“你们还是找机会去拜访一下咱们的同行，虚心向他们求教，对标看看我们的差距到底在哪里，好有针对性地提升薄弱环节。”

会后，我们走访了埃克森美孚、壳牌、BP、巴斯夫公司的中国公司、中国石油，专程上门拜访，虚心求教品牌建设工作好经验。

这次走访令我们非常震撼，收获颇丰，国际能源化工公司这种自上而下全员的品牌共识让我们自叹不如。他们非常重视品牌建设与管理，并作为战略性、长远性、基础性工作来抓，品牌理念和品牌意识已经深深根植于每一名员工的内心，大家骨子里认为就应该这么干，步调非常一致。他们从战略高度重视品牌增值投入，以发展的眼光不遗余力地进行品牌持久投入。埃克森美孚和BP的《世界能源展望》预测了2030年的能源发展，壳牌运用情景分析方法描绘了2050年的能源世界。通过这些系统的研究，国际石油石化企业找到了未来的发展方向，强化品牌增值。壳牌基于业绩、行为、沟通知行合一的品牌经营理念，每年针对全球利益相关方进行品牌健康度监测，及时调整内部行为和沟通方式，打造卓越品牌。BP通过低碳化转型的品牌理念重塑和换标实现了对品牌的换代升级。埃克森美孚通过大规模的并购实现品牌价值大幅提升，并持续将每年140亿美元利润中的10亿美元用于研发投入。巴斯夫更是把品牌战略纳入企业总体战略框架内，以可持续发展理念引领产品研发方向，满足利益相关方期望的品牌形象塑造。

通过这种系统的品牌诊断，就能够找到工作的薄弱环节，也了解到了外部对企业品牌的期望和建议，接下来开展工作就有针对性了。

5 如何做好定位

一个清晰、有效的品牌定位，必须是企业上下对这个品牌定义都有恰当的理解和认可，同时品牌定位必须是长久的、相对稳定的，不要轻易变来变去。

品牌定位理论是20世纪影响营销界的最重要理论之一，其重点在“定位”二字。它的关键任务是探索与锚定一个品牌应该在消费者与客户心目中占据哪个独特而有价值的位置。再通俗点说，就是“在市场上树立一个明确的、有别于竞争对手的、符合大众需要的形象，一提到这个品牌，就能产生积极一致的品牌联想”。当顾客联想起我们的品牌时，我们期望他们联想到独特的利益和价值。宝马、奔驰、沃尔沃品牌定位就是非常成功的案例，一提到它们，消费者就立即有很一致的品牌联想。一提到沃尔沃，大家就联想到“安全”；一提到宝马，大家就联想到“驾驶的愉悦感”；一提到奔驰，大家就联想到“舒适、尊贵”。

品牌定位真的非常重要，它直接影响到购买者的决策。举一个我自己购买汽车的心路历程来说明这一点。2011年，我从石化报社社长的位置调任到总部机关工作，原来在二级单位是有专车的，到了总部机关不能配专车，自己需要买一辆。我当时感觉国产车不占优势，想买一辆外国品牌的车；外国品牌的车，日本车不能买，当时大家对日本车有一定的抵触情绪；我一个国企高管，买美国车也不太合适，只能买欧洲车；欧洲车当中买什么牌子？十多年前开宝马、奔驰对于一个在央企总部工作的领导来说太张扬，选来选去还是选了奥迪。也在于多年乘坐，有感情，觉得它在中国是一个“官车”的形象，而且非常皮实、厚重、安全，低调奢华；但是如果买奥迪A6，容易造成“公车私用”的感觉，所以就选择了奥迪Q5。那个时候SUV刚刚兴起，我个人的性格比较活跃，喜欢城市越野的感觉；在选择什么颜色的时候，选择了黑色，觉得相对比较正式一点，适合于中年男性的身份。一系列的心路历程，表明奥迪“官车”的品牌形象已经在我心目当中有了深深的烙印，直接影响了我的购车选择。

因此，做好品牌定位，其实是一个哲学问题，就是回答“你是谁？你从哪里来？要到哪里去？”

首先，要区分三个容易混淆的概念：品牌印象、品牌形象和品牌定位。

品牌印象	品牌形象	品牌定位
品牌当前如何被感知	希望品牌被如何感知	独特的差异点是什么 向消费者传播什么

品牌印象、品牌形象与品牌定位的区别

品牌印象（Brand Image）是品牌如何被感知的，或者说在大众心中，品牌是什么形象。品牌形象（Brand Identity）是企业渴望创造出来的一种联想。这种联想意味着品牌代表的事物，表达了企业对消费者的承诺。换句话说，品牌形象就是企业希望品牌如何被消费者所感知，通过什么样的价值主张建立品牌与消费者的关系。

品牌的构成包括三个方面：视觉形象、质量与技术优势以及文化与个性特征。无论是消费者心中的品牌印象还是企业试图建立的品牌形象，都是一个品牌在这三个方面反映出来的若干特点的统一。只不过品牌印象是被动的，是面向过去的，是已经形成的一种事实；而品牌形象是主动的，是面向未来的，是需要我们去积极塑造的。

品牌定位（Brand Position）是品牌形象和价值主张中的一个核心点，这个点显示了相对于竞争品牌的差异与优势，也让消费者清晰地识别并记住品牌的特征及核心价值。品牌形象可能包含很多元素，但是只有这个点是需要大力传播、并且积极传递给消费者的。正是通过这个核心点，品牌定位与对应的目标消费群建立起一种内在联系。

比如，沃尔沃的品牌形象包括了蓝色Logo等视觉形象；坚固、富有力量、安全可靠的质量技术优势以及稳重、严谨、踏实的文化个性特征。在这个品牌形象中，“安全”是其品牌定位，是最突出的价值主张，是沃尔沃相比于其他汽车制造商的差异与优势，也是在消费者心中建立起与沃尔沃关系的连接点。

品牌定位一旦确定，在相当长时间内企业的产品研发、包装设计、广告设计等方面都要围绕品牌定位去做。如舒肤佳的品牌定位就是“除菌”，多年来舒肤佳广告始终是“除菌”，通过一次次加深消费者的记忆，最终达到想“除菌”就选舒肤佳的目的。

中国石化的Logo现在看有点过时，但是它在40多年的发展史上也起到了非常大的凝聚作用。红色朝阳标志着能源，象征着活力，代表着希望；“中国石化”四个汉字是时任中国共产党总书记、国家主席胡耀邦同志的题词；SINOPEC七个字母用的是苯环的六边体，突出化工企业特色；高高低低的变形，体现的是化工装置的塔、釜、罐、管；黑色表明是石油。

相对于BP、壳牌、中国石油，中国石化品牌Logo的更新速度较慢。现在看比较繁琐，有时候看不清楚。国际化的程度不高，而且有一些误会。2018年，中国石化在南非收购美国雪佛兰南非公司时，遇到一个麻烦，当地员工大多数是基督教徒，误解了中国石化的Logo，将前面3个大写的字母一起念，后面小写的字母一起念变成了SINopec——邪恶的石油输出国组织。前方谈判组来函请示，领导特批只用SINOPEC。遗憾的是，这个项目被其他西方公司“截胡”了。

一个公司的Logo是一笔巨大的品牌财富，其中承载着丰富的文化基因和感情要素，改起来难度太大。换一个角度想，Logo只是一个图形，方便顾客识别才是它最重要的使命和价值。

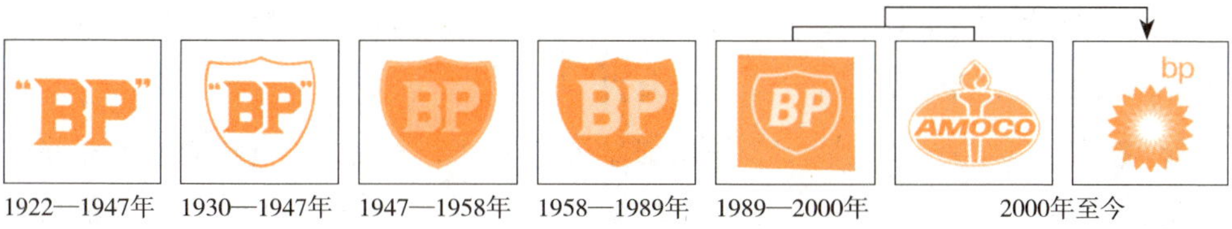

BP石油Logo演进过程

壳牌石油Logo演进过程

苹果公司Logo演进过程

这里有一个非常成功的随着企业理念的变化而改变发展战略、随着企业价值观而改善自己品牌形象（尤其是Logo）的案例。2021年5月28日，道达尔宣布经股东大会批准，公司名称将由“道达尔”（Total）更名为“道达尔能源”（Total Energies），同时，道达尔能源将启用全新的品牌Logo。

道达尔的新Logo发布以后，褒贬不一。有的人认为道达尔原来的形象充满活力，具有全球化的含义，新改的Logo非常怪异，像一只变色龙一样非常难看。殊不知，集团名称新增加“能源”一词彰显了道达尔由传统石油巨头向多元化能源公司变身的决心，Logo的变化也是用一种形象的方式来传递这个理念。道达尔能源集团董事长兼首席执行官潘彦磊在中文官网上说：“当前，全球正面临气候挑战，为了促进世界的可持续发展，我们携手前进，迈向多元化的新能源。能源正在自我重塑，我们投身其中，致力于成为全球能源转型的领先企业。为此，道达尔积极转型，更名为道达尔能源正当其时。”

此外，这个Logo的调整，也表达了他们改革发展的方向。他们立志转型为多元化能源公司，调整了能源销量占比，2020年至2030年期间，石油产品在其销售中的占比将从55%降至30%，天然气要从40%提升到50%。到2050年，直接碳排放量降至净零。

道达尔能源（Total Energies）由其英文名称中两个单词的首字母“T”和“E”连接成为一个优美的符号，寓意能源之旅。公司名称“道达尔能源（Total Energies）”是一个完整的单词，复数代表多种类型的能源和多样化人才，字母之间无缝衔接。这是一段不断延伸的旅程，启程于道达尔（Total）的传统，通向全新的道达尔能源（Total Energies）品牌。标识中七种颜色完美融合，代表多样化的能源。颜色间的过渡代表着不同能源之间的过渡。红色是品牌的历史颜色，同时也是转型之旅的起点。

应该说道达尔集团的这次品牌的重新梳理发布，是在企业文化和核心理念的统领之下，面向未来的一次成功转型，展示了道达尔的绿色、责任、创新的新形象。

在选择品牌形象元素作为品牌定位时，有三个方面需要关注，即：核心形象、结构中的着力点和价值主张。其中，核心形象体现了品牌的核心与永恒的本质。因此品牌最为独特、最有价值的方面通常都体现在核心形象中。同时，品牌定位也可以基于一个着力点。

例如，麦当劳叔叔就可以成为麦当劳品牌的着力点，他是麦当劳关注乐趣和儿童的核心，它所传递的信息非常有趣，能够使顾客产生敬意的同时提高知名度。因此，麦当劳可以有一种定位的选择，就是突出麦当劳叔叔。最后，顾客利益是价值主张的组成部分，也是品牌与顾客关系的基础。例如，耐克推出的由体育明星代言的鞋子，提供了提高成绩的功能利益和自我表达利益，——穿着乔丹穿过的运动鞋，让你表现更出色。

那用什么方法能在消费者的脑海里给品牌找到一个合适的定位，占领一个关键词呢？把以下8种简单有效的方式分享给大家。

（1）品类定位

这是最经典的定位方法，一个品牌开创一个品类。比如邦迪，强生公司把“Band-Aid”作为商标，开创了创可贴品类，有伤口时首先想到它，它牢牢占领这个品类，成为这个领域的第一品牌。这是最高的一种定位方式。

（2）核心卖点定位

就是独特性，品牌因为理念不同，会有不同特性，这些特性就成为品牌的“特色”。比如之前说的宝马核心卖点就是“驾驶”乐趣，所以“终极驾驶机器”的定位一直沿用至今。

（3）精神气质定位

精神气质是品牌对消费者文化的渗透，比如，Nike经典的“just do it”，店铺陈设也符合特有风格，后来体育品牌安踏也用这类定位，用“Keep Moving”（永不止步）表达拼搏奋斗不息的精神内涵。

（4）自我表征定位

也可以说是为竞争对手重新定位。百事可乐当年为了和可口可乐的“经典”做出差别，提出“年青一代的选择”，变相定义了竞争对手“老古董、老一辈的可乐”，进而大获成功。泰诺林提出阿斯匹林可以导致胃肠道毛细血管的微量出血，从这一点切入，在头疼药市场把阿司匹林替换掉，成了领导品牌。

（5）关联定位

发现某个行业的首要位置已经有强势品牌，就与强势品牌相关联，使消费者在首选强势品牌/产品的同时，紧接着联想到自己作为补充选择。比如，蒙牛在创业期其广告口号是："向老大伊利学习，创内蒙乳业第二品牌"，结果其知名度和身价倍增，马上被老百姓记住，其实蒙牛当时在全国乳业中排名在1000名开外。

（6）市场空白定位

也可以叫抢先定位。发现消费者心中有一个富有价值的位置或者是最大需求无人占据，就第一个全力去占据它。这种定位的前提是消费者有新品类、新特性的需求或需要。例如：农夫山泉打败其他矿泉水抢先占领"天然矿物质水"市场；高露洁比佳洁士抢先占领中国市场的"防蛀"阶梯，成为中国牙膏第一品牌。

（7）情感定位

就是找到品牌主张和消费者产生情感共鸣的那个关键核心点，提出相应的品牌口号或者广告语。"南方电网，一往情深"，太太口服液"做女人真好"，孔府家酒"让人想家"……这些都是从感情角度打动消费者。

（8）使命定位

用企业使命直接作为品牌定位和口号，比如万科的广告语是"赞美生命，共筑城市"，万科始终为普通人提供好产品、好服务，做出力所能及的贡献。中国石化的"为美好生活加油"将使命说出来，一语双关，既便于记忆，又能和消费者产生共鸣，已得到内外部的充分认可，把企业的品牌形象与共创共享美好生活紧紧联系在一起。

分众传媒的董事长江南春先生的定位方法具有鲜明的时代特点，简单粗暴，行之有效。在这摘要分享给大家。

第一点：如何确定你在市场上一定会胜利？五个字：道、天、地、将、法。道是心智，顾客的心智；天就是天象、天时，企业的时间窗口；地是渠道，渠道经销商的力量；将就是营销骨干；法是运营管理的效率和激励机制。

第二点：中国的商业战争通常是四种类型：①当行业没有领导品牌的时候就封杀品类，烤鸭就吃全聚德，果冻就吃喜之郎。②老二通常是占据特性的，都是

“更什么的”，更高端的电动车雅迪，大吸力油烟机。③第三是聚焦业务，就是做一个垂直领域，守住自己一个独特的地方。④开创一个新品类，大家都不带你玩，索性开创新品类。

第三点：军事战争的四种方法：①是老大就打防御战，守住山头就好了，因为已经在山上了。②是老二就打进攻战，找老大麻烦，打开你的山头。③是老三就守住一个垂直领域，可以守住一个省，在这个省里是最大的，可以守住一个行业、人群，聚焦了某种品类。④是老四就找到一个无人区，开创新品类，开创一个属于自己的阵地。

第四点：一句广告语好不好，基本上三个要求：①顾客认不认。②员工用不用。③对手恨不恨。

第五点：找到好的广告语的三种方法：①逼死老板。面对客户老板只有15秒，怎么简单说出你的差异化，说出选择你而不选择别人的理由。逼死老板，想一句话怎么说。②访问销冠。销冠说出来的往往是对的，因为销冠用终端实际的销售证明了他的说法。③采访忠实客户。观察他在介绍别人去买这些东西的时候是怎么说的。消费者怎么传给消费者很重要，往往是最忠诚的客户去传的那个句子是对的，而且他们传的会足够口语化。

第六点：要让顾客认可你，相信你的“那句话”，品牌通常有七种信任状：一是“热销”。一年12亿人都在喝，喝过的杯子绕地球xx圈；3亿人都在用拼多多；7亿人都在用今日头条……热销利用的是人们的从众心理和跟风行为。二是“最受意见领袖青睐”。当你的产品尚未热销时可以用。比如钉钉刚出来时，只有100多个企业在用。我们的方法是，找一些代表企业贴出来，说“我们都在用钉钉，让工作更专注”，你会感觉很多企业家都在用，这就是意见领袖的作用。三是“领导品牌”。最典型的一句话就是“全国销量遥遥领先”。消费者心里没有安全感，就找老大，找老大肯定是对的，即使错了也是对的。四是“专家品牌”。当你还没有达到热销垄断时，可以用专家理念引导。东方雨虹说“雨虹防水，专注防水20年，鸟巢、水立方供应商”，一说是鸟巢、水立方的供应商，消费者就觉得可以用，有专家背书。五是“历史悠久”。“传世185年，独家配方”，听上去就很棒，都185年了。六是“开创者”。九阳豆浆机说自己是“豆浆机开创者”，奔驰说自己是“汽车发明者”。现在豆浆机之间其实没有什么区别，但买豆浆机你还是会去买九阳，因为它是发明者。七是“制造方法”。“安吉尔A6净水器，美国原装进口陶氏滤芯”，为什么要用“A6”？安吉尔原来是饮水机出身，改成高档净水器，消费者可能会不太舒服。那就给它加个名字“A6净水器”，听起来就变得高级，再加上“陶氏”，就更高级。

第七点：企业的指数级增长：第一是要找到差异定位；第二是抓住时间窗口；第三则是采取饱和攻击；第四是占据心智优势。

第八点：展望新消费时代。抓住中国的5亿中产阶级就抓住了未来10年的潮流，中产阶级到底爱什么？怕什么？缺什么，基本上三句话：爱美、爱玩、爱健康；怕老、怕死、怕孤独；缺心情、缺爱、缺刺激。

江南春先生是在市场上搏杀出来的实战型专家，他的观点切实可行，值得品味和借鉴。当然江南春先生重点强调的是快消品的品牌打造，与工业企业的品牌建设有些不同，但是大的逻辑是一样的。卓越的品牌都拥有清晰的品牌定位和鲜明的个性化特征，国际知名能源化工企业也不例外。在这方面，国际一线品牌走在我们的前面。

国际知名石油石化企业品牌定位

品牌名称	品牌价值主张	业务对品牌定位的支撑	广告传播口号	品牌个性
ExxonMobil	应对能源双重挑战，以安全和诚信，自律和智慧，以及良好的企业公民意识生产和提供能源。（强调以硬实力为依托解决全球能源问题）	将“技术”看做第一要务和核心能力。将其每年140亿美元的利润中的10亿美元持续用于研发投入，致力于为全球开发下一代能源解决方案，在先进生物燃料、碳捕获与储存、天然气技术，以及提升能源效率等领域寻求新的突破。 业务发展注重规模及融合，最大化业务链条价值。 在业务强调安全生产、谨慎投资、负责任，公司内部形成了一种“始终如一高水准地做正确的事情”的文化。	Energy lives here 动力，与你我同在（至始至终在为解决全球能源问题创造自身的价值，力求让优质、清洁、高效的能源无处不在）	低调、谨慎、高道德标准的“硬核能源专家。”

续表

品牌名称	品牌价值主张	业务对品牌定位的支撑	广告传播口号	品牌个性
	以创新提供更多、更清洁的能源及解决方案推动社会进步，打造可持续的能源未来。 （强调以创新为未来能源可持续提供保障）	在全球能源转型的过程中，通过提供油、气、低碳能源等产品巩固全球领先能源公司的地位，从领先的能源公司向综合能源服务商转变。 壳牌新能源将重点投资三个领域：新燃料、天然气和新能源发电、以及基于数字科技的能源终端用户解决方案。	Make the future live壳动未来（携手能源创新，方可“壳”动未来！）	乐于合作、乐观的、坚定的、自信的
	应对能源双重挑战，以低碳的方式，满足人类光、热和出行的需求。 （强调以能源低碳化转型应对能源双重挑战）	应对双重挑战，BP推动能源转型战略：上游持续增长天然气，低开采成本；以市场为导向的下游业务增长；在多个领域展开风投及低碳目标：全集团现代化转型（数字化）进程。 高层多次提到举集团之力推动能源低碳化转型的决心。	Keep Advancing卓越前行	卓越、绿色、勇于创新，在能源新世界中实现品牌价值
	致力于创造化学新作用，追求可持续发展的未来。 品牌价值主张：连接。 （强调连接互通，打造增值的协作和伙伴）	基于高效运作的一体化基地产出创新、高质量的产品和服务。 提供可持续的解决方案，将经济成功、社会责任和环境保护相结合。 增值的协作和伙伴，希望当客户遇到任何可以通过化学解决的挑战时，都选择巴斯夫作为合作伙伴，与客户共同开发创新产品、打造无缝的新链，将产品更快推向市场，实现从实验室到客户整个创新过程的卓越表现。	We create chemistry创造化学新作用	创造、开放、拥有企业家精神的化工领域领袖
	—	—	奉献能源　创造和谐（企业宗旨，非广告口号）	模糊
	—	—	贡献优质能源　筑梦碧海蓝天（企业愿景，非广告口号）	模糊

再次，是具体有效的操作，主要是描述品牌主张、凝炼品牌口号、彰显品牌个性。

描述品牌主张　品牌主张是指企业面向外部所传达的核心认同的品牌价值承诺，具有引领性、持续性，是给企业内部看的一句话或一段话，是企业内部人员遵循的品牌承诺和行动纲领。

世界领先的石油石化企业（BP、壳牌、埃克森、巴斯夫）品牌大都主张把“创新引领”作为品牌定位的核心要素，主动贴近消费者的关注点、诉求点，阐述公司在行业发展中所扮演的角色，彰显负责任的良好企业公民形象。大都将推动全球能源低碳化转型作为目标和追求，以创新引领行业未来，以责任回馈社会，与利益相关方共创共享美好生活，都想塑造的是一个创新引领、高度负责的世界领先能源化工品牌。其品牌主张着重突显传递的是“创新”“责任”两个关键点。

世界领先公司需要依托理念创新、科技创新、管理创新、商业模式创新（引领公司转型为真正“创造需求”和引领行业发展的标杆品牌。“创新”一方面寓意以创新引领公司向世界领先企业方向发展，另一方面寓意以创新引领公司向更高领域加速迈进。“责任”主要展现世界领先企业的全球视野和格局，站在“人类命运共同体”的角度担当责任。

“创新”是企业的核心价值观，也是企业品牌价值的源泉。倡导“创新”的企业正是在这种核心价值观的引领下，依靠加大科技投入、改革科技体制机制，不断激发创新活力，打造出一批具有核心知识产权的自主品牌，使企业品牌附加值得以有力提升。

“责任”是能源化工企业普遍的品牌承诺，也必须依赖于内外部高度认可的文化基因。企业存在于社会，依靠于社会，忠实地履行社会责任是树立品牌形象、获得公众口碑的重要途径。

二是从公众期待来看，“创新”“责任”有助于促使企业实现在消费者心中从“大企业”向“令人尊敬的企业”的形象转变。因为中国的国有能源企业尤其是中央能源企业长期被社会看作是共和国“长子”，体量大、受关注，公众会着重关注公司在引领经济发展、推动组织改革、技术创新、惠及民生等方面取得的成就。

消费者对能源化工行业的整体评价

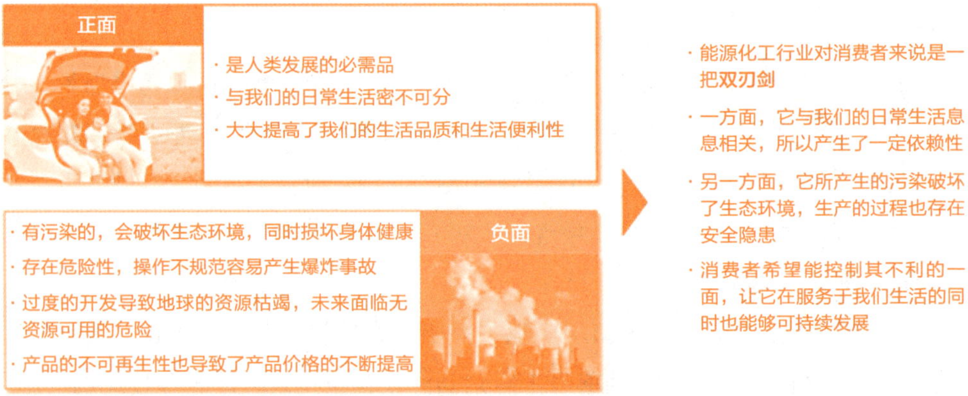

能源化工行业的核心情感诉求

一个在创新领域屡有突破、关注人类命运共同体构建的企业，更有助于得到社会的认同和尊重，甚至根本不用去做多少广告就能打造具有耀眼光芒的企业品牌。

在现代企业家的历史中，埃隆·马斯克是一个极具代表性的人物，他被誉为“创新之神”，在电动汽车、太空探索、太阳能和高速交通等领域都有着不可撼动的地位。埃隆·马斯克作为当今世界上最具影响力的企业家之一，以其勇于挑战常规、不断追求科技创新的精神，赢得了全球瞩目。马斯克不仅创办了多家领先的科技企业，如特斯拉、SpaceX、Neuralink和SolarCity等，更是践行着一种特殊的价值观。在创办特斯拉和SpaceX等企业的过程中，马斯克始终坚守着“做不可能的事情”的信念。特斯拉的目标是推动电动汽车的普及，解决气候变化问题。

作为另一项使命，驱动着马斯克将人类推向火星。他希望通过降低太空探索的成本，使之成为一种可能，以便人类在未来有一天能够迁移到其他星球，以确保我们的种族在面对地球上的威胁时能够继续生存。

马斯克的这些努力都是“使命驱动”——为人类未来而战。他并不满足于仅仅创造商业成功，而是将科技应用于解决当今全球面临的重大问题。马斯克作为一位具有强烈价值观的企业家，他的颠覆与使命驱动的科技创新之路激励着无数人。他坚信科技的力量可以改变世界，而不仅仅是为着追逐商业成功。马斯克的创业精神和社会责任感，使他成为全球企业家中的典范。他所带领的企业，不仅在科技领域引领潮流，更在可持续发展和社会责任方面树立了楷模。而企业也因为责任和创新赢得了全世界方方面面的好评，他个人的声誉如日中天，企业的品牌也是光芒四射。

➡ 凝练品牌口号　在确立了品牌主张之后，接下来，还要凝炼出来独特的品牌口号（即广告传播用语），是对品牌主张的创意化表达，易于传播、朗朗上口。广告传播用语可随公司发展理念和形象推广需求进行阶段性调整。

中国石化品牌个性为担当、务实、智慧，拟人化形象是一位担当的（品质）、务实的（作风）、智慧的（能力）人。中国石化目前的广告语是“能源至净、生活至美”。这里面还有些小故事。2017年，中国石化借助国际专业品牌顾问公司的力量对品牌定位进行了规划设计，经广泛征求内外部意见，明确提出了三个选项“创新、造福、共享”。专家让我们三选一，最好是选一个。我报给当时的集团最高领导，领导让我征求集团决策层的意见，结果4位选择的是“创新”，4位选择的是“造福”，2位选择的是“共享”。最高领导人要求我们把两个得票最高的融合在一起，最终形成了“创新引领、造福人类”这么一个品牌主张，期望将中国石化塑造成为创新型、负责任的行业引领者形象。但是碍于当时的舆论环境，“共享”这个词体现在“为美好生活加油”的企业使命上了。说实话，2017年的中国石化在国际同行当中，还只是追随者，尚谈不上引领者，因此“创新引领”这个词有点超前；当时国内的舆论生态还不太好，在国际上更谈不上“造福人类”，同志们当时有点担心，那么直接用“创新引领、造福人类”是不是太高。

专家们认为品牌是需要有超前性、引领性的，但是也尊重我们的意见，进行了委婉化改造。提出两个品牌口号，一个叫“能源至净、生活至美”，另外一个叫“智慧能源、至美生活”。前一个词里面蕴含了“创新引领”的意识，后一个词体现了“造福人类”的意识。当时同志们觉得“能源至净、生活至美”过于雅致，就选择了“智慧能源、至美生活”作为中国石化品牌口号，在各种场合进行传播，从2017年使用到2020年。2020年，张玉卓同志调任中国石化董事长，提出要打造“世界领先的洁净能源化工公司”。我们觉得2017年设计好的一个品牌理念“能源至净、生活至美”很契合，一方面很佩服5年前专家们所提出的建议，另一方面又觉得这句口号很契合当前的战略定位，报经集团批准后，将品牌口号改成了“能源至净、生活至美”，一直沿用到现在。

彰显品牌个性 人们常说，品牌就如同一个人一样，是有个性的。每个人之所以显得与众不同，必然是因为他的为人宗旨导致的结果，让他产生了区别于他人的不同的言行举止。品牌也一样，想要脱颖而出让别人记住，也需要有独特的个性和行为形成差异化。品牌个性是外部对品牌的印象和人格化特质，可以有多面性。品牌一旦被看作人，那么人们对它的感知和行为就会受到影响。

沃尔沃这么多年推出了许多精彩的广告语，但是我觉得最好的是它推出的“沃尔沃，唯爱与生命不可辜负”，既符合了它的企业核心价值观，又体现了品牌独特的竞争优势。既把沃尔沃对行车安全和生命的极度重视体现出来，又引导购车人出于对家人的关爱而实施购买行为。

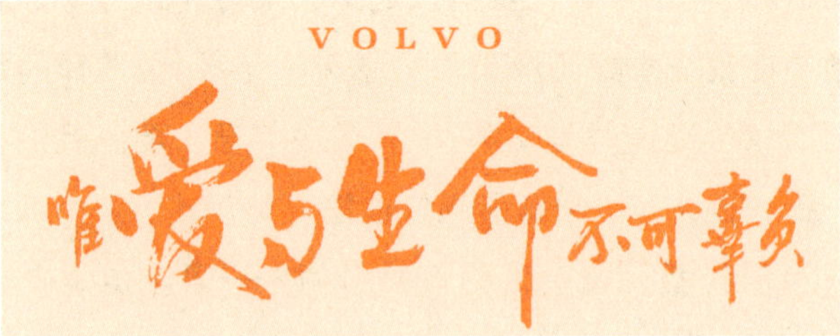

品牌个性有助于帮助打造鲜明的品牌个性化特征，也用来指导下一步如何做好营销和传播，要根据品牌个性做选择性决策，引导品牌联想，引导包括产品、包装、宣传活动、消费者接触点等的传播调性和方向。如果能够获得品牌个性并

保持可见度、区别度、忠诚度，那么品牌形象也随之清晰了。

品牌定位、品牌主张不应该经常变化，但是可以随着形势的变化对品牌口号进行调整。就如同装修房子的时候，立柱和承重墙是不能经常变化的，但是装饰是可以进行调整的。所以，在对外传播当中还要不断强化解释自己的品牌主张。

6 如何做好品牌架构设计

品牌架构是品牌战略中比较重要的一环，确定好品牌定位以后，需要明确品牌组合的组织结构，进而明确一个企业中各个品牌相互之间的关系，以及各自承担的角色。管理完善的品牌架构能够产生清晰性、协同性和品牌延展性的效果，避免引起定位冲突、市场混乱和资金浪费。换一个形象说法，就是你的品牌家谱是什么？

各种书籍对于品牌架构模式的描述常常令人眼花缭乱。可以根据在品牌策略的执行过程中以及在顾客心目中产品品牌和公司品牌的集中/分离程度来划分，通常分为四种品牌架构模式，具体如下表所示。

单一品牌	母子品牌	背书人与背书品牌	多品牌组合
以单一的公司品牌来贯穿一系列的产品	通过子品牌使母品牌更具差异性，使其在不同的领域展开竞争	在独立的产品品牌背后，有公司品牌为其提供信誉担保	公司品牌下面包含了许多独立的、彼此没有关联的产品品牌
集中程度最高	联系紧密	相对分离	分离程度最高
宝马	别克-君威 英特尔-奔腾	Courtyard by Marriott HP-Laserjet	宝洁
中国石化	长城-金吉星	中国石化-长城润滑油	易捷

（1）单一品牌架构模式

又称统一品牌，是指企业生产的所有产品都使用一个品牌。不同的产品之间形成了一种最强的品牌结构协同，使品牌资产在完整意义上得到最充分的共享。单一品牌架构的优势不言而喻，企业可以集中力量塑造一个品牌形象，让一个成功的品牌附带若干种产品，使每一个产品都能够共享品牌的优势。

海尔就是单一品牌架构的代表。海尔集团从1984年起开始推进自己的品牌战略，从产品名牌到企业名牌，发展到社会品牌，现在已经成功地树立了“海尔”的知名形象。海尔产品从1984年的单一冰箱发展到拥有白色家电、黑色家电、米色家电在内的96大门类15100多个规格的产品群，并出口到世界100多个国家和地区，使用的全部是单一的“海尔”品牌。不仅如此，海尔也作为企业名称和域名来使用，做到了“三位一体”。而作为消费者，我们可将海尔的“真诚到永远”的理念拓展到它名下的任何商品。一个成功的海尔品牌，使得海尔的上万种商品成为了名牌商品，单一品牌架构的优势尽显其中。

单一品牌的另一个优势就是品牌宣传的成本低、品牌管理的成本低、消费者认知的清晰程度高。单一品牌更能集中体现企业的意志，容易形成市场竞争的核心要素，避免消费者在认识上发生混淆，也需要在各个品牌之间的协调。

当然，单一的品牌架构也存在着一定的风险，它有“一荣共荣”的优势，同样也具有“一损俱损”的危险。如果某一品牌名下的某种商品出现了问题，那么在该品牌下附带的其他商品也难免会受到牵连。同时作为单一品牌缺少区分度、差异性，往往不能区分不同产品独有的特征。

华为是中国现代制造业的标志性品牌、国际通信设备制造的领跑者，业务遍及全球170个国家和地区，并在全球范围内设立了16个研发中心。华为是一个有着远大理想和战略眼光的企业，早在20世纪90年代，就已经尝试走出国门。从那时起，华为就关注品牌建设，并逐步形成了一整套颇为成熟的品牌架构。华为企业精神与业务品牌形成优势互补，“品牌三度论”清晰而准确：任正非在《华为价值观搭载与传播策划》中明确界定：泛网络业务主打“品牌厚度”，做厚百万级泛网络用户（运营商、行业）的忠诚度；消费者业务主打“品牌宽度”，覆盖

10亿级消费者，提升知名度和偏好度；企业精神则主导“品牌高度”，以获得数万精英受众（政府、媒体、学术、科研、协会等社会精英）的战略信任与价值认同。华为这样独具特色的品牌经营的理念和品牌战略的思想已融入公司经营的方方面面，其品牌价值在Brand Z全球最具价值品牌榜百强名单上排名一路飙升，令人瞩目。

（2）母子品牌架构模式

采用子品牌架构的具体做法是以一个成功的品牌作为母品牌，涵盖企业的系列产品，同时又给不同产品起一个富有魅力的名字作为副品牌，以突出产品的个性形象。以海尔为例，海尔虽然在所有的产品之上都使用同一个商标，但是为了区分彼此的特点，又给不同的产品系列起了代表性的名字，仅就冰箱来说就有“领航系列”“彩晶系列”15种副品牌。这样做有效地划分了不同产品的功能和特点，使得每组商品的特点各显其彰，同时也弥补了单一品牌过于简单、不生动的缺点。

2009年，中粮集团立足核心主业粮油食品行业，重新梳理整体发展思路，提出集团在经营规模扩张的同时，要达成有内在商业逻辑的、有机的、以企业内部商业模式和团队创造力自然驱动的业绩成长，用核心竞争力打造“中粮”品牌优势。中粮集团明确了母品牌和子品牌，以及各子品牌的角色及相互关系。各子品牌在各自行业中充分发展，形成在细分行业市场强有力的品牌竞争力，与中粮集团母品牌相互支撑、相互哺育。尤其在粮食、酒类、食品等领域，有中粮母品牌主打的“安全”核心定位，子品牌有效建立了稳固的阵地，子品牌进可攻退可守，即使有舆情事件，也会被母品牌的影响力化解。同时，长城葡萄酒、福临门等子品牌发展壮大以后，对消费者完全具备消费指引能力，而后得知这些品牌也是中粮出品，对中粮母品牌也能形成有力反哺。

（3）背书品牌架构模式

背书品牌是指在不同的类别环境使用不同的主品牌，但同时也使用另外一个品牌对其进行担保。背书品牌不仅明确了品牌的来源以及品牌之间的关系，而且保证了品牌战略的灵活性：被背书品牌既不独立于背书者之外，也确保了背书品牌能够实现所承诺的价值主张和功能优势；同时也有足够的自由来发展自己的识别性资产，被背书品牌拥有不同于背书者的品牌联想和品牌个性。正如长城润滑油在宣传它的品牌的时候不会忘记指出“长城润滑油，航天品质，中国石化荣誉出品”。

（4）多品牌架构模式

一个企业同时经营两个以上相互独立、彼此没有联系的品牌的情形，就是多品牌架构。使用多种品牌，不仅可以区分于其他的商品生产者，也可以区分于自己的不同商品。多品牌战略为每一个品牌各自营造了一个独立的成长空间。

多品牌的架构优点很明显，它可以根据功能或者价格的差异进行产品划分，这样有利于企业占领更多的市场份额，面对更多需求的消费者。产品之间看似竞争的关系，实际壮大了整体的竞争实力，增加了市场的总体占有率，而且多品牌可以分散风险，某种商品出现问题了，可以避免殃及到其他的商品。

多品牌架构的缺点则在于：宣传费用高昂；多个品牌之间自我竞争；品牌管理成本过高；容易在消费者中产生混淆。

采用多品牌架构的代表非“宝洁”莫属了。市场上，宝洁有8种洗衣粉品牌、6种肥皂品牌、4种洗发精品牌和3种牙膏品牌，每种品牌的特征描述都不一样。以洗发水为例，我们所熟悉的有“飘柔”，以柔顺为特长；“潘婷”，以全面营养吸引公众；“海飞丝”则具有良好的去屑功效；“沙宣”强调的是亮泽。不同的消费者在洗发水的货架上可以自由选择，然而都没有脱离宝洁公司的产品。在多品牌架构中，也有些企业使用的并非功能划分，而是等级划分。比如欧莱雅就选择了一个以档次为标准的区分：兰蔻、碧欧泉是它的高端产品，而羽西、美宝莲则是它相对低端的产品。也许即使是热衷化妆的女士们也不一定清楚以上所提及的四个品牌竟然都归属于欧莱雅公司，他们都各自占领着自己的市场份额，拥有不同层次的消费人群。

不同的企业选择不同的品牌架构模式，不同的模式会产生不同的管理效果。在品牌战略规划中，是使用多品牌架构还是单一品牌架构，需要根据品牌的现实处境与竞争状态来决定。

腾讯为适应互联网快速变革和发展，以用户价值为王，其品牌建设及品牌输出规则与传统企业有本质上的差异。腾讯的品牌架构原则匹配互联网发展特性，业务驱动大于品牌驱动，子品牌建设放权多于集权。腾讯自上市以来，对外并购投资增多，包括电商、游戏、娱乐互动、O2O等互联网的细分领域，通过投资参股的形式，腾讯不断培育产业链的上下游，以打造一个以QQ及微信为核心基础平台、全面开放的互联网生态圈。从公司形象管理的角度出发，腾讯尊重各个并购公司的历史，品牌形象宜统则统，也可继续保留原品牌，不搞一刀切，主要是基于业务发展的需要。

品牌架构，有如下三个基本的通用原则：

（1）化繁为简原则

俗话说“大道至简”，品牌建设我更主张“少就是多”的原则。一定要专注于一点，如同水滴石穿一样，反复击打同一个点，如同任正非所说，28年对着一个阵地发起冲锋。别人怎么赚钱，赚多少钱我不管，反正我要实现自己的目标。再如中国石化品牌架构，是单一主品牌+少量优质业务品牌。聚焦“中国石化”集团品牌力的提升，仅允许少部分具备高附加值、有市场差异化需求的业务培育业务品牌，发挥品牌协同效应，提升品牌核心竞争力。

透过品牌层级的梳理，将品牌架构化繁为简，提出品牌化策略的判断原则，明确了母子品牌角色及关系，提出策略化判断原则，最大化品牌资产的保值增值，这样可以更好地管理和运用品牌资产。

这里面需要强调一点，即“单一主品牌加少量优质子品牌”的架构一个很重要的管理原则，是根据业务的关联性进行区隔的：与核心业务关联度较大的，可以使用中国石化品牌，反之则避免使用。

在中国石化，品牌架构原则基本上可以简化成“四个凡是”：凡是与石油石化主营业务直接关联的，一律要用中国石化品牌；凡是与石油石化主营业务不关联的，一律不准用中国石化品牌；凡是控股的，一定要用中国石化品牌；凡是不控股的，一律不准用中国石化品牌。

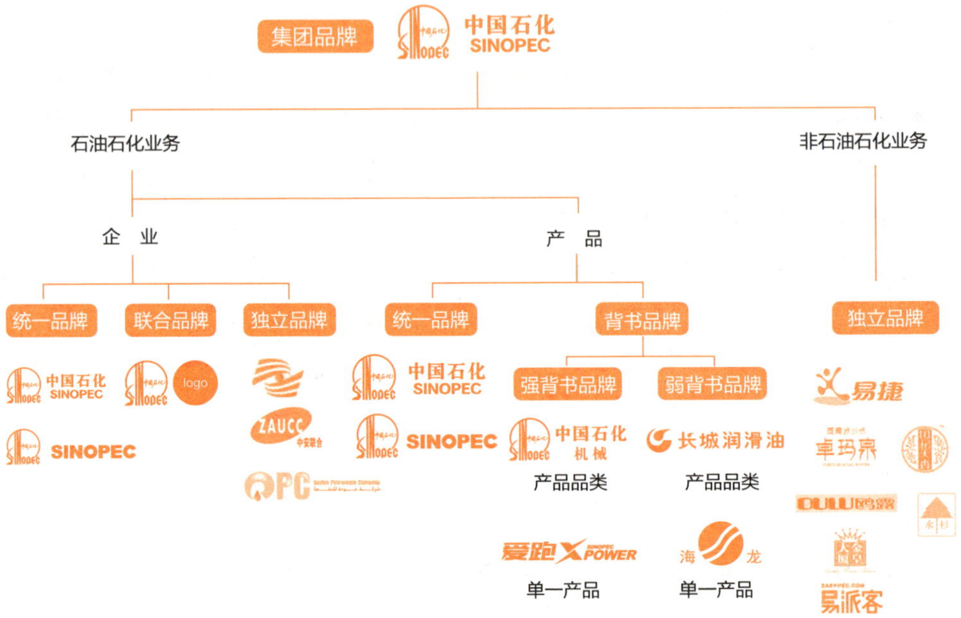

中国石化品牌架构总览图

（2）积小为大原则

古人云："海不辞水，故能成其大；山不辞土石，故能成其高。"

品牌也是如此，不可能一口吃成胖子，需要长年累月的积累过程。在这个过程中，特别要注意的就是要发挥一支轻骑兵——商标的作用。

品牌与商标是极易混淆的一对概念，一部分企业错误地认为产品进行商标注册后就成了品牌。

那么，什么是商标？商标就是指文字、图形、字母、数字、三维标志和颜色组合，以及上述要素组合的生产者、经营者把自己的商品或服务区别于别的商品或服务的商品标记，是一个专门的国家法律术语；是受各国地缘政治法律保护的商品标识与标志，由商标法对其进行保护，一经注册，权利人就享有商标专用权。

和商标相比，品牌的概念要大得多。品牌是一个集合概念，主要包括品牌名称、品牌标志、商标和品牌角色四部分。品牌是一个经济学概念，品牌必须经由科学计算与评价后，才能确认，不是工商注册或者会议发奖发证或者领导名人站台背书就可以界定品牌！

弄清楚这个最基本的区别后，就会发现：商标是品牌中的标志和名称部分，品牌是一个综合的象征，也包括了商标这一部分；商标属于法律范畴，品牌属于市场概念，商标更多是关于如何合法地申请、合法地宣传使用，品牌则是帮助更好地销售，建立顾客的忠诚度；商标握在企业的手上，品牌更多是在客户的心中，商标所有权是企业所有，品牌是在消费者的头脑中；商标能够得到法律保护，而未经过注册获得商标权的品牌不受法律保护。对于企业来说，品牌通常只有少数几个，但是商标可以选择注册一系列商标。

讲到这里，相信很多聪明的读者已经看出来一条捷径：将品牌作为一个商标进行注册，用商标法来保护，是最方便有效、最强有力的保护企业商誉的一种方式。事实也证明，中国石化就走出了一条这样的道路。

在中国石化有一句著名的口号：“业务计划发展到哪里，商标就提前注册到哪里。”中国石化实行统一品牌战略，商标管理则遵循“统一管理、分级负责、合法使用、依法维权”的原则，由公司品牌管理领导小组统筹负责公司品牌与商标管理，总部和企业两级法律部门具体牵头商标管理法律事务。在“单一主品牌+少量优质子品牌”的品牌战略和品牌架构下，公司确立了“统一注册、重点注册、国际注册、防御注册”的商标注册原则。根据商标注册人和持有人不同，中国石化商标分为集团总部（含股份公司）商标和企业自有商标2类。总部商标共有包括中国石化、中国石化、SINOPEC等在内的14个商标标识，注册商标基本涵盖公司全部产品和服务，中国石化、中国石化等重要商标进行了45类全品类注册。企业商标是直属单位根据业务发展需要或历史原因以企业名义注册并持有的商标，53家直属单位拥有企业商标1000余件，其中“易捷”“”“长城润滑油”等商标已经成为业内或国内知名商标。目前，根据业务发展需要，总部商标在境外100多个国家（地区）进行了注册，注册范围不仅涵盖公司实际经营区域，而且根据企业发展规划在部分国家（地区）进行了提前规划与注册申请；部分国际化经营单位根据业务发展需要，在公司品牌管理领导小组的统筹下，也相继申请取得了100余件境外商标注册证。

（3）有限授权原则

“字号”是企业重要的无形资产。我们有很多老字号，如前面提到过的“同仁堂”，字号本身就蕴含着悠久的历史和深厚的文化，字号同时也可注册成为商标。“中国石化”“中国石化”等字号也已注册成为商标，代表和体现公司的品牌、实力、形象。集团公司直接持股的全资或控股企事业单位名称可冠以“中国石化集团”“中国石化”，股份公司直接持股的全资或控股子公司名称可冠以“中国石化”“中国石化”；集团公司间接持股的、全资或控股的四级以上（含四级）企事业单位名称可冠以“中国石化”；集团公司间接持股的、全资或控股的五级及以下子公司确需使用“中国石化”字号的，须报集团公司品牌管理领导小组审批后一事一授权。集团公司直接或间接参股企业、无实际控制权的企业，未经集团公司品牌管理领导小组审批，其名称不得冠以“中国石化集团”“中国石化”“中国石化”或“SINOPEC”。集团公司不持股的企业，不得使用“中国石化集团”“中国石化”“中国石化”或“SINOPEC”等字号。字号是企业的名字，体现了企业生命和精神，是市场的“金名片”，体现了在客户心目中永远“最亮的星”。

（4）大静小动原则

品牌和文化最初的核心和方向一经确定下来，就要像老子讲的“治大国若烹小鲜”，不要轻易地翻来翻去，改来改去，那样小鱼就烂成一锅粥了，企业也会无所适从。一定要保持定力。越是大的目标、大的方向，越要坚持。只有在坚持中才会显现出真价值。

举一个著名的例子——中信集团，“中信”是品牌，但也是文化。“信”作为品牌基因、文化传承，始终不变。中信从名字中就可以看出——中国国际信托投资公司，简称“中信”。这个“信”既是信托，也是信用、信誉，是代表着中华商业文化几千年的精髓——信文化。一个信字，是最简单的，寥寥数笔，但也是最复杂的。几千年商业史，无数人实践演绎。荣毅仁先生在1979年7月8日创立中信，作为新中国成立后第一家完全以市场经济为宗旨、实行科学管理的现代企业，中信成立后干的第一件事情就是发行债券，而这在当时中国既无内债、又无外债的情况下，简直是冒天下之大不韪！但荣毅仁先生一锤定音：利用荣氏家族的信誉，在日本发行100亿元的私募债券，最终用于江苏仪征化纤的一期工程建设。可以说，荣氏家族的招牌与中国传统的“信”文化，在这里实现了现代意义上的完美结合。

（5）专业主义原则

坚持专业专注，抱元守一，只做自己熟悉和擅长的事情。很多的中小企业为什么会成为世界冠军，而且还是隐形冠军，就因为他们奉行的是利基战略。“利基”，原来是法语，是指西方人在屋顶上的一个小小的神龛，神龛内供奉着神灵。虽然地方不大，却别有乾坤，后用来指大市场中的小缝隙。缝隙虽小，却界限分明。做什么，不做什么，选定一个很小的产品或者服务领域，在细分市场中坚持下去，持续发力，最后就会成为世界冠军、加冕“王者”。

最后，再回到企业品牌与文化的双修关系上来，品牌与文化有点像中国古老的太极阴阳鱼。文化是阴，而品牌是阳。阴极则阳生，阳极则阴生，文化向前走一步就是品牌，品牌往前走一步就是文化。甚至很多时候，文化就是品牌，品牌就是文化。

3 双修

企业的品牌与文化

第三章 企业品牌与文化的落地

——落地生根，文品共生

品牌和文化都是企业生命的一个体现，都具有生生不息的特点。但要想穿越市场周期、经历时间的冲刷而长久存在，就必须将利他做到极致。这其实也倒逼着企业从功利境界到道德境界，最后达到天人合一的至善境界。天人合一就是永恒，不断在创造中新生。

第一节

落地阶段的品牌与文化双修关系

品牌和文化一旦进入落地阶段，不同背景、不同阅历、不同情感和追求的人就会给品牌和文化带来碰撞、冲击与融合，这个过程因而鲜活，因而复杂。

在建设阶段，企业的品牌和文化可能是山顶上的一汪清泉，或者平原上的一个湖泊、一个水库、一口池塘，各有各的特点，一旦冲下山去，汇成江湖，流动起来，就走上了一条不断突破自己、不断流向未知的过程，在不断地克服一个又一个困难的挑战中前进。

我认为，在这个阶段，企业品牌与文化的双修关系可以这样表述：

对内，应该将重点放在一个“和”字上，“家和业兴”，和是一切的基础；

对外，应该将重点放在一个“合”字上，“合生万物”，有合乃成其大。

先来看左边的顶点——和，主要包含如下三个方面内涵：

（1）和其气

老祖宗讲和气生财。为什么和气会生财？就因为和于天时、地气、四时，和于人与人之间的人际关系。天地充满能量，人与人也都是一个个的能量体。能量彼此之间要交换、沟通，达到和谐的状态。和气，就是要在平和的状态下达到人与人关系的这种平衡。财是什么？财是人创造出来的。石油在地下几千年并不能成为“财”，只有现代社会人们对其产生了需求并且开发出来加以利用，才成为“财”。财是为了人的使用而成为财的，人始终是财的主人。品牌和文化落地，都必须在一团和气里进行，润物细无声，要想在人心里植入一个理念，打下一个烙印，都不能用力太猛，必须小心翼翼。

（2）和其顺

“和气”所带来的一个必然的结果就是“顺”。顺于时，顺于势，顺应内外部环境的变化，但顺的主体和根本也在于人。我们说水能顺，风能顺，火能顺，其实最能顺的还是人。人在几千几万、百万千万年中不断地进化，不断地顺应环境，最后变成了环境的改变者。顺，就是不以自我为中心，而是建立整体和系统的观念，天人合一。

我们常说顺势而为，顺就是不要给自己制造对立面，不要太多阻力。要顺应潮流和时势，顺应环境和变化，以最小的力气换来最大的成效。

（3）和其融

融就是融合。融合是一件很难的事情，水乳可以交融，但水和油无论如何不能融在一起。融合需要时间，也需要外在契机。无论如何，融合都是生存和发展壮大乃至于长久存在的一个必然过程。

中华文明就是最善于融合的。我们是统一的多民族国家，多归于一，就是一个不断融合、走向统一的过程。一旦来到了“一”，就不可战胜了。

融合，并不是要失去自我，也就是要“和而不同”。要在坚持自我的独立性基础上，才有真正的融合；否则就是“同而不和”，表面上融合，其实内在里却各有心思。所以真正的融合一定要坚持价值观一致。

文化要和，要顺，要融；品牌也要和，要顺，要融，惟其如此，才能做强。

但只是做强还不行，还要做大，要做大，就要在外面的环境里做到“合”。

让我们再来看右边的顶点——合，也包含三个方面的内涵：

（4）合则通

品牌和文化都有一个目的或者说本质性的需求，就是“沟通”。一切生命族群的存在都离不开沟通，人作为社会动物，尤其需要沟通。

人类历史上几次大的沟通都改变了历史。我们在汉朝的时候有张骞通西域，在明朝有郑和下西洋。西方则有麦哲伦、哥伦布环球航海。

今天，进入互联网时代，信息世界的沟通又一次改变了人类文明的形态。而每一次的沟通，只会让不同的文明加速融合，共生共享。

品牌和文化从一开始就不仅仅属于企业自身，而是属于全体员工、区域、社会、国家，乃至全人类，看起来是企业自身的一个创造，但同时也是全人类的一个成果。你迈出的每一小步，都是人类的一小步。参差多态，万物并生。正是生命的多样性成就了生态健康持续发展。

（5）合则大

江河归海，是一个从小到大的过程。我们生命的存在和延续，精神的发展和丰盛，都存在着这么一个过程：从小到大似乎是本能，也是事物发展的必然过程。企业也是如此，我们说企业是生命，就在于和人类的生命如此相似。从小企业到大企业，是必由之路。

要成为大，就必须合作。从产业链上的一个链条，到参与全产业链的整体运作，乃至于努力当产业链的“链主”。以今天的芯片为例，不管全球化的趋势是顺是逆，芯片的全球分工合作是一个不可改变的事实。以美国为首的芯片上游的高科技公司，以中国为主要市场的超级大市场。上下游的每一个动作都足以卷起一场风暴，产生蝴蝶效应。

大，就一定要进入全球市场。而要进入全球市场，就要有全球普遍认同的价值观，以及全球市场游戏规则中普遍认可接受的卓著品牌。

大，并不一定就受人尊敬。但大一定是占据产业链的重要位置，大一定意味着影响力，意味着注意力、吸引力，意味着权力和地位。

大，同时也意味着责任。力量有多大，责任就有多大。力量与责任是成正比的。“欲戴王冠，必承其重”，要想成为大，先做好准备。没有无缘无故的成功，也没有谁在一夜之间就奇迹般成为了世界第一。

（6）合则久

我们的圣贤先哲一再告诫：“盛极而衰。”当大到了顶点的时候，危机就到了。

很多的大企业，很多的大品牌，一夜之间轰然倒下的例子可谓比比皆是。

要大，还要存在得足够久。这就是一个难题。因为做大不容易，做久更不容易。

生物界中，有一个铁的法则：那些生存最久的，一定是最利他的。例如一株大树，可以为无数的地面生物遮风挡雨；其果实可以养活无数小动物。还有伴生的各种植物，大树本身构成了一个独立生态系统。

这种利他法则，同样适用于组织。大的如国家组织，我们中国一直奉行“和平”：国虽大，好战必亡。只有和平与发展才是永恒的主题。

对于企业来说，就是你能为社会创造和贡献多大价值，如何最大程度利益社会，推动社会进步发展，为国家富强做贡献，为人类的进步和发展做贡献。你的贡献越大，存在的时间就可能越久一些。

如果说，在品牌和文化建设阶段主要面对的是“人心”，那么，在品牌和文化的落地阶段主要面对的就换了一个对象——人性。

人性是什么？这又是一个古老的命题。如果讨论起来，几天几夜也说不完。但人性可以简单理解，就是人的普遍的性格、性情和欲望。比如人人都喜欢先满足自己的内在欲望，按照自己的需求行事，然后再去考虑满足别人；比如人人都不想过分劳损自己的身体，不愿意过分付出自己的体力，所以才会只有事情对自己有利才会多做一些；比如人人都喜欢得到别人的肯定和赞扬，得到荣誉，所以有好的事情争着去做，而在面对不好的事情甚至逆境的时候，会打退堂鼓；比如人人都喜欢按照自己的习惯去做事情，要改变就很难；比如人人都喜欢美的，厌恶丑的；比如从众心理、慕强心理……

千年万年，人性不变。往大里说，无非善恶；以积极而言，人往高处走，人性是推动人类社会发展的不竭动力，从欲望满足到道德提升。这就启示我们，在企业的品牌与文化落地阶段，必须关注人性。

对于人性，从最普遍的意义上来说，不外乎包含三个方面：

（1）求真

就是做真人，说真话，做真事。在高级层面上，是我们对真理的追求；稍微低一个层面，是我们对客观事物的真实性的追求，或者说对某一件事情真相的探寻；再低一个层面，是我们对真实内外环境的要求，人与人互相不撒谎、不欺骗，不恶意利用对方。

（2）求善

善是建立在真的基础上，一个人只有成为真人，才能从内心深处生发出善的光明，才会生出善的念头，然后才能转化为外在的善的行动。这样的善，也才是真善而不是伪善。善还有小善和大善之分。小善是点点滴滴帮助别人，心中希冀有所回报，所谓“善有善报”；大善是无私奉献，甚至牺牲自己去帮助别人，但行善事，不问回报。这样的善也才能达到至善，才是最幸福和最高尚的境界。

（3）求美

真和善最终都是为了美的达成和彰显、发扬。宇宙茫茫，知也无涯，而人生有涯。人生不过百年，还不到佛家一弹指的时间。但短暂的生命所以珍贵和伟大，就在于我们对美的追求。美是超越功利、超越道德，甚至是超越自然、超越所有形式的。美只有各种表现而没有一个具体的内核，但美无处不在，只有最纯洁的内心、最纯粹的精神才能感受美、沟通美，生命因此充满意义。

因此，企业是人的集合，更是人性的光芒的集合。光辉不灭，梦想永存。百年老店、百年招牌，一次次浴火重生，唯有变化，成就不变。变化的是对环境的调适，不变的则是对真善美的永恒追求。

第二节
企业文化落地

文化是一条河流。在历史的纵深上，它从过去流向未来；在现实的宽广层面上，它千折百回，从这里流向那里，经过高山、草原、大漠、戈壁，在各个不同的环境里有着参差多姿的丰富形态。

1 体系支撑

2024年年初，有一个短视频，讲了互联网四大巨头对企业文化和价值观落地的重视。

阿里的马云说：有一个人在我们公司教如何卖给和尚梳子，和尚是光头，他说卖梳子怎么卖出去。他讲得天花乱坠，大家都听得很高兴，我一听就把这个人给开了，原因是什么？他是骗人，那是骗术。

小米的雷军说：两个星期前我面试了高管推荐的一个人，他说我有能力把稻草卖成金条。我跟我们高管说，这个人跟我们的价值观不符，这个人不能要。我们不做坑爹的事情，这不是我们的哲学，什么叫和用户做朋友？如果有一天，你的朋友发现你把稻草用黄金价卖给你的时候，你还会跟他做朋友吗？

京东的刘强东说：我们京东价值观就是三条，只做第一、客户为先、正道成功。如果员工的价值观不符合这三条的话，我们立即把它砸掉，我们那不叫抡起大锤砸铁锈。

腾讯的马化腾说：我们公司的价值观第一点就是正直，就是人品要特别正直。如果说有任何的问题，哪怕能力再强，我们都不会要这个人的。

互联网界这四大天王，不约而同地都特别重视企业文化的落地。他们为什么如此重视价值观？就是他们深谙文化对于品牌的影响至关重要，一个价值观不正的人一定会砸了公司的品牌。所以企业家经常说："如果你砸了我的品牌，我就砸了你的饭碗"，也就是这个原因。

2019年，为了研究阿里巴巴的企业文化建设，我和同事专门到阿里巴巴的总部考察。负责接待我们的是阿里巴巴的副总裁肖利华（花名肖博）先生，他先带我们在宽阔的厂区里参观展馆、工作环境、食堂。在座谈的时候，他们的企业文化负责人李虹（花名静欢）首先问我们参观感受，当时几个同事都说，觉得阿里巴巴有点类似于大学的校园。静欢说："你们的感觉是对的，我们就是想保持校园文化。在这里面，我们称马云为马老师，我们把退休叫毕业，我们互相都称某某同学（童鞋），我们大家都起了花名，用的几乎都是武侠小说里面的名字，比方说马老师花名就叫风清扬。"接着，静欢又问我们，参观过程中印象最深刻的是什么？我提到了一张照片，那是在他们展馆参观的时候，有一张一面墙那么大的照片，照片上所有人都是倒立的。我问他们：那代表什么意思？他们回答说：凡是到阿里巴巴工作的同事，第一件事就是要拍这么一张头朝下的照片，为的是让大家亲身感受到，而且必须要记住——你可以换个视角来看这个世界。这是一种对日常经验和认知的颠覆，也是阿里巴巴一直以来所倡导的文化——打破常规旧识，更加开放与融合。

其实，照片只是阿里不肯"循规蹈矩"的一部分，阿里的文化是体验式的、启发式的，要求每个人都参与其中。阿里的"六脉神剑"价值观名字取自于金庸先生的武侠小说《天龙八部》。里面最厉害的一门武功就是大理传人段誉的"六脉神剑"，只不过时灵时不灵，灵的时候天下无敌，不灵的时候一败涂地，连自保都不能。

在阿里参观的时候，我们也多次听到"六脉神剑"的名字，了解到在2004年阿里巴巴成立5周年时，正式形成了"六脉神剑"的六条重要的价值观："客户第一，团结合作，拥抱变化，诚信，激情，敬业"。2019年9月10日，阿里巴巴在成立20年之际正式公布新"六脉神剑"，宣布全面升级使命、愿景、价值观。新版企业文化，也就是新的“六脉神剑”企业使命没有变：“让天下没有难做的生意”，企业的愿景：“活102年。我们不追求大，不追求强，我们追求成为一家活102年的好公司”。102年是横跨了3个世纪的公司，比百年企业的提法更新颖。

新价值观是把“客户第一”扩充为“客户第一、员工第二、股东第三”，其中进一步明确了客户、员工、股东三者的位置，客户第一，员工第二位，而股东放到了第三位，这意味着不再追求股东价值回报最大化；第二条是“因为信任，所以简单”，强调合作、团结，程序优化；第三条“唯一不变的是变化”，强调创新和开放；第四条“今天最好的表现是明天最低的要求”，强调不断的奋进与努力；第五条“此时此刻非你莫属”，更多强调的是自信和主人翁意识；第六条“快乐工作，认真生活”，强调的是一种生活观价值观。新“六脉神剑”以年轻人喜爱的“金句”表述，继续以金字塔形式做了排序，这个排序更加明确。

阿里巴巴“六脉神剑”
（2019年版）

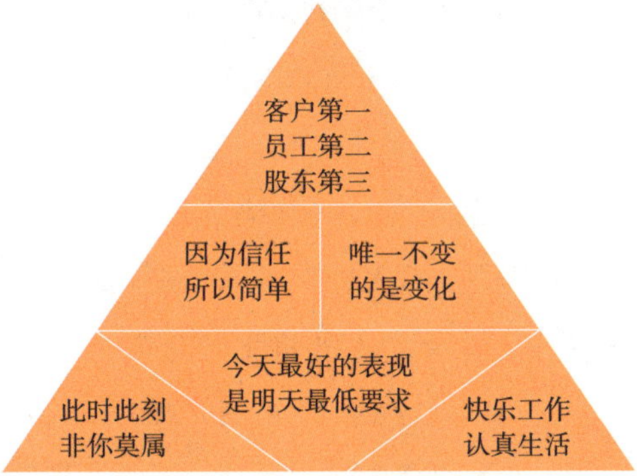

当然了，如果只是从字义上来理解“六脉神剑”，就无法领悟其中真正的内涵和精髓，为什么“六脉神剑”会“时灵时不灵”？那是因为，每个人都把阿里的文化真正内化为自己的心灵感悟和精神支撑。而这个过程是一个不断反复领悟、有些漫长甚至痛苦的过程，因为你要不断地怀疑、否定自己，才能不断地从一个层次跳跃到另一个更高的层次。

在阿里的园区里面有几座著名的雕塑，可以作为文化的参考或者注解。

第一座雕塑是“行”。一群青年人低着头、大步行走在道路上。寓意：脚踏厚重的大地，一边低头思索，一边阔步前行，简单工作，快乐生活。

但如果真是这样，文化、美和艺术也太简单了。据说阿里人自己就有很多不同的角度。有人说得很直白：加班太晚了，白天没精神，蔫头耷脑。有的人说得很诗意：没穿衣服，低着头走路，暗指你的梦想，梦想开始是没有衣服的，所以别人都会用异样眼光看你裸奔。还有人说：这不是一个“人”字，而是一个“入”字，进了阿里，就要真正融入……听大家不同的说法，是不是有点“六脉神剑”的意思？要将众说纷纭的观点统一起来该有多么难！

再来看下面的著名的雕塑“愚人船”。一群人在船上三人一组，相对划桨。下面船早已搁浅在大石头上，上面的人却根本浑然不觉。

阿里巴巴的解释据说是马云亲自给出的：“方向比努力更重要！”寓意一目

了然，团队合作太重要了，如果不是真正开展合作，而是各怀心思，那么就不是同舟共济，而是一起搁浅了！但就是这样明显的寓意，也有人不同意。有员工开玩笑：这不是在划船，船早已搁浅了，这是要齐心协力把石头给干碎，双方互相鼓舞，一起加油，轮番用木头之桨，轰击坚硬的石头，这就是信心的重要性。有信心一切困难都能克服。这样对团队的解读，也是让人佩服了！

还有一个著名的雕塑："张弓无箭"。一张拉开的弓，一个人将自己作为箭，搭在弦上，准备射出去。据说雕塑灵感来源于《列子》中的列御寇同伯昏无人的比箭故事，原文："至为为不为，至言为不言，至射为不射，不射之射。"射箭不是为了比输赢，而是为了进入到无我之境。

看到这一个雕塑，有的阿里人直接给出了答案："人工智能。"还有人自嘲说："我们都是贱人。"更有人一针见血指出："这是要功成身退啊！"

这就是阿里文化，一万个阿里人有一万个自己的解读，但最重要的是，你作为一个阿里人，要如何用自己的视角、自己的感悟和理解、自己的语言去解读？你的答案是什么？这才是最重要的。

不管怎样的理解，马云始终坚持对阿里文化的看重。他说得很坚定："支持我们最重要的就是文化。"的确，要做102年的企业，靠资本是不够的，靠技术是靠不住的，唯一能支撑下来的，就只有人；用阿里的文化塑造出来的阿里人，才是永远的支撑和依靠！

说到这里，也就引出我们要说的，企业文化要如何落地？这同样是一个系统工程，需要全面的体系支撑。主要包括有如下几个方面：

（1）确立文化领袖

企业文化落地的第一条，首先就是要确立“文化领袖”。

正如在阿里，马云是阿里当之无愧的文化领袖，是无数阿里青年的导师。

我们经常听到一句话：“理念在天上飞，而行为在地上爬。”再好的理念落不了地也是空中楼阁，而文化落地，必须有明确的文化领袖。也许有人对“文化领袖”这个词语不太理解，通俗地说，就是“一把手”。只不过这个“一把手”，不能只是权力意义上的，还必须是文化意义和精神意义上的。

可以说，“文化领袖”在企业文化建设方面往往有一锤定音的指引作用，是企业文化的第一推动者和灵魂人物。

近年来，互联网公司的创始人纷纷卸任董事长一职似乎已经成为风尚，但是鉴于他们的影响力，他们仍然是这个公司企业文化的引领者和决策者。

2019年9月10日，马云正式卸任阿里巴巴一切职务，表示将不会参与到阿里巴巴的事务中去。时隔数年，在公众和阿里巴巴员工心中，马云依旧是阿里巴巴的中心、灵魂、领袖。

2021年3月17日，41岁的黄峥在股东信中宣布不再担任拼多多董事长。尽管黄峥一直强调拼多多不应该有过多的个人色彩，但外界早已将拼多多的种种动作与创始人紧密关联。

2021年5月20日，字节跳动创始人张一鸣发布内部全员信，宣布卸任CEO一职，表示作为公司创始人，未来将聚焦到远景战略、企业文化、社会责任等长期重要的事情上去。

2021年9月6日，京东宣布：京东零售CEO徐雷升任京东集团总裁，刘强东正式退隐幕后，将把更多的时间投入到长期战略设计、年轻CEO培养和乡村振兴事业中来。

2020年4月10日，华为CEO任正非退出公司董事。但是，当遇到美国打压，就能够看出来谁是华为真正的领袖。任正非在华为特别困难的时期，一改过去低调的作风，高频次接受了境内外媒体的采访，对外展示了中国人的铮铮铁骨，树立了企业坚韧不拔的形象；对内稳定了军心，指明了企业应对的方向。

在国内互联网行业，创始人的烙印尤为突出：他们不仅在内部拥有绝对权威，而且个人气质已经与企业文化融为一体。这就是尽管任正非、马云、黄峥、张一鸣、刘强东等人虽然已经卸任了其公司的职位，不再参与日常运营决策，但在公众和员工心中，其依旧是所创办公司的精神领袖与核心人物的原因。

（2）建立制度保障

文化不是制度，企业文化与企业制度不是同一层面的事物，然而两者之间有着紧密的关系。一方面，“文化乃制度之母”，企业制度的制定以文化为引领，制度的执行情况受该公司企业文化的制约；另一方面，企业文化的演进和传承，离不开企业制度的保障作用。

企业应该以企业的核心价值理念为导向，做好制度管理，以及基于文化的制度审计。也就是通过“制度”和“文化”的审视，确保企业文化可以真正转化为可操作的管理制度。主要包括从制度审计的角度，罗列和分类制度、明确每类制度对应的文化方向、明确每项制度体现的文化方向，检查和修订完善现有制度，指导制定新制度，建立体现文化导向、与价值理念协同一致、务实管用的制度体系；反之，在文化方面，则通过解读文化内涵、提炼文化因子、确定与文化因子对应的制度、明确文化落实标准，合并起来确保制度建设体现公司核心价值理念要求。

稻盛和夫的阿米巴经营制度可谓是企业文化和公司管理制度深度结合的典范。

稻盛和夫指出，在企业经营中最可靠的东西究竟是什么？烦恼之余，他得出一个结论：“人心”是最重要的。如果说最容易动摇、最难把握的是人心，那么，一旦相互信赖、心心相连，最坚牢、最可靠的还是人心。

基于这种深思，稻盛和夫经营的京瓷，其企业文化的核心是“以心为本”，即首先落实为员工第一。明确了京瓷使命：在追求全体员工物质和精神两方面幸福的同时，为社会繁荣、人类进步作出贡献；京瓷公司应该成为全体员工共同追求幸福的场所。

稻盛和夫进一步认为：经营企业并非是要实现自己的梦想，而是要维护员工及其家庭的生活，不仅是现在，还包括将来；所谓经营，就是经营者倾注全部力量，为员工的幸福而殚精竭虑；公司必须树立远离经营者私心的大义名分；具体的修炼心法为：自利利他，由内及外，由近及远。在这种背景下，稻盛和夫的京瓷推出了阿米巴制度，即提倡“人人都是经营者”，引导企业上下一心共同经营企业，取得巨大成功。

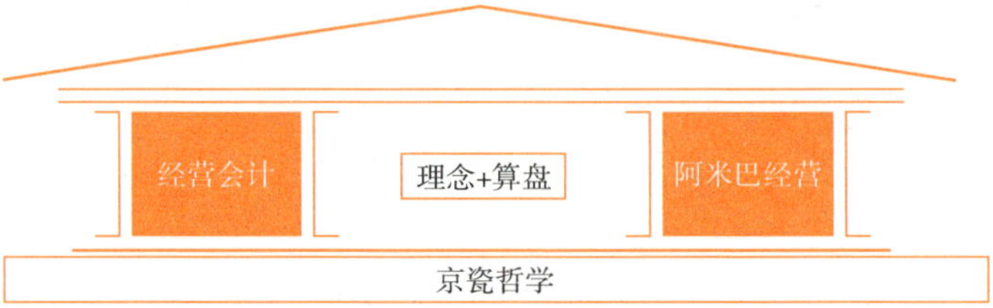

京瓷的经营会计与阿米巴经营

在京瓷，以稻盛和夫的“会计学”和被称为“阿米巴经营”的小集体独立核算制经营管理体系作为两大支柱支撑着经营管理。这也可以比喻成一间屋子，京瓷的经营哲学是地基，由稻盛和夫的会计学和阿米巴经营两根柱子相互支持，缺少其中一根柱子，这间屋子也撑不起来。

（3）形成行动自觉

把价值理念落实到生产经营的全过程，落实到每名员工的岗位责任中，切实提升企业的执行力、竞争力。持续完善和推行《员工守则》和《职工违纪违规行为处分规定》，以共同的行为准则引导和规范全体员工行为。

华为强调以奋斗者为本的一种企业文化。华为认为奋斗精神是企业持续发展之魂，忠诚的奋斗者才是企业的最大财富，每一位奋斗者才是企业最值得尊敬的人，才是打造“百年老店”的同舟共济者，才是实现企业宏伟愿景的真英雄。

2020年，我在华为脱产学习时，在他们基地里可以看到一张巨幅照片，讲的是工程师叶辉辉“一人一厨一狗”连续6年驻守非洲南部和马达加斯加之间一个偏僻岛国科摩罗的故事。除了叶辉辉一人一厨一狗的故事之外，还有在物资匮乏的北极圈边上冰岛驻守8年的舒建珍；追击雷电的工程师熊膺；背着100多斤设备在泥泞中步行8天、经历144公里塌方艰险跋涉把基站建在西藏“高原孤岛”墨脱县的王文征；还有从没有谈过一份合同，没有建过一座铁塔，没有签过一个订单，只是为华为员工在非洲烧好每一盘菜，做好每一碗汤，一把饭勺也是生产力的厨师史建……这些或者是刚刚走出高等学府的硕士、博士，或者是平平凡凡的服务人员，他们怀着一腔热血来到华为，像一颗颗璀璨的“珍珠”为华为的发展贡献自己的才智。华为有一根线，把世界各地的这些“珍珠”串成“项链”熠熠闪光，使自己的业务实现世界领先。对华为来说，企业家精神正在内化，华为内部出现了一批具备企业家精神和强大使命感的人才，他们长期坚持艰苦奋斗，共同构建起强大的组织力，不断为客户创造价值，他们身上展现着真正的“华为精神”，是华为文化实实在在的践行者。

任正非面对欧洲记者说过这样一句话：“我认为，员工持有股份和员工努力奋斗本身没有多大关系，员工的奋斗是基于使命感，而不是完全受经济利益驱动。”这就是企业文化从自发到自觉的转化价值的所在。

（4）推进专项建设

专项文化包括企业在某一经营管理领域用于指导经营管理实践的工作理念、管理模式、工作制度和行为规范等内容。积极开展专项文化建设是企业文化融入经营管理实践的有效方式，是提高企业基础管理水平的有效途径。要同步推进专项文化建设，如许多国企就开展了安全文化、环保文化、质量文化、法治文化、廉洁文化等建设。

阿里巴巴每年一度的“阿里日”，即阿里巴巴每位阿里人的节日——“阿里精神日”，这项专项企业文化行动连续举办了19年，凭借丰富多彩的活动设置，已经深入阿里每一位员工的内心，并成为让外界羡慕称赞的企业文化日。

“阿里日”的由来，还得从“非典”说起。2003年“非典”期间，当时因一位员工被诊断“疑似”，全体阿里员工搬着电脑回家隔离办公。非典的突袭，让整个社会以及各个行业都受到不同程度的打击。隔离结束后，阿里的业绩反而节节攀升，并突破当月历史新高。为感谢那段艰苦岁月中的坚韧坚持，感恩阿里人的温暖支撑，为了纪念2003年5月的“非典”时期阿里人的激情和信念，2005年4月20日，阿里宣布将每年的5月10日定为“阿里日”，感受“阿里精神”，纪念2003年5月的非典时期阿里人的激情和信念、拼搏与奉献。

在“阿里日”这一天，阿里会为员工举办集体婚礼，马云曾经担任婚礼的证婚人；邀请阿里人的亲属和朋友走近阿里巴巴、感受阿里精神；这一天阿里人可以带宠物上班，可以穿睡衣上班，可以带孩子上班，总之，怎么舒服怎么做。可以说“阿里日”已经深入人心，成为理解阿里文化的一个重要途径，是企业专项文化建设的一个非常成功的典型案例。

（5）激活基层活力

加强价值观管理和价值理念落地的实践研究，有效推进并进一步规范基层文化建设，增强基层单位企业文化建设的实践性和可操作性。强化理念融入流程、制度、职责，推动核心价值理念及战略举措在基层落地、在岗位践行。

随着新生代员工越来越多，对企业文化的表现形式也提出了新的要求，不能是教条式的“束之高阁”，要求更生动、更贴近年轻人和基层员工，企业文化被践行的第一步，要从企业文化先被理解和接受开始。例如，字节跳动将其企业文化对员工的要求，提炼成“字节范”，即字节员工应该具有的精神气质和工作风格，以便于字节的员工更好地践行其倡导的企业文化，让内部沟通更为顺畅，并提升工作效率。

“字节范”由图中的六个词语组成，即“追求极致、务实敢为、开放谦逊、坦诚清晰、始终创业、多元兼容”。

1 追求极致

- 不断提高要求，延迟满足感
- 在更大范围里找最优解
- 不放过问题，思考本质
- 持续学习和成长

2 务实敢为

- 直接体验，深入事实
- 不自嗨，注重效果
- 能突破有担当，打破定式
- 尝试多种可能，快速迭代

3 开放谦逊

- 内心阳光，信任伙伴
- 乐于助人和求助，合作成大事
- 格局大，上个台阶想问题
- 对外敏锐谦虚，ego小，听得进意见

4 坦诚清晰

- 敢当面表达真实想法
- 能承认错误、不装不爱面子
- 实事求是、暴露问题、反对“向上管理”
- 准确、简洁、直接，有条理有重点

5 始终创业

- 自驱、不设边界、不怕麻烦
- 有韧性，直面现实并改变它
- 拥抱变化、对不确定性保持乐观
- 始终像公司创业第一天那样思考

6 多元兼容

- 理解并重视差异和多元，建立火星视角
- 打造多元化的团队，欢迎不同背景的人才，激发潜力
- 鼓励人人参与，集思广益，主动用不同的想法来挑战自己
- 创造海纳百川，兼容友好的工作环境

“字节范”的六大核心原则

企业基层可以有自己的班组文化、车间文化、井队文化、加油站文化，这是值得提倡的。因为它是根据企业的核心价值理念，结合本单位基层的实际情况和需求，进行了有针对性的改造，应该给予支持和肯定。

文化不等于简单的写写画画、蹦蹦跳跳，但是唱歌跳舞、书法绘画、演讲都是企业文化在宣传贯彻落地的重要载体和工具，人们可以通过戏剧、演讲、小说等各种文化载体，潜移默化地接受其中所传递的企业价值观，从而在思想上、行动上达成高度一致，进而增强凝聚力、号召力和战斗力，激活基层的创造力和创新精神，让活力充分迸发。

2 价值观考核

企业文化落地的诸多支撑体系中，价值观考核是重中之重。

这里，分别举两个例子。一个是国有企业的，一个是民营企业的。

先来看国有企业。我们选择的是位于河南省濮阳市我国最后一个以会战形式建设的油田——中原油田。中原油田的核心价值观考核工作是怎么展开的呢？从2015年开始，他们在面向全体员工开展工作的过程中，重点围绕社会主义核心价值观中的公民层面“爱国、敬业、诚信、友善”的价值准则，把宏观抽象的价值准则细化为明确具体的行为规范，融入员工日常工作、生活的全过程。

明确考核内容。研究制定核心价值观员工考核准则，把爱国细化为参加政治理论学习和形势任务教育、不造谣传谣等，把敬业细化为严格遵守劳动纪律、严守操作规程等，把诚信细化为信守“每一滴油都是承诺”的理念、弘扬“三老四严”“四个一样”的优良传统等，把友善细化为培育团队意识、遵守社会公德家庭美德等具体要求。

量化考核标准。印发《关于开展员工践行社会主义核心价值观考核工作的实施意见（试行）》，建立百分制考核制度，进一步把“爱国、敬业、诚信、友善”四个方面的重点考核内容分解为35个扣分项和14个加分项，使考核便于操作、易于执行。明确各单位党委、党支部负责本单位员工的考核实施工作，一级抓一级，层层抓落实。同时，基层单位可结合行业特点和工作性质充实完善考核项目，增强针对性和实效性。

严格考核程序。坚持员工自我教育与组织引导相结合，每季度先由员工自己对照考核细则自我评价，鼓励自揭“家丑”；再由同班组同事互评，让大家互相监督、互挑毛病；然后班组汇集自评和互评结果，合并失分项和加分项，得出初步分值；最后上报所属党支部审核，完成考评，公布得分，并将员工年度总评结果作为评先选优的重要依据，以及入党和职务晋级的重要参考。

通过以上三个步骤实施价值观考核，基层员工的思想认识发生了深刻变化。有员工感慨，对社会主义核心价值观与个人的关系，自己过去认识得不够深，现在看来，工作生活中的很多行为小节、一言一行，其实都和价值观相关；践行社会主义核心价值观，必须从小事做起、从细节做起。

考核的结果显而易见：通过大力加强社会主义核心价值观建设，提振了干部员工干事创业、砥砺奋进的精气神，凝聚了“践行价值观、岗位做贡献”的正能量，开辟了油田持续健康发展的新境界。他们还借鉴工程项目建设的思路方法，对精神文明建设任务和创建全国文明单位指标体系中涉及的项目进行系统梳理，概括归纳成素质、环境、平安、繁荣、阳光、温暖六大工程，把社会主义核心价值观“无形”的内涵融入到“有形”的工作之中，形成了六位一体、互为支撑、协调运行、相互促进的精神文明创建载体。广大干部员工以精神文明建设六大工程为依托，积极投身创建文明单位、文明小区、文明楼栋、文明家庭和争当文明员工的活动中，形成了全天候不间断的精神文明创建局面，促进了员工文明素质和企业文明程度的持续提升，油田连续六届被评为全国文明单位，也在社会上形成了“中原油田好人多”的良好口碑和声誉。2016年，油田承办了中央企业社会主义核心价值观建设交流会，并被中宣部确定为全国“践行社会主义核心价值观百家经验谈”重点宣传单位。2017年，油田先后两次在中宣部社会主义核心价值观宣传教育工作培训班上做经验介绍。2019年，两次在中国石化专业培训班上进行经验交流，其优秀成果和影响力可见一斑。

上面讲的是国有企业开展核心价值观考核，有一套传统的做法。我们再来看一看民营企业是怎么进行的。

在阿里巴巴调研学习时，再三请教了阿里巴巴核心价值观的考核体系。

抽象的价值观怎么考核的呢？比如如何考核“唯一不变的就是变化”？静欢女士说，有文字规定：对于公司的日常变化，不抱怨可以得1分；面对外部变化，理性对待，充分沟通，诚意配合，可以得2分；对变化产生的困难和挫折，能自我调整并正面影响和带动同事，可以得3分；在工作中有前瞻意识，建立新办法、新思路可以得4分；创造变化，并带来绩效突破性提高可以得5分。

我觉得还是不够清晰、形象，希望静欢女士再做深入的解释，静欢女士举了一个拥抱变革的例子：假如阿里巴巴有个团队是负责某国业务的，已经负责了10年，非常熟悉、驾轻就熟，但是总部突然给这个团队下命令，让他们转身去做一个另外一个国家的业务。他们可能会有几种表现：不乐意、不情愿接受，那可能只能得0分；接受了，但是态度与积极性很一般，可能只能得1-2分；愉快地接受了安排，并且为后续者做好了交接服务，可以得4分；愉快地接受了，而且很快进入了状态，打开了新局面，可以得5分。

通过自己打分、其他团队打分、领导打分，实现360度考核，这样可以使考核更加准确。打分的方式是传统的360度考核的方式，但也是一种自我学习、自我教育、自我约束、自我转变的过程。这种单项的考核汇总起来，对团队是一种考核，也有一种引导作用，就是要引导团队“勇于迎接挑战，积极拥抱变革”。

另外，关于团队合作的考核也是如此。阿里的六脉神剑企业文化第2条就是“因为信任，所以简单”，强调合作、团结，程序优化。考核描述是：积极融入团队，乐于接受同事的帮助，配合团队完成工作是必备的基础，只能得1分；如果是发表建设性意见，充分参与团队讨论，并在决策确认后从言行上完全予以支持，可以得2分；积极主动分享业务知识和经验，主动给予同事必要的帮助，善于利用团队的力量解决问题和困难，可以得3分；善于和不同类型的同事合作，不将个人喜好融入工作与待人中，可以得4分；有主人翁意识，积极正面地影响团队，改善团队的士气和氛围，可以得5分。

这种考核我熟悉，有点像国有企业里面对于基层员工的思想政治方面的考核，考核的关键在于运用。阿里巴巴考核完价值观之后究竟做什么用呢？阿里巴巴的价值观考核是一条线，占50%的权重；业绩考核是一条线，也占50%的权重。可以说阿里巴巴把价值观考核放到了非常高的一个比重。

——阿里价值观考核举例

考核项目	评价标准					
价值观考核	分值	1	2	3	4	5
	团队合作	积极融入团队，乐于接受同事的帮助，配合团队完成工作	决策前发表建设性意见，充分参与团队讨论；决策后无论个人是否有异议，必须从言行上完全予以支持	积极主动分享业务知识和经验；主动基于同事必要的帮助；善于利用团队的力量解决问题和困难	善于和不同类型的同事合作，不将个人喜好带入工作，充分体现“对事不对人”的原则	有主人翁意识，积极正面地影响团队，改善团队士气和氛围
	拥抱变化	适应公司的日常变化，不抱怨	面对变化，理性对待，充分沟通，诚意配合	对变化产生的困难和挫折，能自我调整，并正面影响和带动同事	在工作中有前瞻意识，建立新方法、新思路	创造变化，并带来绩效突破性地提高

阿里价值观考核与业绩考核各占50%

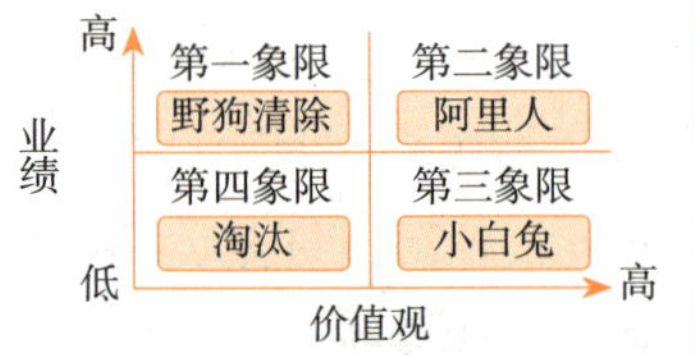

阿里巴巴的考核模型

一个有高业绩的人在一般的企业里会有很高的评价和得到很好的使用。但是，在阿里巴巴还不够，如果价值观得分低，也不会是一个胜任工作的人，从而落在第一象限，这类员工被比喻为“野狗”。相对应的，是这样的人最终会被阿里给“清除”，这与我们普通的认知截然相反。这方面在阿里有一个惨痛的例子：2016年的中秋节到了，为员工家人准备月饼一向是阿里的传统，每位员工都能分到一盒。当年的月饼因为造型可爱广受欢迎，不少员工希望再多买几盒送给亲朋好友。为此，公司行政决定将为数不多的余量月饼通过内网面向员工以成本价销售，并临时开发了一个内部预订页面，内部组织了一个中秋抢月饼的活动。不过阿里负责安全的四位工程师却狂拽酷炫地秀了一把黑客技术，他们不动声色地多刷了124盒月饼。然而，这件事情却迅速发酵。根据内部决定，为了维护企业文化，阿里巴巴决定“挥泪斩马谡”，把这四位工程师给开除了。这也可以看出，阿里对“野狗”是不留情面的。

还有的人可能在价值观上获得高分，但如果不能取得高的业绩也不合格，会被称作"小白兔"，落在第三象限中。小白兔又乖又可爱，人畜无害，但是对企业的贡献值不大，要进行业务上的培训，但是不能作为企业重点培养的对象，值得投入的资源有限。

只有第二象限的员工是被鼓励的，价值观和业绩得分都很高，也只有这样的人，才会被称作”阿里人”，这样的人会得到更多的培养和使用，提拔的速度会超过普通人，所以能够得到这个称号还是很值得自豪的。至于第四象限就不用说了，这样的人在阿里巴巴是毫不犹豫立即进行淘汰的。价值观不符，业绩也不行，在阿里巴巴是混不下去的。事实上没有哪家公司愿意聘用第四象限中的、价值观和业绩得分都低的人，这类人到哪里都是会被“淘汰”的。

认真听完介绍之后，我第一感觉就是：阿里巴巴的价值观是管事的，价值观考核是联系实际的，也是管用的。互联网公司因市场体量大、员工数量多，不好管理，但有了这样的考核，坚持一段时间，就一定会把一个团队的文化整合在一起，形成共同的力量，软实力变成硬实力。

通常来说，不管是民营企业还是国有企业，文化考核都要注意以下原则：

（1）导向性

选择和确定关键指标必须从组织战略目标要求出发，反映出战略目标的内涵和要求。其设计应围绕长期企业文化建设，不是做表面功夫。

（2）系统性

企业文化考评体系是一个由相互联系、相互作用的有机整体。这一体系的构建中要保持其完整性和协调性，从企业文化的功能、内部结构及相互关联的方面综合评价和分析。

（3）动态性

企业在长期的发展过程中，积淀了独有的企业文化，而企业文化应是与时俱进的，同时评价体系也应根据企业实际、员工反馈进行优化，因此要注意考评体系的时效性。

（4）可行性

考评体系要注意可接受性、可控性和可操作性，必须与企业的各项经营活动融合起来，不能脱离企业实际、脱离企业管理过程、脱离职工思维方式。

企业文化建设本身事实上是好考核的，按照评价导向，考评内容设计可分为达标导向、过程导向和结果导向。

➡ **达标导向** 内容以基础和组织保证体系考评为主，重点考核企业文化组织机构、工作计划方案、人员配备以及文化手册等软、硬件情况，以促进企业文化体系实施。

➡ **过程导向** 内容以企业文化传播和落实情况考评为主，通过对学习培训、日常管理、奖惩激励等相关制度的执行情况和宣贯活动情况的检查，以促进企业文化有效开展。

➡ **结果导向** 内容以企业文化建设效果的考评为主，重点检查职工的价值认同度、客户忠诚度、美誉度等指标情况，以企业文化建设成效推动企业发展。

也可以按照精神、制度、行为、物质四层次理论对组织落实进行考评：

➡ **精神层面** 结合公司未来发展战略，提高国际化能力，吸收中外优秀经验，提升理念。

➡ **制度层面** 结合改革管理现状，优化制度体系，夯实企业文化工作基础，提高管理能力。

➡ **行为层面** 结合公司内外发展环境，加强党建引领，典型选树，有效提升企业文化能力。

➡ **物质层面** 结合诊断结果，分析目前所存在的不足，为企业文化的提升提供人、财、物及政策等资源保障，将企业文化提升的重任落实到日常工作的每一个细节当中。

一般来说，具体的企业文化落地与考评过程可以分为下面几个阶段：

➡ 培训动员阶段

开展体系考评运行的系统培训，使各级人员掌握考核评价的内容、意义等。对员工进行广泛的宣传动员，让员工积极参与企业文化建设与考核中，形成良性企业文化塑造氛围。

➡ 考核反馈阶段

组建工作专班，依据考评计划对企业文化建设展开检测、验证，形成考核评价报告，对考核对象进行反馈。

➡ 改善总结阶段

对考核评价报告展开积极的研讨，分类别、分层级组织实施改善。对好经验做法进行总结，宣传和固化推广，对优秀的单位和个人给予物质和精神奖励。

3 形象转化

企业文化毕竟是软实力而不是硬实力，因此在考核之外，还要有其他的落地的软性支撑。这其中，至关重要的一个软方法就是形象转化。

提起形象，可以先举一个大庆油田的“铁人”例子：

看到这幅图片，老一代中国人大概没有人不知道“铁人”王进喜跳进泥浆池的故事：那是1960年5月1日，1205钻

井队准备往第二口井搬家时，飞来横祸。正在指挥搬家工作的王进喜，被井上掉下的一根重达几百多斤的钻杆砸进了大腿。虽然受伤甚至昏迷，但醒来后王进喜不顾被钻杆砸伤的正在流淌着鲜血的大腿，立马指挥大家继续工作，自己去医院进行简单的包扎之后，不顾医生让他在床休养的嘱托，拄着拐杖，心怀忐忑，一瘸一拐来到了刚刚打好不久的第二口井。正在维护的这个新井口处于一个高压区，极易发生井喷，造成事故。就在钻机钻至700多米时，钻机与地下高压气层相遇，即将发生井喷。这时大家却发现，工地缺少用来压井喷的重晶粉，王进喜立即决定用水泥代替重晶粉倒入泥浆阻止井喷，避免灾难发生。然而没有搅拌机的大量水泥倒入泥浆只会搅拌不开加重堵塞程度。千钧一发之际，站在井边的王进喜顾不得才被包扎好的受伤的大腿，丢掉拐杖，“噗通”一下就跳进了齐腰深的泥浆里。他在井池里奋力地拍打着泥浆，用身体充当搅拌机，抑制井喷。看到王进喜的举动，队员们纷纷跟着跳了进去，如法炮制。几个小时之后，井喷终于被控制住。王进喜的这一举动，令人感动落泪。

一个故事胜过千言万语，“大庆精神”“铁人精神”“苦干实干”“三老四严”从此成为我国石油石化行业的“灵魂”和“根基”。

在日常的企业文化宣讲贯彻中，最难的就是价值观落地。没有落地的价值观和企业文化，就纯粹是一些空泛的口号。企业文化尤其是价值观，常常是用一些比较抽象的词来概括的，其内涵常常要去解释，落地的内容更要进行深化、细化，这就需要我们有一个转化，而最好的转化还是与日常生活结合起来。

再举一个中国石化的“为美好生活加油”的例子。这样一句话，其实还是很抽象，具体如何转化呢？我们从中国石化的“好”说起。

中国石化从1983年成立到现在，在社会大众眼中的主要形象，“好”是一个关键词，可以说是一个“好”行业、是一支“好”队伍、不断为社会奉献“好”产品。我将“为美好生活加油”与“好”结合起来，提出中国石化的普通员工能做到“做好人、做好事、做好产品”三方面事情，就是在“为美好生活加油”，就是在践行企业的核心价值理念，遵守了企业的文化。

（1）“做好人”

主要是三个方面：一是在单位做“好员工”，老老实实做人；二是在家里做“好家人”，当好儿子、好父亲、好丈夫、好女儿、好妈妈；三是在社会上做一个“好公民”，遵纪守法，遵守公德良俗。

（2）“做好事”

起点也很低，标准也不太高：一是在本岗位要“做好”本职工作，兢兢业业，踏踏实实；二是在单位还有富余的力量，可以帮助企业里做好其他的工作；三是在社会上可以做一些慈善公益，做一些力所能及的好人好事；

（3）“做好产品”

也是三个方面：一是要设计人民群众需要的产品；二是要生产出高质量的好产品，向社会提供丰富的、物廉价美的好产品；第三要便捷地、热情地、保质保量地销售好这些产品。

中国石化的员工能够做到这三个方面就是在“为美好生活加油”。这样就把脍炙人口、人人喜爱的企业使命落地，变成员工可以做到的行为准则。对于普通员工要求不能太高，一定要从大家能做到的地方来进行落实。

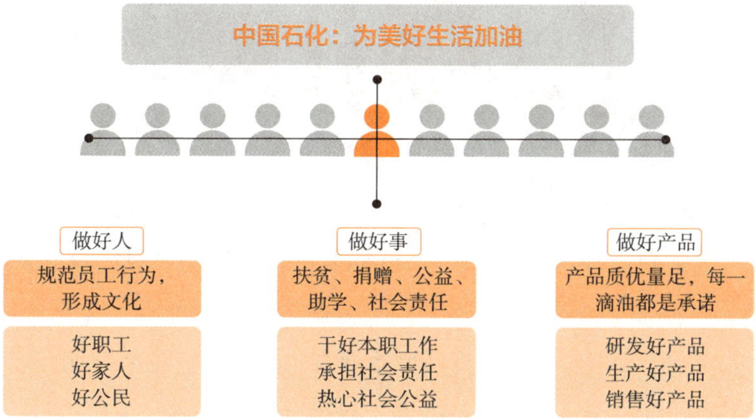

对内推动践行“三大责任”

那么，具体来说，形象转化主要应该遵循哪些基本原则呢？

对此我也做了一个总结，就是“三给”——给帽子、给钞票、给荣誉。

给帽子，这个就不用多说了，就是要敢于破格提拔人才，好钢用在刀刃上！

给钞票，这个最实际，也不用多讲。中国石化每年设一个大奖项：年度科技创新功勋奖，早期全集团就一个项目获奖，后来增加到两个。而且还有一个不成文的规定：这100万不准分，只能是获奖者自己拿，为的就是特殊奖励。

什么叫给荣誉？荣誉的激励有时候会大于物质的激励。在大庆油田就有一个著名的例子：牵马坠镫。当时，在万人誓师大会上，王进喜等模范人物戴着红花，骑着高头大马，由探区领导牵马坠镫，绕场一周。王进喜就是在那次发言时喊出了“有条件要上，没有条件创造条件也要上”“宁可少活二十年，拼命也要拿下大油田”的豪言壮语。“牵马坠镫”从此成为了一个石油化工的优秀传统。在胜利油田，1986年孤东会战总结表彰会上，15名标兵，披红戴花、兴高采烈地骑在高头大马上，石油部副部长、油田指挥、山东省副省长、油田党委书记等亲自为一众英雄牵马坠镫。那激动人心的一幕，永远铭刻在每个人的记忆深处。

以上都是企业文化落地的激励措施。当然了，普遍性的原则以外，还要注意一点，就是员工自发地参与和创造。当每个员工都能自觉融入文化里，就真落地了。

进入新时代之后，尤其是在互联网企业文化的落地，具有鲜明的时代特点和企业个性。如腾讯的文化衫文化。据说，在腾讯最不缺的就是文化衫。有记者走进腾讯大楼，遇到的10个男生中，有6～8个人都穿着各色腾讯文化衫。腾讯有男员工表示：“进腾讯后，就再没自己买过T恤。”

腾讯文化衫上的图案也不仅局限于企鹅形象。还有长颈鹿、海燕、犀牛和犀牛鸟、鹦鹉螺，它们被腾讯人戏称为“四大神兽”。分别代表着不同的核心文化内涵：正直——长颈鹿；进取——海燕；合作——犀牛和犀牛鸟；创新——鹦鹉螺。

腾讯每年的文化衫设计都会设定一个主题让设计师们自行参与设计，在这个过程中就很好地把企业文化传播给了新老员工，在设计过程中更深入地了解公司文化，同时享受参与过程的趣味和自豪感。

腾讯文化衫已经成为鹅厂人每年司庆（11月11日）最期待的事情之一。每一年的周年庆，腾讯都会专门出一版纪念文化衫。全世界的腾讯人会在同一天穿上同一款文化衫，象征着“同衣同心”，用这种方式为腾讯庆生。

腾讯还有一个开年红包文化。春节开工，给员工“开年红包”也成为了不少企业的惯例，给员工一些福利，图一个好意头。然而腾讯每年正月初八的“开年红包”格外引人注意，经常占据热门话题榜首。

因为腾讯的“开年红包”可以说力压一切企业。正月初八是腾讯收假正式上班的时间，这一天老板马化腾亲自给所有员工发“开年红包”，腾讯深圳总部门口人山人海，所有员工排着队进公司。

正月初八腾讯楼下领取开年红包的长龙

腾讯创始人马化腾给员工发放“开年红包”

为什么腾讯的“开年红包”能够成为关注点？原因主要有三，一是腾讯创始人马化腾亲自派发红包，让腾讯员工有机会一睹“男神小马哥”风采，大型公司不是每个员工都有机会近距离一睹老板真容；二是相比于其他公司的开工红包，腾讯的开年红包金额更大，有员工甚至领到9888元巨额红包；三是领开年红包活动已经在腾讯发展为一项社交活动，大家通过红包群结交新朋友，对开年红包的讨论增添了社交话题和乐趣。

腾讯每年的“开年红包”活动，不仅在腾讯内部广受欢迎，甚至被部分腾讯员工列为新年中最期待的事情之一，大大提升了员工对公司的认同感和好感度，是有效提升企业凝聚力的企业文化活动之一，同时，在社会上也引起了不小反响，多次占据社会新闻头条，不少网友表示，羡慕到想去腾讯上班。这就是“飞机上吹喇叭——名声在外”了。

4 多元融合

对大型集团公司来说，企业文化落地，对内主要面临一个母子文化融合的问题，对外则主要面临的是跨文化管理的问题。我们分别来看一下。

首先，我们经常会发现，当集团的企业文化体系形成之后，作为总部首当其冲遇到的问题就是如何推进下属企业的母子文化的融合工作。

要坚持几个基本的原则：

（1）母子连心

母子公司之间的文化融合，必然涉及集团公司母文化与下属企业子文化之间的关系问题。注重协调二者关系，就是在保持母文化严肃性和统一性的前提下，充分发展子文化的独特性和创造性（即坚持集团共性化基础上的个性化），从而实现母子文化之间的良性互动。母子文化的融合除了在大方向上保持一致外，还有战略、目标、标识、愿景、制度、标准、价值观等多方面的融合。这种融合不仅是形式上的简单归并，更是“内化于心、外化于行”的真正融合，是真正的“母子连心”。母公司是整个文化的统领和核心，是共性和主文化，具有统一性、规定性、导向性和包容性，决定着子公司文化的方向和目标。有的集团公司强调“统一”，例如“国家电网”的“四统一”。有统一要求的，必须执行。子公司的文化建设必须服从、服务于母公司文化，这是前提。

（2）血脉相通

子公司的文化，是个性文化和亚文化，根据企业发展历史、形成环境、独特基因、战略选择、地域特点和市场需要，在文化形成上具有独特性、适应性、服从性、多样性，但必须反映母公司的文化特征，统一于母公司的价值理念、行为规范、环境标识之内，不能与之冲突。

子公司的文化建设，是对母公司文化的不断补充，如同一条条江河的支流不断为主流航道补充新鲜的流量，使得主流的江水保持充沛。

随着中央企业的不断重组，经常会出现"先有儿子、后有老子"的情况，甚至子公司的历史渊源、地域分布、组织背景，比集团公司更具有悠久的历史和自身的特色，因此，在进行文化融合的过程中，除了集团公司的自上而下，子公司文化的自下而上的主动性，就表现在至关重要的文化定位上，必须对自己的文化个性进行准确定位：必须坚持与母文化的共性，必须符合母子企业的经营战略要求，必须兼顾历史、立足现在、着眼未来，必须慎重考虑自身历史渊源、地域分布、组织背景的特性差别，必须是核心部分一致下的文化外延拓展，必须保持与母公司文化的"血脉相通"，而不是另起炉灶，推倒重来，那就走了歪路。

（3）体现创新

在坚持与集团公司核心价值理念的一致性基础上，子公司的企业文化体系，基于自身的战略目标和经营管理理念，必须体现个性化的经营管理理念。

尤其重要的一点，就是要以母文化为核心，围绕单位特点，打造特色子文化。各分（子）公司应在企业文化核心内涵上与集团公司企业文化保持统一，同时可根据各单位业务、地域特点，提炼特色子文化，丰富和充实企业文化。这个文化重新打造的过程，一定是一个创新的过程。

因此，母文化在统领子文化的同时也要包容子文化，允许其保持自己的个性，给予其发挥创造性的空间，让子文化在健康、有序的环境中茁壮成长；而子公司要充分发展独特性和创造性，凸显鲜明个性。要深入挖掘本企业文化积淀和地域文化特点，提炼总结本企业使命、经营管理原则、员工守则等，积极开展员工喜闻乐见的文化建设与推广活动，不断探索和培育更具操作性及适应性的子文化，丰富母文化。

2023年年底，中建二局请我给他们讲企业文化建设，有机会深入地了解了以下一个案例。

2022年7月24日，中国建筑2022版企业文化手册《中建信条》、员工行为规范手册《十典九章》正式发布。这是对40年来中国建筑文化精神的凝练与升华，是在新时代传承优秀文化、凝聚奋进力量，建设产品卓越、品牌卓著、创新领先、治理现代的世界一流企业的重要举措。其中，2022版《中建信条》系统展现了中国建筑所坚信并奉行的价值核心，它既是中建人对七十余载薪火相传信仰信念的高度凝练，也是中建人面向新时代、开创长青基业的发展密码。它深入挖掘中国建筑跨越发展背后的力量源泉，总结提炼形成了“中国建筑精神”——忠诚担当，使命必达。“忠诚担当”是中国建筑对党忠诚、为国担当的理想信念；“使命必达”是中国建筑令行禁止、敢打必胜的执着追求。

2022年，中建二局迎来建企70周年。中建二局党委与时俱进，迅速以集团公司的最新企业文化和精神为统领，经过系统提炼，成功发布了以“超越至上，唯实惟先”为核心的全新超越文化理念及行为体系，构成母子文化。

“忠诚担当，使命必达”是一种价值观、一种精神，“超越至上，唯实惟先”更是一种态度、一种方式。“超越至上，唯实惟先”是对集团公司“忠诚担当，使命必达”的传承和实践落地，唯有不断“超越”才能更好地体现以国为重，对党忠诚；只有“唯实惟先”才能更好地承担使命，实现集团公司既定战略目标。

同时，对中建二局来说，“超越至上，唯实惟先”也是其根本内生文化。

一是从历史维度讲，二局其实有着深厚的“实”和“先”的实践基础。这在其70年历史脉络中也得以体现。具体为建设时期：南征北战，1952—1982年；改革时期：敢闯敢试，1983—1995年；跨越时期：突破发展，1996—2008年；转型时期：提质增效，2009—2018年；新发展时期：争创一流，2019年以后。纵览这五大时期，“实”与“先”鲜明贯穿其中。比如在建设时期，二局先辈们无论是投身东北，承担以长春一汽、一重等为代表的国防工程和基础建设，还是奔赴西南进行三线建设等，永远追随党和国家号召的特质就成为二局人“实”与“先”最好的诠释。

二是从上下维度讲。超越文化是以集团《中建信条》《十典九章》为指引，形成的二局层面的特色子文化。在新版的超越文化手册里，将集团新时代中国建筑精神——忠诚担当、使命必达，企业使命，企业愿景，核心价值观及其部分解读放入新版手册中，体现与《中建信条》的衔接，唯实惟先，就是对忠诚担当、使命必达的中国建筑精神的贯彻落实。超越文化内涵和行为理念体系自上而下一脉相承，二局的各子企业、各项目都以此为引领，当然也可以结合本单位的实际培育形成超越文化理念体系下的独特精神特质，让超越文化在不同层面、不同阶段有更加鲜明具象的体现。

三是从战略维度讲，企业文化是企业发展战略的重要支撑。伴随着“十四五”规划的落地，二局明确了“一核心、两跨越、三并跑”的发展战略，并致力于成为集团高质量发展的一流核心工程局。“超越历史、超越对手、超越自我”的文化理念指向性和穿透力就不够，局党委想要全局上下争先进位，甚至敢争第一的攻坚导向就不够鲜明。因此，需要企业文化建设必须与时俱进，进行文化升级，形成一套与局发展高度契合，能够有效支撑战略实现的文化理念体系和行为方式，引领服务局高质量发展。此外，行动理念是各体系落实发展战略、践行企业文化的行动指南。在“超越至上，唯实惟先”的理念下面，体现在九个专项行动理念里，具体包括党建观、战略观、人才观、市场观、履约观、科技观、盈利观、投资观、廉洁观的行动理念。

以“超越文化”承接集团公司文化，中建二局无疑是做了成功的探索和实践。既贯彻落实了党中央最新要求，又为确保与集团新版《中建信条》《十典九章》核心理念一脉相承，助力集团“文化软实力强”目标实现，同时更好满足局战略发展需要。通过文化创新，有力推动“攻坚克难、敢打必胜”的攻坚精神落实落地，进一步将奋斗拼搏、争先、高效执行、高绩效导向等文化因子深度融入企业文化中。中国建筑精神因为有了这样更多子文化而愈发熠熠生辉！

5 跨文化融合

随着改革开放的进一步深入、“一带一路”建设的全面展开，跨文化融合问题，也越来越受到大家的重视。

理念文化差异、制度文化差异、行为文化差异、物质文化差异可能会导致文化水土不服。

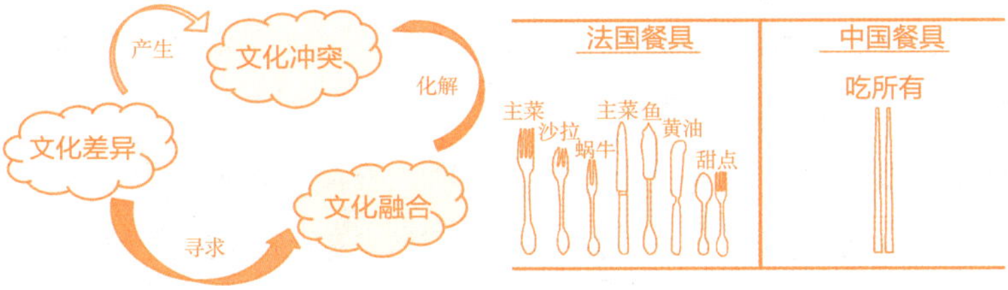

经常听到国外的项目组同事抱怨，到国外最大的问题就是“水土不服”，企业兼并重组最大的困难是文化融合问题。

这里面的问题是多方面的：理念文化的差异、制度文化的差异、行为文化的差异、物质文化的差异等等，但最主要还是文化认知上的差异。

例如：

在俄罗斯，送礼金时喜欢用单数，认为单数吉利；

在沙特阿拉伯，递送或接受礼物时只能用右手；

在法国：送礼品最好带有一些艺术性；

在丹麦，未婚夫送给未婚妻木制的棒槌作礼物，认为会带来幸福……

在中国企业加班加点习以为常，天经地义；但是在大部分外资企业中，工作之外的时间是神圣不可侵犯的。

在中国企业实行的是集体领导、群策群力；在外资企业实行的是线性管理，每个员工只对一个上级负责，上级也不越级指挥，每个人都是线条当中的一个点。

面对着不同国家、不同地区的一条文化认知“鸿沟”，中国企业的文化要走出去，并且做到“落地生根”，显然并非易事。

上级主管部门很早就重视了这个问题。为鼓励和支持我国企业更好地适应实施“走出去”战略面临的新形势，内凝核心价值、外塑良好形象，在实施互利共赢开放战略和建设和谐世界中发挥更大作用，实现我国企业在境外的健康可持续发展，2012年4月9日，商务部、中央外宣办、外交部、发展改革委、国资委、国家预防腐败局、全国工商联联合印发《中国境外企业文化建设若干意见》。该《意见》分境外企业文化建设的总体要求、境外企业文化建设的基本内容、加强境外企业文化建设的实施和保障3部分17条。《意见》强调，积极引导境外企业加强文化建设，提高竞争力和影响力，有利于企业坚定“走出去”步伐，加速与当地社会融合，占据舆论和道德高地，发挥正面感召力，树立在国际上的良好形象，从而为中国企业在境外长期发展奠定良好基础。对境外企业文化建设进行了周密详细的指导，在这10多年的对外合作中发挥了积极的指导作用。

境外企业文化建设的基本内容主要有九条。

一是树立使命意识。境外企业要牢记使命，坚持和平发展、互利共赢的主旋律和价值观，展示中国企业的历史文化底蕴，为弘扬中华民族优秀文化、增强文化软实力作出积极贡献。

二是坚持合法合规。境外企业要认真研究和熟悉当地法律法规，做到依法求生存，依法求发展。严格履行合同规定，主动依法纳税，自觉保护劳工合法权利，认真执行环境法规，确保国际化经营合法、合规。——尤其是明确规定“坚持公平竞争，坚决抵制商业贿赂，严格禁止向当地公职人员、国际组织官员和关联企业相关人员行贿，不得借助围标、串标等违法手段谋取商业利益”。

三是强化道德规范。“小胜于智，大胜于德。”境外企业要树立“以德兴企”的观念。加强对员工的道德意识教育，弘扬传统美德，增强荣辱观念，养成良好的道德品质。坚持义利并重，将道德感、伦理观渗透到企业经营和管理的全过程。

四是恪守诚信经营。要把诚信融入企业精神和行为规范中，建立健全规章制度，严格规范企业经营管理行为和员工行为，对内造就一支员工可信、技术可信、产品可信、实力可信的优秀团队，对外树立中国企业诚实、守信的形象。

五是履行社会责任。境外企业要认真履行社会责任，造福当地社会和人民，树立中国企业负责任的形象。努力为当地社会提供最好的商品和服务，促进驻在国家和地区的社会繁荣。及时向社会公布企业信息，保证经营活动公开透明。积极参与当地公益事业，为当地社会排忧解难。做好环境保护，注重资源节约，将企业生产经营活动对环境的污染和损害降到最低程度。积极为当地培养管理和技术人才，促进当地就业。

六是加强与当地融合。将企业经营管理与当地社会发展结合起来，持续优化和丰富企业价值内涵。努力适应所在国（地区）当地社会环境，尊重当地宗教和风俗习惯，积极开展中外文化交流，相互借鉴、增进理解，与当地人民和谐相处。尤其是强调“探索适应国际化经营需要的跨文化、信仰、生活习俗的管理理念，积极推进经营思维、管理模式、雇佣人才、处理方式的‘本土化’，注重增进当地员工对中资企业的了解和理解，最大限度地降低跨国经营中的价值观冲突。”

七是加强风险规避。境外企业要充分认识国际经济活动的复杂性，时刻保持清醒头脑，居安思危，未雨绸缪。强化风险评估和防范意识，克服侥幸心理，建立科学的风险管理体系，做好规避、控制、转移和分散风险的准备，有效防范国际化经营中的各种风险。在经营理念和实际操作上，要追求科学决策、稳健经营，避免盲目和冲动。

八是严抓质量考核。质量是企业的生命。境外企业要把质量当成创业之本，立企之基。通过不断强化质量意识，培育和建设符合自身实际的企业质量考核体系，形成严格的质量管理体系和规范，不断提高产品和服务的质量，增强企业的核心竞争力。

九是创新经营特色。境外企业要将文化建设纳入企业发展整体战略，渗透到企业经营管理的各个环节，将企业文化与企业经营管理紧密融合，形成具有企业自身特色的国际化经营管理机制。在企业运营中，要运用各种手段塑造企业形象，展示企业文化，打造企业品牌，实现宣传企业、宣传产品与经营理念相统一，不断提高企业的知名度和美誉度。

好在近些年来，随着中央企业“走出去”的步伐日益加快，中国的“一带一路”倡议得到越来越多国家的回应，中国企业在海外的从“走出去”到“走进去”，从“走得远”再到“走得好”，在文化融合和文化落地上积累了日益丰富的经验和丰厚成果。

按照《中国境外企业文化建设若干意见》的要求，中国企业在国际化发展过程中积极应对文化差异、管理模式差异等带来的挑战，不断完善核心价值理念，适应国际化发展需求，探索跨文化管理和互利共赢的有效途径，为推进国际化经营提供了有力支撑，产生了“1+1 > 2”的效应。

（1）理念先行，不断完善公司核心价值理念以适应国际化发展需求

许多年来，我一直被一件事情困惑，我们中国企业尤其是国有企业，在企业文化核心价值理念上，如何处理好爱国与国际化之间的矛盾。绝大多数企业尤其是央企、国企都有着报国的文化基因，特别强调爱国主义，这是非常宝贵的，毫无疑问也是非常正确的。但随着企业的国际化，随着外籍员工的增多，如何处理好爱国与国际化之间的矛盾？天安门城楼旁边的两幅标语给了我很大的启示：“中华人民共和国万岁”“全世界人民大团结万岁”，这两者之间不是矛盾的，是可以共存的。有次与媒体谈及央企国企的企业文化时，对这个矛盾我提出了一个建议，中国企业尤其是央企国企的共同的价值理念可以是“报国为民、造福人类”。也就是说我们必须要、而且可以兼顾国家利益、民众利益和国际化之间的关系。

令人高兴的是，2024年春节前，我的老同事、中国石化党组宣传部（企业文化部）的分管副部长阎慧蓉同志把新修订的《中国石油化工集团有限公司企业文

化建设纲要（2024年版）》发给我。新版《纲要》进一步确立了“爱我中华、振兴石化”的企业精神，“为美好生活加油”的企业使命，“打造世界领先洁净能源化工公司”的企业愿景，“人本、责任、诚信、精细、创新、共赢”的企业核心价值观，“严、细、实”的企业作风等核心价值理念。我看这一版与时俱进，有非常鲜明的时代痕迹，既强调对外开放，又强调文化自信，比较好地处理好了爱国与国际化之间的矛盾。

此次修订，是中国石化成立40多年来的第3次修订，对近年来公司推动改革发展的新理念、新实践进行了提炼补充，完善了企业精神、企业使命、企业愿景、企业核心价值观和企业作风等方面内容，内容更清楚、重点更突出。

➡ **以“爱我中华、振兴石化”为企业精神**，饱含着深沉真挚的爱国主义情怀、远大厚重的产业报国理想、坚忍执着的自立自强品格、激越豪迈的艰苦创业精神，是中国石化对党和人民的庄严承诺，是支撑一代又一代石油石化人开拓奋进、一往无前的根本动力，是中国石化的精神内核。

➡ **以“为美好生活加油”为企业使命**，坚持把人民对美好生活的向往当作企业不懈追求，积极践行新发展理念，推动高质量发展，持续提供更为充足、更为优质、更为绿色的能源化工产品和服务，坚持不懈为增进人民福祉、促进共同富裕、促进人与自然和谐共生加油助力。

➡ **以“打造世界领先洁净能源化工公司”为企业愿景**，着力构建以能源资源为基础，以洁净油品和现代化工为两翼，以新能源、新材料、新经济为重要增长极的“一基两翼三新”产业格局，持续实施高质量发展行动，致力于成为世界领先企业、绿色洁净企业、可持续发展企业、“党和人民好企业”。

➡ **以“人本、责任、诚信、精细、创新、共赢”为企业核心价值观**，坚持以人为本、发展企业，聚焦主责、产业报国，重信守诺、合规经营，精细严谨、止于至善，自强不息、创新不止，互利合作、共同发展，是公司全体员工共同遵循的基本价值准则，是公司经营发展过程中必须坚守的原则和标准。

➡ **以“严、细、实”为企业作风**，将“严”字当头、“细”字当先、“实”字当家的作风贯穿企业生产经营管理全过程，形成岗岗有责任制、事事有责任人、人人有责任心的良好局面。

中国石化一直相当重视价值理念对公司发展的引领和指导作用。1983年总公司成立时，即提出了“爱我中华、振兴石化”，一直激励着中国石化百万员工，实现了报效国家，奉献企业的初衷。后来，随着改革开放的加深和公司的发展壮大以及参与市场竞争、国际竞争的需要，公司对价值理念和发展路径进行了持续的完善。如，20世纪90年代，对标国际大公司提出了“论伯仲、比高低、共经纬”；世纪之交以来，为适应重组上市和国际化发展需要，提出要“竞争、开放”和“规范、严谨、诚信”。2009年，首次颁布的集团公司《企业文化建设纲要》提出了“发展企业、贡献国家、回报股东、服务社会、造福员工”的企业宗旨等5条内容。这些理念，都曾在特定历史时期对公司的发展发挥了重要的引领作用。但世易时移，原先这些理念由于更多关注国家和企业的利益，对客户、员工、合作伙伴的利益考虑较少，已越来越不能适应公司国际化发展和员工来源日益多元化的要求，特别是不能得到境外企业和外籍员工的认同。基于这些考虑，2014年和2016年，公司又两次修订《企业文化建设纲要》，对原来的价值理念进行了升级。目前的中国石化核心价值理念体系包括“为美好生活加油”的企业使命，“建设世界一流能源化工公司”的企业愿景，“人本、责任、诚信、精细、创新、共赢”的企业价值观和“严、细、实”的企业作风。

修订后的《纲要》更加关注员工的自我实现和社会公众的满意，更加关注可持续发展、绿色低碳和社会责任，更加强调人本、和谐、共赢，反映了企业内外部环境对企业发展的要求，特别是十八大以来中央对未来社会发展的新要求和社会主义核心价值观对企业的要求。但是，为了适应国际化发展和建设世界一流企业的需要，更容易被内外各种员工（包括外籍雇员）接受，可以做国内、国外两个版本，在对外宣传的时候可以不提“爱我中华、振兴石化”的企业精神。

（2）分类管理，根据不同项目类型选择合适的跨文化整合模式

企业在国际化发展的进程当中，难免会遇到兼并重组等各项工作。在兼并重组当中，最容易处理的就是品牌，收购完了以后品牌的产权非常清楚，最难处理的就是价值观的融合问题。所以，将跨文化管理及文化融合纳入合资合作和海外

发展的总体规划，坚持因地制宜、因时制宜，针对不同项目类型及其不同特点，采取不同的跨文化整合及管理策略非常重要。总的来说，主要有3种模式。

模式一：接受型模式，全盘接收后逐步整合　接受型模式是指为维护被并购企业的稳定和整体效益，并购方在并购初期全盘接收被并购方企业文化的整合模式。在对国际化程度较高、价值理念和管理较为先进的被收购企业，应该采用这一策略。比亚迪370亿收购阿斯顿·马丁就是一个典型案例。

成立于1913年的阿斯顿·马丁，诞生于英国，是一个不折不扣的超豪华汽车品牌，在全球享有很高的知名度。阿斯顿·马丁由于销量不佳而陷入了财务危机，中国的自主汽车品牌比亚迪汽车正在跟阿斯顿·马丁进行谈判，欲出资370亿元收购阿斯顿·马丁。从比亚迪的市值来看，完全具备收购阿斯顿·马丁的实力。从品牌的角度，比亚迪要借助这个英国百年豪华汽车品牌进行全面的高端化、全球化，是一条快速提升品牌影响力的捷径。

随着自主汽车品牌的逐步强大，长城汽车和吉利汽车都已经推出了旗下的高端品牌WEY和领克。奇瑞汽车虽然也推出了星途，但是市场销量并不理想。长安汽车也即将推出旗下的高端品牌引力系列。而作为比亚迪汽车，在很多人看来，早就应该推出旗下的高端品牌了。因为比亚迪旗下的王朝系列，无论是销量还是品牌力，在整个自主汽车品牌中绝对称得上是佼佼者。特别是比亚迪汉，连续多个月销量破万。上市当年12月份销量在国内中大型轿车销量排行榜中，仅次于奥迪A6L、宝马5系和奔驰一级。从数据上看，比亚迪汉卖了12089辆，而奔驰E级的销量是13871辆，差距并不大。

但是总体来说，比亚迪给人的感觉是一个靠电动车出身的、国产中低端品牌。如果不借助于对世界知名品牌的并购、重组，很难在短时间之内成为国际高端品牌。特别是对于众多的迪粉来说，花了二三十万买一辆比亚迪汉或者比亚迪唐，开出去也许听到最多的一句话就是：真想不通，你花二三十万为什么还要去买比亚迪呀？

类似的还有一家能源企业的案例。原Addax是一家独立私营石油公司，总部位于瑞士日内瓦，在多伦多和伦敦上市，员工来自35个国家和地区，其中90%曾供职于壳牌、BP、道达尔、雪佛龙等公司，是一家典型的以西方文化和管理理念为主的公司。针对这种情况，中国石化国际勘探公司想加强国际油气资源勘探的技术能力，弥补自己的短板，打造自己的品牌，并购了这家公司。并购之后的文化融合，公司采取了“相对稳定、循序渐进”的整合策略。

在接管之初，中国石化国际勘探公司对Addax的管理坚持四个不变，即“公司政策不变、管理结构不变、汇报程序不变、员工岗位不变”。没有采取以“换血”方式接收兼并企业，而是仅派出了10余位中方管理人员。除董事长外，派出的中方员工一律以辅助、学习的身份进入管理层团队，在具体工作中不越权、不干涉。对普通员工则“一个不裁，全部留用”。这些措施有效稳定了人心。收购一年后，原Addax员工离职率仅6.28%，远远低于12%～20%的国际普遍水平。

在人心基本稳定后，公司开展了多元文化融合的“珍珠工程”，从“以人为本、提升素质、行动为先、结果导向和领导力”五方面加强企业文化建设。同时，将中国石化的企业文化元素逐步融入新Addax中：重新设计公司标识，采用组合标，以体现Addax是中国石化母品牌的延伸和发展，增强中国石化在非洲地区的认同感和影响力；补充完善公司宣传口号，由之前的“每一步都与众不同”调整为“每一步都与众不同，每一个不同都让我们更加强大”，从强调变革、创新到进一步强调发展；制定长期激励政策，为服务满15年的员工颁发长期服务奖。此外，还组织开展了一系列具有中国特色的团队建设活动，如乒乓球比赛、毛笔书法培训班、中国歌曲合唱团等。

这样，在保持原Addax文化稳定性的基础上，实现了从全盘接收到文化融合的顺利过渡，确立了新的价值理念，成功实现了公司管理的科学整合、油气增储上产、团队生机勃发、公司持续发展，成为当时中国油气行业国际化发展的典范。只可惜这家公司因为业务发展前途受阻，被关停了。

➡ 模式二：覆盖型模式，以我为主，覆盖对方 覆盖型模式是指被收购方基本放弃原有的价值理念和行为方式，全盘植入并购方的企业文化，由并购方强力型的核心文化起主导和推动作用。

对于生产经营及管理陷入困境或文化背景较为相似的被收购企业，强力地推进母公司的企业文化。如中国石化国际石油勘探开发公司2004年全资收购哈萨克斯坦公司，就采用了这一策略。原哈萨克斯坦公司的组织结构和业务模式复杂多样，管理粗放、官僚色彩浓厚。收购前，公司产量下降、效益下滑，生产运营困难，但是哈方员工对中方或多或少还有“苏联老大哥”的心态。针对这种情况，公司采取了“以我为主”的融合之路。

2017年4月底，我陪几位记者到哈萨克斯坦调研采访，了解到2004年3月16日中国石化集团公司国际石油勘探开发公司与美国FIOC公司（First International Oil Co.）在香港签署了合并协议与方案，正式收购FIOC公司。那个时候中国石化的国际石油勘探开发公司刚刚成立不久，尚无海外并购经验，尤其是缺乏跨文化的实践。这是中国石化首次在哈萨克斯坦投资，也是中国石化在海外收购的第1个上游项目、在海外获得的第1桶油。哈萨克斯坦公司有员工2764人，中方员工只有65人仅占员工总数的5%。如何用这5%的人来统领好这么一个新的公司？企业文化包括由企业文化理念延伸出来的管理理念发挥了非常重要的作用。我在当地听到一个故事，他们趁着冬季业务比较少的时候，派哈方员工代表到大庆油田学习，学习大庆石油人严谨细致的作风和积极乐观的精神。同时，通过各种活动，将科学发展观、以人为本等理念传递给哈方员工。我和记者朋友们很感兴趣，临时要求增加了一个座谈会，采访了曾经到大庆去培训过的哈方员工。有一个员工的发言给我留下了非常深的印象。他说，我们到大庆之后看到中国为王进喜这么一个普通工人建了那么大的一个展览馆，树立了那么高的一座雕像，我们才知道中国人是喜欢这样的人，他是我学习的榜样。

在整合过程中，中国公司以传统的石油石化文化凝聚哈方员工，将公司的“规范化、精细化”管理移植到公司管理中。如：加强业务流程和制度建设，先后制定99项制度、86个流程，让员工认真学习、照章办事；倡导“三老四严，四个一样”，弘扬担当作为、精细严谨的文化。这种文化上的强力覆盖，管理上的移植推进，取得了明显的效果。10多年后采收率大幅增加，由收购时的26.2%提高到43.7%；桶油操作成本每桶降低5美元；10多年未发生安全事故。为哈萨克斯坦当地社会提供了大量的就业机会，并提供了强有力的培训，尤其是派到中国的培训，达到了18710人次，社会责任也获得了当地政府的多项奖励。

2017年4月20日在哈萨克斯坦的员工座谈会

组织哈萨克斯坦员工到中国石油企业学习

在对哈萨克斯坦公司进行整合的过程中，中国石化的核心文化起了主导和推动作用，哈方公司全盘接受中方的价值理念和管理方式。这种以我为主、覆盖对方的整合之路，取得了较好的效果，整合后哈方员工执行力明显增强，工作效率显著提高。并购20年来，哈公司油气储产量大幅提升，年年超额完成任务。

➡ 模式三：新设型模式，借鉴各方所长，培育形成新的文化管理模式 新设型模式是指并购后的企业借鉴引入其他优秀文化，双方原有的文化不再独立存在，而是在融合中消弭并形成新企业文化的整合模式。

一是在合资公司设立时，通过谈判将合资公司的价值理念、组织结构、任职方式等写入公司章程。与西方公司合资合作有一个很大的特点，他们非常重视谈判时期的约定。一旦正式签订合同之后，很难再改变。而中方呢，常常是我先答应你，以后我们再调整再优化，这也是两种文化的差异。中国银行保险报社曾邀请我去做“新春第一课”的视频录播，我选了一个题目，《全面开放背景下金融企业的品牌建设与保护》，对金融企业股比100%放开之后，外资对我们金融企业的品牌和文化的冲击，该如何应对？其中我就讲到一条，一定要高度重视并购之后的合作谈判中关于品牌与文化的条款。

以最具中国特色的企业文化——党建工作为例，2007年中国石化在与艾克森美孚、沙特阿美联合筹建福建森美石油和福建联合石化时，双方经过谈判，将党组织机构设置、人员配备、经费和活动方式等在章程中确定下来，为合资公司后来开展党组织工作打下了坚实基础。如森美石油规定，设专职党务、政工工作岗位26个，党委、纪委、工会与公司行政机构同时设置，人员配备同时到位；党建经费每年按工资总额的1%提取；党组织活动在工作时间开展。森美石油的党组织工作与经营管理工作实现了有机融合，党建考核占了总分的40%。外方经理对我们的国企文化模式，也从怀疑到高度认可，经常列席党组织活动，个别外籍员工还主动提出要加入中国共产党。

合资各方根据约定轮流委派管理人员，轮流出任董事长、总经理，共同管理合资公司，确保母公司与合资公司的各项决策有效落实、合资公司整体利益不受损害，也确保了各自的企业文化得到落实。

（3）包容理解，以足够的耐心包容和理解，反复做好沟通

跨文化经营与管理是极其复杂的，在现实中不可能有完全标准、可复制的整合模式。实践中的跨文化整合是一个极其漫长的过程，伴随着企业经营管理过程的始终。

我听到一个在海外工作的领导讲述的一个具体的故事，对“完成领导交办的其他任务”的不同理解就是跨文化经营管理复杂性的一个小例证。每年年初按照公司统一安排部署，每位员工都需要填写绩效考核目标。中方员工在填写最后一项任务时，都会不约而同地填写“完成领导交办的其他任务”。起初中方管理人员在审核外籍员工提交的岗位职责或年度绩效考核目标时，都会提醒外籍员工加上

一条："完成领导交办的其他任务"。外籍员工对此非常不理解，他们希望能明确地指出领导交办的其他任务到底是什么任务，如什么性质、几个任务、何时完成、如何考核等。如果没有明确的任务名称，他们是不能列入岗位职责或绩效考核表中的。面对外籍员工的追问，我们无法指出具体的任务，只能解释为与岗位职责相关的任务。但是很长一段时间，外籍员工还是无法理解这项奇怪又模糊的任务。

而在公司运行过程中，经常会有临时性、突发性的任务发生。这些任务几乎都是领导临时安排或追加的，具有时间紧、要求高、优先级高、高层关注、没有明确的衡量标准等特点，但不在部门的考核指标中具体反映。针对这些临时性任务，只能用"完成领导交办的其他任务"作为兜底全面概括。最后，在公司工作时间稍长的外籍员工也慢慢领会了"领导交办的其他任务"的意义，能认真做好这些工作。但在他们看来，这一条更像是对"工作态度"的考核。

总体说来，在海外文化落地环节中，必须坚持将核心价值理念作为海外经营的最高准则抓好落实，同时要注意抓住几个关键词，即"人本""人文""安全""合作共赢"。

1）人本

招聘使用外籍员工，实现"人才国际化、用工当地化"。在"一带一路"的国家大都有明确的要求，在当地注册公司本国雇员的使用率不得低于80%。这就给我们在管理外籍员工当中带来了很大的挑战，一定要尊重当地的员工，尤其是要做好外籍员工的培训，帮助他们成长成才至关重要。无论在国内还是在国外，培训都是对员工最好的福利。经过多年的培训和重点培养，不少优秀外籍员工已经成为部门经理和公司副总。为鼓励外籍员工，发挥典型示范作用，有些公司还特别注重评选洋劳模。这种极具中国特色的企业文化建设，受到了当地员工的高度追捧。这些优秀的外籍员工成为广大中外员工学习的榜样，为跨文化管理及文化融合发挥了良好的示范带动效应。

2）人文

坚持人文关怀，满足雇员合理合法需求，努力营造和谐氛围。人文关怀具有普遍意义，不论在什么国家、什么民族、什么样的语境下，只要始终关注员工的切身利益，真心为员工办实事、办好事，就会获得员工的理解和支持。在对外籍员工的管理中，公司始终注重人文关怀，及时满足外籍员工的合理合法需求，把不同文化背景的员工紧紧凝聚到一起。始终尊重业务所在的国家和地区的宗教信仰、文化风俗，如在中东、非洲地区，很多雇员信仰伊斯兰教，中资企业在那里的各项目管理部都在施工现场配备了专门的祈祷房，在缺水地区甚至专门派车拉水供祷告的穆斯林员工净手；规定斋月期间，中方员工即使饿着也不能当着穆斯林员工的面吃喝；建立了重要的宗教活动和纪念日特批假制度，提前调配好穆斯林员工的工作时间。

中国石化评选表彰外籍劳模

3）安全

严格遵守资源国和国际安全环保标准，保护生态环境。中资企业在海外经营过程中，尽可能降低作业活动中的健康、安全、环境危害，避免发生环境污染事故和重大人身伤亡事故，避免受到相关方的投诉和政府部门的处罚，也避免引起相关海外舆情。例如，中国石化巴西公司在施工现场的作业区域内发现一条蟒蛇，他们立即将蟒蛇运到动物保护部门，雇专人喂养，待施工结束后又送回了原地。

4）合作共赢

助力业务所在国经济社会发展。回报当地社会、改善当地民生是跨国企业国际化经营的重要组成部分。通过投资和援建当地的交通、通信、饮水等基础设施，改善当地生产生活基础环境；通过开发特色产业、加强职业技能培训等，增强当地自我发展能力；通过帮助修建医院和卫生网点，为偏远地区群众送医送药，缓解就医难的社会矛盾；通过捐资助学，为儿童和弱势群体提供受教育机会。还可以设立专门的公益基金和教育基金，通过与非政府组织合作为落后地区和国家的教育、医疗、社区关系和环境提供扶助，往往会受到舆论和公众的好评。

第三节 企业品牌落地

当我们问“企业品牌代表什么？你在意吗？”如果员工不能对这两个问题做出肯定的回答，那么品牌就没有落地。要确保每一名员工知晓品牌主张，以品牌为自豪，他们发自内心的“真的在意”才是最重要的。

1 发展路径

一般说来，大型企业集团的品牌建设，走过了通常意义上的“四步走”发展路径：

（1）完善顶层设计

品牌定位明晰、品牌管理体系和组织体系健全，品牌管理制度完备，品牌标识形象规范统一，业务品牌试点推进，内部品牌意识不断提升。重点突破品牌发展内生动力不足、品牌管理组织体系不健全、品牌定位未确立落实及品牌形象待提升等关键问题，为品牌的可持续发展扎实根基，练好内功。

（2）品牌业务联动

品牌定位内外认同度较高，形成高效协同的品牌运营机制，科技实力显著增强，重点业务和优势产品取得突破，形成若干国内有影响力的业务品牌，公司品牌建设水平跨入同行业前列。重点突破品牌与业务的深度联动，发挥品牌管理及运营的精益创效、品牌形象进一步提升等关键问题，推动品牌迈上高质量发展的成长阶段。

（3）品牌与业务融合

品牌定位与业务深度融合，形成全球品牌运营网络，品牌建设成果显著，行业影响力、话语权持续增强，形成数个全球知名的业务品牌。

（4）品牌引领业务

公司软实力全面提升，全球品牌运营网络高效协同，形成一批具有全球影响力的业务品牌，一个企业要成为软硬实力皆位居行业前列、世界领先的一流品牌，必须重点铸就与建设世界领先企业相匹配的伟大品牌。成长为世界领先企业，必须经历多个产业和经济周期，以及技术跃迁考验的成功企业。而与之相对应的品牌，则必须创造全球共鸣与融合，展现持续引领、解决人类未来关键难题的品牌。品牌建设的发力点应该是铸就伟大，彰显前瞻，凸显引领，打造全球范围内拥有共鸣的品牌形象，乃至于成为大多数地区和民众眼中的长远流传的重要符号，可谓任重道远。

以上四步走的发展路径，也是中国企业品牌从中国走向世界的通用路径。

一个大型企业品牌要成长为全球著名品牌，解决文化统领与价值观落地问题也非常重要。对内部要形成品牌文化：企业从董事长到普通员工，都要把品牌当成战略工程来高度重视；把品牌实践当成实实在在的工作，而不认为是一件可有可无的虚功；把品牌的维护当成保护眼睛一样重要。对外部，品牌传播发力点彰显企业文化和价值观，以一流的文化和一流的经营业绩，打造全球范围内受人赞赏的品牌形象；通过持续的、贴近市场和公众的传播，讲述适合市场与客户的产品、服务、专业解决方案，大幅度提高企业软实力。

我们用国际和国内两个案例来对这个问题进行探讨。

苹果是当今世界的“第一品牌”，苹果的品牌Logo是全世界最具辨识度的标志之一，其外观轮廓大部分人一眼就能准确识别，并且该Logo几乎出现在苹果公司所有的产品外观上，但很多人都很好奇：为什么苹果设计的这个Logo是有一个缺口的？是谁咬了一口苹果？很多人都异口同声地说：“是乔布斯。”因为乔布斯几乎等同于苹果。

的确跟乔布斯有关。早在1977年，当时的乔布斯就委托一家广告公司，为其设计一个可以印在他们计算机产品上的简单徽标。可能乔布斯提供了一部分创意，最终Logo设计包含了牛顿在苹果树下的原始手绘图，整体图像显得非常复杂，而且不易识别。乔布斯很不满意，第二年换了一个广告公司，提出的唯一要求是："“Don't make it cute”（不要设计得太可爱）。于是设计师做了一个极简设计：一个苹果的剪影。但看起来和樱桃等水果很像，乔布斯看了之后，提出自己的建议：加一个缺口，看起来像是被什么人咬了一口。这个被咬了一口的苹果，很多人都说，其实暗含了乔布斯致敬和纪念服用了毒苹果而死的阿兰-麦席森-图灵（1912年生于英国伦敦，计算机逻辑的奠基者，许多人工智能的重要方法也源自这位伟大的科学家）。这个被“咬”了一口的苹果形状从此被固定下来，一直沿用至今。

但更深层次上，这个设计包含了乔布斯一直以来的“极简认知”理念——其实，这就是企业审美文化。

这是我的座右铭之一——专注和简单。简单比复杂更难：你必须努力让你的想法变得清晰，让它变得简单。但最终还是值得的，因为一旦你到达那里，你就可以移山。

产品的美感与其功能一样重要——“Apple之所以能够创造出像iPad这样的产品，是因为我们一直试图处于技术与文科的交汇点。”

永远创新，创新区分了领导者和追随者——“在我多年的商业生涯中，我发现了一些东西。我总是会问你为什么做事。也总是会得到答案：‘哦，这就是这里做事的方式’。没有人知道他们为什么要这样做。没有人会非常深入地思考商业中的事情。”

拥抱市场——他不是一个产品设计者，而是一个伟大的市场创造者。“很多时候，人们不知道他们想要什么，直到你展示给他们看。”

相信团队——“这就是我对商业的看法：商业上伟大的事情永远不会由一个人完成，他们是由一群人完成的。”一家公司的繁荣取决于人的集体努力，而不是事物，因为团队可以平衡彼此的负面特征并激发创造力。

动力来自奉献——“很多人都想回馈社会，我们也一样，只是试图用我们的天分去表达我们的深层感受，去表达对前人所有贡献的感激。”

……

上述种种，都是乔布斯以自己独特的个性与智慧为苹果注入的文化“魔力”。虽然他已经故去多年，但他的生命和精神在苹果的品牌中永存！

2 发展阶段

我们将目光投向国内，看看中国石化品牌建设的案例。非常荣幸，我见证、参与了大部分的工作。

回顾中国石化品牌建设发展历程，从1984年中国石化“朝阳”标识诞生到1998年中国石化集团公司成立设计制作了第一本VI形象识别手册；从2002年打造统一品牌战略，大力推行润滑油、化工、催化剂、沥青等产品的品牌整合，到2017、2018年先后发布《中国石化品牌视觉识别规范手册》，加强品牌标识应用规范化管理，制定《中国石化品牌战略行动计划》，再到2020年编制印发《关于加强中国石化品牌建设的指导意见》《“十四五”品牌建设规划》。多年来，中国石化品牌建设工作走过了识别、整合阶段，进入了品牌战略管理阶段。

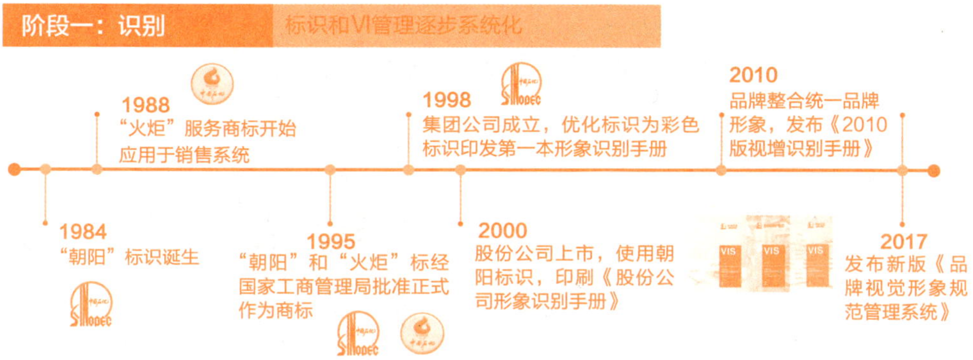

（1）阶段一：识别

➡ 品牌识别阶段，标识和VI管理逐步系统化。

1984年，中国石化“朝阳”标识诞生。中国石化总公司成立后，时任总经理陈锦华同志提出设计中国石化标识的问题，时任董事长、党组书记李人俊同志选定“朝阳”图案。

1986年，由商业部所属中国石油公司转来的“火炬”服务商标开始在中国石化总公司的全国销售系统使用，逐渐树立了良好商业信誉。

1995年，中国石化“朝阳”商标和“火炬”服务商标经国家工商管理局批准开始使用。

1998年，中国石化集团公司成立以后，设计制作了集团公司第一本形象识别手册。红色的圆圈为时任董事长李毅中同志审定。统一标识后，有效地塑造和维护了中国石化在国内外的良好形象，增强了集团内部凝聚力和外部竞争力。

2000年，为配合股份公司上市，决定使用中国石化朝阳标识。股份公司印发形象识别手册。

2010年，为打造统一品牌战略，发布《2010版中国石化视觉识别手册》，主要企业标识统一为中国石化标识，主要产品品牌逐步实现了集中管理、集中销售，中国石化品牌价值大幅提升。

2016年，为集中突出宣传中国石化的社会责任，设立中国石化公益标识。

2017年，发布全新《中国石化品牌视觉形象规范管理系统》，包括《集团手册》《海外手册》《品牌架构管理手册》。

2019年，发布《中国石化冬奥会视觉形象规范》。

（2）阶段二：整合

➡ 品牌整合阶段，品牌统一战略提升了品牌核心竞争力。

2002年至2016年，中国石化全力打造品牌统一战略，主要产品按照总部战略部署，逐步实现了集中管理、统一营销。从实施效果来看，能源化工领域，统一品牌优势明显，不仅提升了中国石化品牌核心竞争力，也增强了用户对各企业和产品的信心。这个过程是非常必要，但是也是非常痛苦的。许多品牌都是在自己领域里经营了好几十年，有着独特的客户资源，品牌价值也是非常高的，统一成为中国石化牌之后，这些子品牌就变成了生产基地了。

2003年，化工统销类产品统一了包装标识；2005年实现了集中销售。将“齐鲁牌”“金山牌”“扬子牌”“燕山牌”“三人牌”“金三角牌”等化工产品均统一为中国石化牌。

2004年，将海牌、南海、一坪、津脂等润滑油品牌全部统一为长城牌。

2004年，对沥青产品进行了整合，将中国石化旗下8家企业不同品牌的沥青产品全部统一为东海牌。

2006年，统一加油站形象，加油站数量从8千座发展到3万多座，形成国内最大、世界第二的成品油零售网络。

2006年催化剂产品全部使用中国石化品牌。

2010年中国石化下属核心企业标识全部统一为中国石化品牌标识。

2014年，“易捷”成为中国石化零售连锁便利店品牌。

2015年，“易派客”工业品电子商务平台正式上线。

2017年，将“江钻、赛瓦、沙市钢管、三机、四机”石化机械产品品牌整合为“中国石化机械”品类品牌。

目前，中国石化已打造多个国内知名业务品牌。作为中国航天事业唯一润滑油供应商，长城润滑油服务中国航天事业60年，从“两弹一星”到“神舟”飞天，从“嫦娥”奔月到“天宫”对接，研发生产出7大类58种航天润滑品牌，护航300余次火箭发射，始终保持着零润滑故障的品质记录。在民用油市场，长城秉承“万无一失”的态度，追求每个产品100%合格，在消费者心目中塑造了“航天品质”的品牌印象。

经过16年的发展，易捷门店数增加至2.8万家，占全国便利店总数30%以上，已发展为全国最大的连锁便利店网络，2023年品牌价值达到206.97亿元。作为“汽车生活驿站”，始终秉承“易捷万店无假货”承诺，不断加强品牌管理、提升品牌形象与核心竞争力——很荣幸的是我参与了这个质量理念的提出和推广。疫情期间，“易捷”在全国220个地市约7000家便利店推出蔬菜生鲜销售业务，帮助农民销售滞销农产品2200吨，解决了“农民卖菜难、市民买菜难”的两难问题，彰显了企业的责任和担当。易捷积极推动运营创新、营销创新、管理创新，履行社会责任，升级顾客品牌体验，连续多年入选“我喜爱的中国品牌”。令人欣喜的是，易捷已经独立成长，下一步将发挥网络、客户、品牌等既有优势，聚焦大消费、大数据、大平台，大力推动企业数字化转型升级，探索“互联网+加油站+便利店+第三方”新经济商业

模式，以加能服务为入口，打造集“购物服务、养车服务、生活服务、增值服务”于一体的人·车·生活综合服务平台，不断拓展异业生态，持续丰富服务功能，为消费者创造价值。

中国石化旗下工业品电商平台“易派客”利用采购服务、销售服务、金融服务、综合服务四大核心业务，协同国内优秀制造企业，将国内优良技术推向世界并着力于引进全球化优秀装备，促进国际装备技术的融会交流。疫情期间，中国石化广发英雄帖“我有熔喷布，谁有口罩机”，3个小时落实口罩机及口罩生产合作伙伴、17天贯通口罩产业链全程、助力口罩日产过百万只，显示出强大的品牌影响力和为国担责、为民奉献的文化底色，获得了社会各界高度好评。——这是一个非常经典的传播案例。我写有另外一本书叫《价值传播》，就是专门讲在这个阶段中国石化通过策划实现了这一经典传播，如何在危难时刻，展示一个企业高度负责任的良好形象和企业文化。

为使旗下核心业务品牌更深入人心，中国石化积极探索业务品牌创优路径，根据“做优一批、整合一批、规范一批、培育一批”的品牌建设指导原则，组织开展品牌创优工作，进一步推动了旗下业务品牌广为人知、深受喜爱。2018年，评选出长城润滑油、易捷、中国石化机械、易派客、东海牌、爱跑X Power、海龙、卓玛泉、石化e贸、紫京、仪纶等11个优秀业务品牌，以及高效环保芳烃成

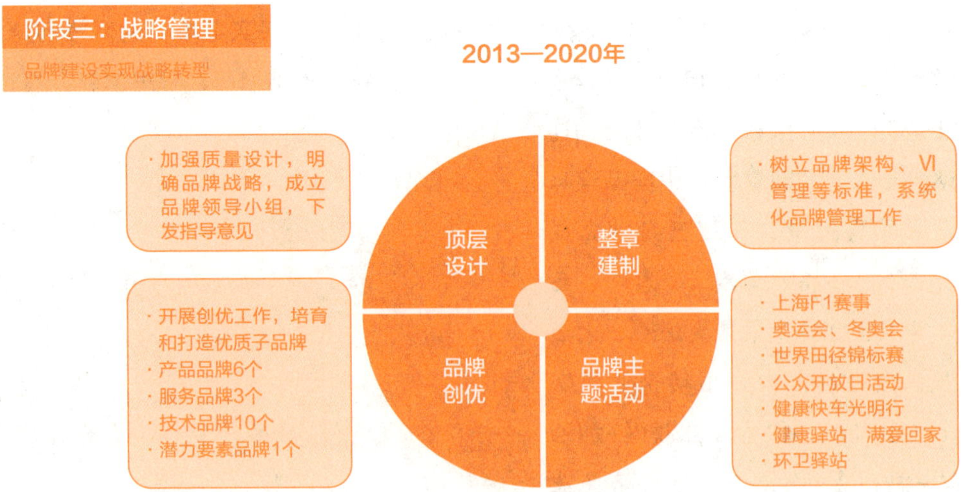

套技术、百万吨乙烯技术、页岩气高效勘探开发技术等十大优秀技术品牌。2020年，评选出“我有熔喷布　谁有口罩机”“中国石化‘一键加油’实现无接触数字化服务”等十大优秀品牌营销案例和二十个品牌营销案例提名。

（3）阶段三：战略管理

品牌战略管理阶段，品牌建设工作实现战略转型。

2017年，中国石化集团审议通过了品牌战略；成立了集团公司品牌管理领导小组；召开了集团公司第一次品牌管理领导小组会议；出台《中国石化品牌架构管理办法》《中国石化品牌视觉识别规范管理办法》。

2018年，编制了《中国石化品牌战略行动计划》；召开中国石化2018品牌创优工作会；发布优秀产品、服务、潜力要素、技术品牌，推出21个优秀品牌；中国石化成为北京2022年冬奥会官方合作伙伴。举办第一期品牌建设培训班。

2019年，中国石化品牌标识形象统一成效显著；《中国石化品牌架构管理实践》和《中国石化责任品牌管理实践》荣获中央企业最佳实践案例。

2020年，印发《关于加强中国石化品牌建设的指导意见》；编制《“十四五”品牌建设规划》；首次发布中国石化品牌理念；揭晓十大优秀品牌营销案例榜单。

近40年来，中国石化品牌价值持续提升。据Brand Finance 2023年度全球品牌价值500强榜单，中国石化以271亿美元的品牌价值位列全球第68位，品牌价值上升7.9%，排名较前一年上升2位。据每日经济新闻联合清华大学经济管理学院中国企业研究中心连续第7年推出“中国上市公司品牌价值榜”，2023中国上市公司品牌价值榜单上，中国石化最新品牌价值为2099亿元人民币，位列总榜第21，活力榜第51，海外榜第12，持续保持增长。

看了苹果和中国石化的品牌建设历程，相信大家都认同这样一个结论：

一个企业的品牌，就是企业最重要的产品，也是独一无二的资源；而一个企业的文化，就是企业最重要的动力，是企业最重要的财富。一方面，品牌是靠实际干出来的，一代代科研、设计人员和工程师、工人接续奋斗，用智慧和汗水打造着企业的品牌；另一方面，品牌是建设、管理出来的，持续塑造和维护了在国内外市场的良好品牌形象。内外双修，两条腿走路，品牌与文化齐抓共管，增强内部凝聚力和外部竞争力，才能够赢得社会各界对品牌的喝彩与尊敬。

3 “一把手”工程

我们观察到，不管是国企民企或者是合资企业一个企业的品牌，如果做得非常出色，它一定是上级重视，一定是一把手工程。国务院国资委是受国家委托推进国有经济发展的重要的管理监督部门，在央企国企中具有十分强大的工作推动力。近年来，国资委以前所未有的力度，大力实施品牌战略，提升品牌管理水平，加速品牌国际化进程，在品牌建设方面取得了积极成效，逐渐形成上下联动、重点突出的品牌工作格局。

国资委2013年印发《关于加强中央企业品牌建设的指导意见》中明确指出：“中央企业是品牌建设的主体，要把品牌建设作为‘一把手’工程来抓，一以贯之、持之以恒。”2022年2月，中央全面深化改革委员会审议通过的《关于加快建设世界一流企业的指导意见》明确将“品牌卓著”作为世界一流企业的基本特征之一。不过，国企品牌的竞争力和影响力，与世界一流企业相比仍有差距。新格局下，国企品牌建设仍然面临新的挑战。

2022年11月，国资委印发《关于开展中央企业品牌引领行动的通知》，组织实施中央企业品牌引领行动，将其作为推动中央企业加快建设世界一流企业的“四个行动”之一。

2023年2月，在国资委党委理论学习中心组召开学习贯彻党的二十大精神集体学习会上，国资委党委书记、主任张玉卓将品牌作为提高核心竞争力的四个关键词之一，并强调加强品牌管理，实现中国制造向中国创造转变、中国速度向中国质量转变、中国产品向中国品牌转变。

2024年5月11日，由国务院国资委主办，国务院国资委社会责任局和中国质量协会承办的中国品牌发展大会国资国企品牌建设会议在上海举办。会上发布了2023年度中央企业品牌建设发展报告，公布了2023年中央企业品牌建设发展指数。

2023年中央企业品牌建设能力TOP30

排名	企业名称	企业标识	得分
1	国家电网有限公司	国家电网 STATE GRID	145.00
2	中国石油化工集团有限公司	中国石化 SINOPEC	143.03
3	中国联合网络通信集团有限公司	中国联通 China unicom	141.52
4	中粮集团有限公司	中粮 COFCO	140.72
5	中国移动通信集团有限公司	中国移动 China Mobile	139.35
6	中国石油天然气集团有限公司	中国石油	138.88
7	中国建筑集团有限公司	中國建築	137.84
8	华侨城集团有限公司	OCT 华侨城	136.63
9	东风汽车集团有限公司	东风汽车集团有限公司 DONGFENG MOTOR CORPORATION	136.07
10	中国南方航空集团有限公司	中国南方航空 CHINA SOUTHERN	134.78
11	中国保利集团有限公司	保利 POLY	134.68
12	中国中车集团有限公司	中国中车 CRRC	134.24
13	中国电信集团有限公司	中国电信 CHINA TELECOM	131.19
14	中国交通建设集团有限公司	中国交建	129.37
15	中国第一汽车集团有限公司	中国第一汽车集团有限公司	128.88
16	中国宝武钢铁集团有限公司	BAOWU	126.72
17	中国东方航空集团有限公司	中國東方航空 CHINA EASTERN	126.12
18	中国广核集团有限公司	中广核 CGN	125.51
19	中国南方电网有限责任公司	中国南方电网 CHINA SOUTHERN POWER GRID	124.89
20	中国核工业集团有限公司	中核集团 CNNC	123.42
21	国家能源投资集团有限责任公司	国家能源集团 CHN ENERGY	123.27
22	中国旅游集团有限公司[香港中旅（集团）有限公司]	中国旅游集团有限公司 香港中旅（集团）有限公司	122.91
23	鞍钢集团有限公司	鞍钢集团 ANSTEEL	122.41
24	中国兵器装备集团有限公司	CSGC 中国兵器装备	121.65
25	中国东方电气集团有限公司	DEC 中国东方电气集团有限公司	121.18
26	中国铁道建筑集团有限公司	CRCC 中国铁建	119.72
27	中国航空集团有限公司	中国航空集团有限公司	119.51
28	中国大唐集团有限公司	中国大唐集团有限公司	118.75
29	中国航天科工集团有限公司	CASIC 中国航天科工	118.10
30	中国长江三峡集团有限公司	中国三峡	114.35

国资委新组建的社会责任局在指导央企国企品牌工作方面的力度非常大，不仅出台了一系列制度，而且还组织了一系列的活动，取得的成效也都非常显著。2023年2月组织开展了2022年度国有企业品牌建设实践案例和品牌故事征集工作。中央企业和地方国资国企踊跃参与，共报送了586个品牌建设实践案例、777个品牌故事作品。经评审并广泛征求意见，最终遴选出具有良好示范效应和学习、借鉴意义的100个典型案例和100个优秀品牌故事，起到了很好的引领作用，具有很强的示范作用。

2023年12月25日至26日，国资委召开中央企业负责人会议，提出“企业要围绕增强核心功能、提高核心竞争力，突出重点、把握关键，更加注重提升五个方面的价值”，首次将品牌价值上升到前五，提出要“更加注重提升品牌价值，树立高目标追求，关注表外资产，不断提高企业品牌附加值和品牌引领力，加快建设世界一流企业，在服务国家战略中不断做强做优做大，更好推动党中央决策部署在国资央企落实落地。”

各地方国资委也将品牌建设作为重要工作内容，纷纷出台相关政策和举措。如2016年山东省出台《关于加快建设品牌的意见》，2020年江苏省多部门联合发布《打造“江苏精品”品牌　推动高质量发展的意见》，2021年四川省出台《关于打造“天府名品”质量品牌　推动高质量发展的指导意见》……

据国资委的机关刊物《国资报告》介绍，在国务院国资委和各地方国资委的推动下，国企品牌建设取得了明显成效。国有企业充分发挥品牌在改革供给结构、提高供给质量中的引领作用，大力实施品牌战略，将品牌理念真正融入企业重要决策和生产经营，逐渐形成上下联动、重点突出的品牌工作格局。企业在开展品牌建设过程中，均将公司战略作为指引。

中国国新坚持以国家战略为导向，围绕助力构建新发展格局，打造投资生态圈，投入更多资本支持科技自立自强、推动深化国资国企改革、促进国内国际双循环，逐步塑造了专注实体产业投资的品牌形象。

不管是品牌建设也好，品牌落地也好，“一把手”都是最关键的一环。“火车跑得快，全凭车头带”。各级企业的“一把手”要亲自抓，分管领导要深入抓，其他领导要协助抓，做好决策和资源配置。

（1）谋战略、定远虑

主要解决品牌建设长远发展方向问题。“一把手”的远见、格局对品牌的建设尤其重要，因为“一把手”决定的是公司长期发展的战略、愿景、使命，而品牌建设要围绕着这些目标设计。换而言之，品牌战略要围绕着发展战略来决定。当然一把手还可以决定品牌建设的投入、品牌发展方向的选择。品牌要做到什么位置，做多大的盘子，和竞争对手形成什么样的关系，这些都需要最高管理者直接参与到品牌战略顶层设计工作中。“一把手”抓品牌建设，不是盯紧品牌系统建设中的每一个细节，如品牌设计、产品卖点、产品质量、服务品质、品牌传播、品牌口碑培育等，而是决定品牌名称、规划品牌目标、畅想品牌愿景。公司主要负责人要切实认识到品牌建设的重要性和紧迫性，将品牌建设工作摆上重要议事日程，与业务战略同研究，统筹谋划，精心组织，对品牌建设中的重大问题，要加强调查研究，对确定的重点工作，要亲自过问、督促落实。国家电网领导班子高度重视品牌建设，围绕“具有中国特色国际领先的能源互联网企业”战略目标，丰富品牌理念内涵，厚植品牌文化基因，形成“可靠可爱可敬”这一鲜明的品牌特质，推动品牌战略融入企业战略，推进品牌理念在品牌建设工作中落地，强化了社会公众对公司理念和战略目标的充分认同。

（2）抓体制、解近忧

主要解决品牌管理分散、融入机制不到位的问题。世界一流品牌都是一个精心设计的商业系统，其范围从最初的原材料选择一直延伸到最终的用户服务。因此，品牌管理不只是营销管理的组成部分，而且是企业战略的重要组成部分，应从战略的高度进行品牌管理；品牌管理不只是营销、广告、传播，而是由内外的企业力量传递，包含企业内外的行动因素；品牌管理是协调与平衡企业自身的发展战略与看法，能帮助企业定位的落实、控制、持续、平衡与发展。品牌管理绝非个别部门及个人、几个制度，或几项营销活动、广告宣传所能代替。公司高层要直接参与到品牌建设工作中来，将品牌工作与业务工作同设计、同研究，将品牌力与领导力相结合，完成品牌战略布局，积极探索品牌与业务融合之道。品牌管理部门要主动服务，业务部门要提前规划，推动技术优势、要素优势转化为品牌优势，决不能出现“两张皮”现象。江苏省盐业集团充分发挥品牌建设的带动效应，建成国内首套MVR（机械热压缩）盐钙联产生产线，研发生产天然、健康、惠民三个系列食用盐和生活用盐新品50多个，保障全省及周边省市近2亿人的食盐健康消费。集团旗下“淮盐”被认定为国家驰名商标、中国名牌产品，“井神”荣获江苏省著名商标，“淮盐”系列产品获得首届“江苏精品”认证。

（3）抓系统、促协调

主要解决资源协调配置的问题。一个差异化品牌价值的形成，不仅仅需要大量的金钱投入，更需要的是时间，一个良好的保障体系是支撑公司品牌战略落地的关键。品牌建设是一项复杂的系统工程，牵扯的要素多、环节多，需要制定计划，建立组织架构，完善规章制度，进行科学决策，协调各种关系。对于大型集团来说，自上而下、全员参与、横向到边、纵向到底的管理体系是最根本的保障。中国旅游集团通过品牌管理，国企的品牌架构更加清晰。作为一家由港中旅、中旅、国旅、中免等企业多轮重组而来的旅游央企，中国旅游集团围绕“一个中旅”的核心原则，以“中旅+业态”为主形式，构建涵盖强背书品牌、弱背书品牌、独立品牌、联合品牌的混合式品牌架构，集团全部二级公司和70%的三级公司实现了“中旅”品牌统一。集团层面则形成中旅旅行、中旅国际、中旅投资、中旅免税、中旅酒店、中旅资产、中旅发展、中旅邮轮构成的业务布局。中国旅游集团旗下旅行服务事业群通过品牌架构优化升级，将港中旅、中旅、招商国旅、国旅等传统旅行社品牌统一到“中旅旅行”品牌旗下，形成了强大的品牌矩阵。

（4）抓机制、增活力

授权机制能为企业品牌工作带来动力。前些年我们在组织国外企业品牌建设体系的调研时发现。他们有一种管理模式是品牌的虚拟资产归总部，二级单位使用的时候要对品牌资产的使用付管理费用，这样就形成了内部的一个市场化运作模式。中国华能为旗下背书品牌、独立品牌的企业提供特殊申请授权机会，也进行了非常好的探索，他们共设置两种情况：一是企业的品牌传播活动取得了突出效果，则可申请额外品牌资产授权；二是企业的业务品牌获得了较高的知名度、认知度和美誉度，并被凝练为集团品牌的标准故事时，亦可申请额外品牌资产授权。由此，各企业开展品牌建设工作的积极性、主动性和创造性被充分调动，为品牌架构中各品牌资产的增值与流动注入源源不竭的驱动力。中核集团所属核动力研究设计院也持续加强品牌体系建设，不断丰富中国核动力的品牌内涵，逐渐形成了军用核动力、民用核动力与核技术应用三线并举的型谱化、体系化发展格局。记者了解到，核动力院将全院品牌架构划分为三个层级：以"中国核动力"品牌为一级品牌，以"华龙一号""玲龙一号"等型号品牌为二级品牌，以CF燃料组件、DCS"龙鳞"系统、NESTOR核电设计软件包、ZH-65型蒸汽发生器等产品品牌为三级品牌。目前，梳理形成了包括技术、工程、服务等29个产品品牌的《中国核动力品牌目录》。

4 组织推动

品牌打造要"说"和"做"并行，内外兼修才是打造品牌的关键。如何应对品牌所面临的诸多方面的挑战，改善当前这种复杂状况，其以科学的方式培育企业的品牌价值的做法值得借鉴。从品牌战略实施体现全面品牌管理的全员、全过程和系统化的品牌管理理念，围绕品牌战略总体目标，要重点抓好六个方面的工作：

（1）做好统筹协调

全面推进品牌创建工程，紧密结合品牌发展环境和公司转型发展要求及变化，在现有品牌战略的基础上，以品牌建设指导意见为纲领，开展品牌创建工程，与企业发展战略同步实施、系统推进。打造以品牌管理体系、质量保证体系、技术创新体系、品牌传播体系、品牌保护体系（商标战略体系）为核心的品牌建设综合体系，关注品牌培育的关键过程，提升品牌培育能力。与国际先进同行保持良好的互联互通关系，持续做好品牌对标研究和新兴课题研究，持续优化品牌顶层设计，为公司业务发展提供品牌指导。加强品牌前端调研的投入，了解利益相关方对企业品牌的评价、认知的期望及市场和用户需求，基于消费者和客户行为和需求的改变，重新审视品牌和产品，提升产品和服务的附加值。每年持续追踪了解品牌认知和传播效果，提出改进建议，及时调整品牌策略。

（2）做好对内的宣传贯彻

一个强大品牌的建设始于企业内部，品牌内部传播的成本要大大低于品牌外部传播的成本，很多企业都疏忽了品牌内部的传播，这就容易导致品牌表现参差不齐，严重影响品牌形象的提升。品牌导入是对整个组织业务行为的优化与改造，品牌定位既要内化于心，也要外化于行。要准确把握品牌定位，做好品牌核心理念的宣贯和科普，提升全员品牌意识。总结一线工作中的优秀实践案例，并进行有效推广，引导员工理解品牌定位与自身工作的紧密关系。

一旦企业的品牌理念确定之后，要制作品牌理念宣贯手册、品牌理念形象广告主视觉和品牌口号应用规范、品牌理念宣贯标准课件系列宣贯包，统筹全系统强化新版“品牌定位”宣贯，组织全员全覆盖学习，横向到边、纵向到底。把“品牌建设”列入中心组学习、干部政治学习、班组学习，使全体干部职工了解品牌、熟悉品牌。同时，借助公司内部门户、各类电子屏，上要点、挂图解，确保企业的品牌定位、品牌主张、品牌口号、品牌架构等核心内容为员工周知。

一流品牌一定是一个全员关注的氛围，要营造企业爱护品牌的氛围，开展内部评选是营造氛围的一种很好的方式。充分运用国家5月10日中国品牌日，将品牌创优评选常态化，营造争先创优的品牌建设氛围。

案例

中国石化内部品牌创优主题活动

2018年，针对中国石化母品牌知名度高，产品品牌知名度较弱的现状，抓住企业争先创优的优良传统，在全系统开展品牌创优主题活动，组织品牌专家按照市场化指标给各子品牌进行评测，指导子品牌按照科学专业的品牌打造方法开展工作。这次活动是中国石化首次探索对自有技术进行品牌化管理。

中国石化11个优秀品牌：长城润滑油、爱跑、海龙、东海牌、中国石化机械、卓玛泉6个优秀产品品牌，易捷、易派客、紫京、石化e贸4个服务类品牌以及仪纶1个潜力要素品牌，有效地促进了各业务单位品牌意识和品牌专业能力地提升。

品牌营销十大优秀案例评选活动

在2020年“中国品牌日（5月10日）”来临之际，在全系统组织开展了“品牌创优、品牌创效”中国石化品牌营销十大优秀案例征集活动。经过活动初评、网络评选以及专家评审等环节，评选出中国石化品牌营销十大优秀案例和二十个品牌营销案例提名。

征集内容（涉及品牌文化、品牌活动、营销主题、产品服务四个类别）、评选方式及流程（初评、奋进石化线上投票、专家复评）、案例评分标准（独特性、有效性、示范性）等方面进行了规定。活动通知下发以后，以微信长图的形式在“奋进石化”平台动员全系统的企业积极申报挖掘自身品牌营销工作亮点。

全系统44家企业共报送了84个案例。为保证案例征集评选的专业性和客观性，党组宣传部邀请内外部专家对84个案例进行了初评，最终确定30个案例作为入围案例参与线上投票和复评的候选对象，初评过程中专家对参选的案例做了书面的点评。4月29日正式开启网络投票，各单位员工积极参与，截止到5月6日，共26.8万人次点击阅读，

8.5万人参与活动点赞，氛围热烈。

结合投票结果，推选出中国石化品牌营销十大优秀案例和20个中国石化品牌营销案例提名，在“5·10”品牌日前后，向社会公开发布、推广中国石化在品牌营销和宣传方面的好经验、好做法，进一步推动品牌与业务的深度融合，实现“品牌创优、品牌创效”。

（3）做好对外传播

品牌传播是品牌建设的重要环节，是公司与市场沟通的主要途径，也是与利益相关方建立认同关系的纽带。在品牌传播的过程中，每一种可能与受众接触的品牌接触点和媒介渠道都要被一致的传播策略进行整合，使他们在品牌核心价值理念的指引下一致发声。要以“回应需求、多维沟通、积极融入、提供价值”为指导原则，围绕品牌定位科学制定整体传播规划，大力推广企业品牌口号。聚焦品牌定位开发传播内容，挖掘探索开发新资源、突破关键核心技术、升级优化产品、研发高端新材料、探索新零售模式等方面的创新案例，形成系列品牌故事。将立体沟通与精准传播结合，使用大数据研究核心受众关注点，充分利用各种媒体媒介，特别是新媒体，策略性进行精准传播，增强传播的及时性、有效性。持续打造富有企业特色的、契合品牌定位的标志性品牌主题活动。

举一个我亲自参与的案例吧。2023年3月17日下午，中国煤炭科工集团举办首次品牌发布会，分四大类“优质品牌企业”“金牌卓越产品”“金牌工程项目”“金牌品质服务”，正式发布20项明星品牌。中国煤科旗下科技创新型品牌企业、“煤海蛟龙”等“煤科硬核”品牌产品及技术悉数亮相。

非常荣幸我以中国人民大学国企形象研究院院长的身份担任此次品牌评审委员，并在发布会上代表评审专家发言。会后接受经济观察网采访时，我说：“这是目前中国煤科最具实力和影响力的‘明星品牌’，也是中国煤科硬核实力的一次集中检阅。中国是煤炭大国，煤炭科技发展迅猛，但极少出现‘中国高铁’‘华龙一号’这样的工业品牌。这次中国煤科集团组织评选技术、工程、项目、服务、企业的明星品牌评选，一是对内部极具品牌引导力，对于强化内部品牌意识有非常重要的意义；二是为下一步传播打下了良好基础；三是给其他央企国企探了路，做了成功的尝试。”

在发布会上，上海煤科、煤科院、太原研究院、北京华宇、天玛智控等5家单位被评为“优质品牌企业”；有着“煤海蛟龙”之称的世界首套掘支运一体化快速掘进成套装备、全球装机功率最大采高最大的交流电牵引采煤机、井下超长工作面智能刮板输送装备等5种装备被评为“金牌卓越产品”；世界上规模最大全长727公里的陕西神渭管道输煤工程、济宁任城采煤沉陷区综合治理、天地王坡国家智能化示范煤矿建设等5项工程被评为“金牌工程项目”；煤矿设计咨询、矿用检测技术、煤矿高效开采技术、灾害防治及救援等5种技术咨询服务被评为“金牌品质服务”。会上还发布了“矿用电液换向阀智能制造技术”“回转炉头有机固废解耦燃烧技术装备”“GHC500呼吸性粉尘浓度传感器”3项技术产品，展示了中国煤科在智能无人化开采、煤炭清洁利用、遏制尘肺病高发等领域的最新技术成果。

老实说如果不是因为这次受邀担任评审委员会委员，我根本不了解中国的煤炭开采技术已经达到如此先进的程度，但是这些技术没有变成品牌，没能给企业带来更多的溢价。这次发布会集中向社会展示了中国煤炭科学技术、企业、设备、工程等方面的拳头产品。这次发布会很成功，媒体的报道量很大，也集中展示了中国煤科集团的品牌。

据我观察，央企国企这些年品牌形象有了极大的好转，但是还存在着一些问题。光做不说、多做少说的观念仍然制约着央企国企的品牌建设，使得央企国企的“品”远远大于“牌”。这些企业在品质、品性、品格等“品”上的内涵，与企业的形象、声誉等“牌”面的展示效果，并不对称。

分析根源，央企、国企在品牌建设过程中，通常还存在以下情形：企业未弄清分开运营集团品牌与业务品牌的重要性，品牌族谱设计不明、定位不明、传播策略不明；对工业品牌的传播规律研究不够，用快消品的品牌思维建设工业品牌，路径选择不准；对新媒体格局还不太适应，未能与时俱进，大多运用未能达到得心应手的状态。

中国煤科的品牌建设实践，对于国资央企具有三大借鉴意义：一是要把内部品牌显形化，从隐藏在众多品牌中到优中选优，激励内部品牌意识；二是分类选出品牌，激励工程、项目、技术、服务系统打造自己的品牌，还可以打造集团品牌、要素品牌、公益品牌；三是探索工业品牌的打造路径，探索整合营销传播，尤其是国际化传播，品牌助力企业核心竞争力提升。

如果企业是一家跨国公司，或者立志成为一家全球性公司时，需要在全球各地开展品牌塑造与传播活动。这是一项复杂且浩大的工程，需要进行系统性规划。一个好的国际品牌传播策略，要做到以下几点。

➡ 以品牌定位为圆心 充分理解品牌定位的核心内涵，围绕品牌定位规划品牌传播方案；品牌传播执行不应与品牌定位存在含糊或脱节的地方。

➡ 分阶段制定传播目标 不同阶段的品牌在传播目标上应各有侧重，如成长初期的品牌，主要目标为扩大市场认知度，而成长后期的品牌，主要目标为提高市场理解度，培养品牌喜爱度与忠诚度。需要制定阶段性传播目标。

➡ 识别核心受众制定策略 明确品牌传播的目标受众，并根据目标受众的特征，合理选择传播渠道、设计传播信息与传播形式。聚焦品牌定位开发传播内容，挖掘探索开发新能源、突破关键核心技术、升级优化产品、研发高端新材料、探索新零售模式等方面的创新案例，形成系列品牌故事。要将立体沟通与精准传播相结合，使用大数据研究核心受众关注点，充分利用各种媒体媒介（特别是新媒体），策略性进行精准传播，增强传播的及时性、有效性。

➡ 建立评估反馈机制 最后，要进行系统性规划，做好事前规划、事中监控、事后评估，以实现对传播资源的合理利用与传播效果最大化。要建立市场反馈机制，持续追踪传播效果，阶段性评估企业在受众认知中的形象，并以此作为改进品牌传播计划和方法的依据。

（4）做好品牌资产管理

品牌资产是品牌管理中的重要概念，20世纪80年代以来，在西方管理界广为流传，它将古老的品牌思想推向了一个崭新的高度。从管理学的角度来说，品牌资产是一种超越生产、商品等所有有形资产以外的价值，是企业从事生产经营活动而垫付在品牌的本钱及其可能带来的产出。品牌资产是一种无形资产，它是品牌知名度，品质认知度、品牌联想度以及品牌忠诚度等各种要素的集合体；另外，从财务管理的角度来说，品牌资产是将商品或服务冠上品牌后，所产生的额外收益。这个额外收益来自两个方面：一是对拥有品牌公司感兴趣的投资者，他们的出价包含了对品牌的估值；二是购买某品牌产品的消费者，他们的出价包含此品牌高于市场一般价格溢价的部分，同样的产品因品牌的不同而带来额外的现金流入，这种额外的现金流入就是品牌资产。

品牌资产除了包括上述几个方面内容以外，还包括品牌溢价能力、品牌盈利能力。在品牌资产金字塔中，最终能够为品牌主带来丰厚的利润、获取更多市场份额的便是品牌忠诚度和品牌溢价能力这两大资产。品牌忠诚度和品牌溢价能力属于结果性的品牌资产，是伴随品牌知名度、认可度、品牌联想这三大品牌资产创建后的产物。

真正把品牌资产管理起来、运用起来、体现出价值，还是要把品牌货币化，有偿使用才能体现其独特价值。连锁加盟费是品牌有偿使用的最典型的案例，这个大家都非常熟悉，但是品牌使用在内部收费比较少见。我曾经在一家外资企业了解到，他们公司的品牌资产是在总部控制，二级单位如果要使用，需要向总部的品牌部门支付使用费；总部的品牌管理部门把这些费用又用来继续打造品牌的知名度、美誉度和忠诚度，这样就形成了一个良性循环。

良好的品牌资产管理，是品牌建设工作持续稳定前行的保障，必须做好两点。

第一，是关于VI管理。受众认知品牌、了解品牌是一个由眼入心的过程，品牌标识是品牌建设中最显现化的元素，也是最易辨识、最为直观的元素。当员工每天穿上工作服、佩戴着企业标识徽章开展一天工作的同时，就已经开始时刻传递着企业的品牌形象。VI实际上是一项高效的宣传工具，是对内对外宣传品牌的一个很好的载体和抓手。要制定和完善管理规范，细化品牌标识在各领域的应用标准，实施分级、分类管理，确保品牌视觉形象的统一。

第二，是关于品牌保护。完善品牌保护体系，规范合资合作、经营业务和产品等领域的品牌授权管理。要加强对商标、字号、域名的管理和保护，前瞻性开展产品、技术和服务的商标注册和字号使用的需求研究，及时将商标注册扩展到新技术、新产品、新服务，将业务拓展与商标注册同步关联。加强打假维权行动，维护品牌正当权益，积极防范恶意注册、高度模仿、恶意攀附等各种侵权行为，特别是网络上的电商侵权。要依托专业机构开展品牌价值评估，积极探索将品牌资产纳入价值管理范畴，为公司在投资并购、品牌许可使用等过程中提供科学依据，提升品牌价值变现能力。建立品牌危机预警机制和风险规避机制，加强舆情管理，维护品牌声誉。

（5）做好品牌与业务的融合

品牌建设要渗透到公司生产经营管理的相关环节，从研发、设计、生产到营销、服务都要准确体现品牌定位，以品牌引领业务发展、激发内生动力。创建品牌，仅靠轰轰烈烈的营销活动是远远不够的，品牌要想赢得长期发展，需要苦练内功，做到表里如一。如果“只说不练”，品牌就走不长、走不远。品牌是我们对客户的承诺，承诺是需要兑现的，需要实实在在地做出来。客户在与品牌的一系列接触中，逐步形成对品牌的独特印象与体验，从而在脑海中勾绘出一幅差异化的品牌画卷。因此，品牌体验的内涵要远远超出品牌旗下的产品和服务，它涵盖了客户和品牌之间的每一次互动（即每一个体验环节）——从最初的认识，到选择、购买、使用，再到最终的使用评价和重复购买。客户对一个企业的品牌体验，并不仅仅来源于我们的产品质量，也来源于工作人员的着装仪表和服务态度、销售环境设计的人性化、以及便捷的服务等，这是一种综合性体验。

一个企业的品牌核心理念，需要通过产品、人员、环境、传播四个方面，落实到企业内部运营活动中。

品牌体验的构建不是企业管理层或者某几个部门的事情，它需要整个企业从上而下的积极响应与参与，如何充分发挥每个普通员工的智慧与力量，将是塑造品牌的关键。

品牌定位明确后，企业需要通过品牌内部导入工作，让员工真正了解自己工作对品牌的影响，然后帮助每一个员工把对品牌的理解转变为行动。只有这样，企业才能真正通过品牌体验构建，将品牌落实到业务的各个层面，实实在在地为客户塑造差异化体验，最终提升客户忠诚度，实现企业利润和价值的增长。作为企业的一员，每位员工都应当以主人翁的精神，自觉做品牌建设的一份子，为企业品牌添光增彩。

（6）做好品牌价值兑现

高附加值产品能带来高溢价，做优做强业务品牌是避免同质化低利润竞争、从价值链低端向高端转变的必由之路，是实现与企业主品牌协同发展，成功实施集团品牌战略的必要条件，是建设世界领先企业的助推力量。

我曾经对于品牌的价值有一个通俗的解释，就是在同等的品质产品之间，比同行卖得贵多少，这就是品牌的价值，也就是学术界所说的“品牌溢价”。品牌如果没有价值体现，不可能得到内外高度的持久的重视；品牌如果得到了价值体现，就会得到更广泛的、更持久的支持。

品牌溢价做得最好的是茅台酒。2021年我到茅台镇参观了茅台酒厂和茅台镇的其他酒厂。茅台镇某酒厂的老板愤愤不平，他拿出几种酒让我们“盲品”，我们在场的有一批资深的喝酒人都分辨不出他的酒和茅台飞天有多大的差异。而且他说茅台飞天和茅台镇的酒原料是一样的、环境是一样的、工艺是一样的，甚至调酒大师也是同一批人。但是茅台可以卖到3000元一瓶，还买不到，他们卖300一瓶却卖不掉。从300元到3000元这个差价就是品牌的价值、品牌的溢价。

业务品牌建设可以遵循“做优一批（即做优具有良好市场基础的业务品牌）、整合一批（即对同类型业务的不同品牌进行资源整合，集中发展重点品牌）、规范一批（即对不符合《品牌架构指导原则》的业务品牌加强规范管理）、培育一批（即培育市场潜力大、发展后劲足的新兴业务品牌）”的总体原则，按照“整体规划、科学筛选、分类实施、持续推进”的培育原则，加强统一规划和管理，探索品牌建设路径，实现品牌管理系统性、品牌资产增值性和品牌形象一致性，培育形成一批具有全球影响力的业务品牌，提升企业整体品牌影响力。各成员单位要在集团品牌战略规划的统一部署下，结合企业实际，突出抓好五个重点环节。

➡ **筛选成长型业务品牌** 新业务品牌设立根据品牌架构总原则，重点聚焦市场竞争力强、发展潜力好、能够带来品牌溢价和价值提升的业务，做到少而精。针对优质业务加强品牌化运作，形成具有市场竞争力和溢价能力的产品类、服务类、技术类、要素类的品牌。

➡ **明确业务品牌定位** 通过对市场竞争环境、目标客户需求和自身资源能力的分析，研究出既满足客户需求、符合自身能力，又有别于竞争对手的品牌定位。B2C（企业对消费者）业务品牌定位的核心要义是关注消费者情感共鸣，侧重对客户情感需求挖掘；B2B（企业对企业）业务品牌定位的核心要义是凸显信任与专业，关注客户理性需求。

➡ **做好业务品牌实践落地** 通过有效措施，逐步推动业务品牌建设融入业务研发、设计、生产、营销和服务的各个环节，努力实现业务品牌建设与生产经营的融合。洞悉客户需求、做好客户体验设计、采集和反馈客户体验信息，加强互动沟通，增进客户对品牌的价值认同。

➡ **做好业务品牌形象传播** 围绕品牌定位，制定业务品牌中长期和年度品牌传播目标，通过科学方式做好形象传播。强化互联网思维，建立新媒体矩阵，加强效果评估，持续改进，力争获得品牌传播效应最大化。对于B2C业务品牌，通过电视、互联网、自媒体等媒体渠道进行传播；对于B2B业务品牌，通过行业展会、专业网络与杂志、官网与官微等行业专属渠道推广。

➡ **做好业务品牌价值管理** 实施从产生、发展、成熟到延展等各个环节的全面品牌管理。建立完善业务品牌管理体系，制定管理制度，明确管理流程与职责分工，确保品牌管理方向清晰，执行到位。建立监测与预警机制，定期做好客户满意度调查评估，找准差距不足。对于已经具有较强市场竞争力的业务品牌，通过延伸其覆盖范围，开展科学评估，降低品牌资产价值流失风险。

5 全员双修

“双修”是企业品牌建设的内在要求。尤其是在具备全球影响力的大规模企业，品牌需要大规模建设，因此“双修”显得尤为重要。

只有双修，才能将品牌精神内化于企业行为。

只有双修，才能让品牌要求真正在企业经营当中产生作用。

只有双修，才能塑造出一个鲜明的、连贯的、有魅力的企业形象。

因此，“全员参与双修品牌”是实现企业品牌价值的必由之路。大型集团公司企业众多，所涉行业众多，企业员工众多。这些员工在不同省份、不同城市面对不同的具体挑战，解决不同的现实问题，共同完成企业工作，维护企业形象。在这个挑战与机遇并存的过程中，员工会贡献许多创意和创新思维，其中有相当多的与品牌建设直接相关和间接相关的闪光点和珍贵的素材。

全员参与双修品牌本身是一个企业姿态。涓涓细流汇成江海，众多员工的每一分努力都是企业姿态的亮点。全员参与双修品牌体现了一个企业在建设品牌的过程中的一种战略意图，生动地体现了企业建设品牌的坚定决心和充沛动力。

全员参与双修品牌是一个鲜明的企业形象。企业形象有多种维度，这些维度体现了一个整合形象的不同方面和不同角度，共同形成了一个立体的、生动的企业形象。全员参与双修品牌本身也是一个鲜明的企业形象，在受众的认知当中代表了企业的积极向上的正面形象。

全员参与双修品牌是有巨大价值的企业实践。它体现了企业的品牌凝聚力。全员参与双修品牌可以充分发挥企业员工的创造力。

全员参与双修品牌是一个过程。没有一天就建成的品牌，没有一天就形成的品牌影响力，更没有一天就积累起来的品牌资产。

全员参与双修品牌是一个塑造品牌的过程，是一个提升品牌影响力的过程，是一个积累品牌资产的过程。

当我们问“企业品牌代表什么？你在意吗？”如果员工不能对这两个问题做出肯定的回答，那么品牌建设工作就还没有落地。品牌内化工作就是要确保每一名员工知晓品牌主张，以品牌为自豪，他们真的在意才是最重要的。

（1）思想“塑牌”，认同品牌

品牌的根本要素是人，一个成功品牌的塑造不是一个人、一个部门或一个公司能够独立完成的，它需要企业全体员工的参与，要求全体员工都必须有品牌意识，有意识地维护品牌形象。

一个被品牌感召的员工会主动和他人谈及品牌。在很多情况下，员工也是顾客。品牌首先应该赢得内部员工的认可，员工满意产品，才会向顾客传递真实的信息，赢得顾客的信赖。日立公司曾发现，许多日立员工不买日立电视，还劝亲朋好友不要购买，他们是担心日立电视的质量有问题，并且日立的服务体系也不健全。日立立即采取措施解决了这些问题，后来日立员工对品牌产生了高度认同，许多员工还成为日立电视最忠诚的“免费销售人员”。所有企业都需要培养员工对雇主品牌的情感意识，达成品牌共识。通过品牌培训和宣贯，让员工理解公司文化，认可品牌价值，从而规范自己的行为，改正影响品牌形象的不良表现，引导员工把自己当作企业的一分子，树立品牌意识，像爱护眼睛一样爱护企业品牌。

（2）内化“走心”，外化于形

一个拥有清晰内涵的品牌更有可能让员工体会到工作的价值和成就感，更加“走心”，引导员工以实际行动践行品牌承诺，也能为企业带来更多有创造性的忠诚员工，成为品牌的代言人。

企业品牌内化工作是通过对品牌资源的配置、品牌运作的规范、品牌活动的控制、品牌意识的渗透、品牌努力的激励、品牌内部的忠诚，有效地实施公司品牌战略，可以更好地引导内部员工准确地围绕品牌理念决策计划和行为是否符合品牌战略，出现不当品牌计划的风险就会降低。受到品牌激励的员工会留意每一次品牌推广计划是否得到有效的市场反馈，从而有针对性进行改进。

企业的每一名员工首先要学习品牌内涵，了解品牌内涵都包括哪些要素和内容，和其他品牌的区别有哪些。其次，要相信品牌主张，相信在主张的引导下前进，品牌会带来成功，成为品牌的拥护者。

（3）遵守“承诺”，质量至上

企业员工是外界了解企业的“活广告”，只有良好的个人品牌形象才能传播良好的企业品牌形象。尤其是企业销售人员的个人品牌形象，它直接影响到客户对企业品牌的评价和定位。企业的服务窗口是展示企业品牌形象最直接的窗口，员工的一言一行及服务效率直接决定着社会对企业品牌的认知和评价。

质量是树立品牌的基石。企业应不断提升员工的质量意识，严格质量管理，持续践行“质优量足、客户满意”的目标和责任，不断提升服务品质，践行企业的品牌承诺，为客户提供便捷、安全、放心的消费环境，树立企业良好的品牌形象。

最后，再回到落地阶段品牌与文化的双修关系上来，我觉得整体上，也要把握好三个原则：

1）自我批判原则

批评与自我批评是我们党的三大优良作风之一。毛泽东主席曾经以房子和人脸为喻体，生动形象地论证了批评与自我批评的重要性：“我们曾经说过，房子是应该经常打扫的，不打扫就会积满了灰尘；脸是应该经常洗的，不洗也就会灰尘满面。我们同志的思想，我们党的工作，也会沾染灰尘的，也应该打扫和洗涤。”批评和自我批评，在品牌和文化落地的过程中之所以重要，就在于品牌和文化落地是需要经过实践检验的，是要在实践过程中动态改进和完善的。没有绝对完美的理念，也没有一成不变的方式和方法，因为推动品牌和文化落地的中心是“人”。而“人”的不同背景、不同阅历，对品牌和文化的不同理解，决定了落地难免出现一些偏差，这偏差可能是技术问题，也可能是理论缺陷和不足，这时候就需要多听不同的声音，批评和自我批评，尤其是自我批判，就显得非常重要了，越落实越有效。

以华为为例，有一个著名的“呆死料大会”。“呆死料大会”是2000年的时候，华为研发体系召集的一个“质量大会”。会上，华为人郑重其事地举行“颁奖”，把库房里数以千万计的“呆死料”——研发人员因为自己的随意创新、乱创新、瞎创新而造成的不能使用的器件、模块、单板和机架——当作“奖品”由研发人员自己领回去，进行灵魂深处的、深刻的自我评判，通过这些“纪念品”和“奖品”，牢牢记住教训和耻辱。当一个个部门上去领取一箱子、一箱子的“呆死料”时刻，相信内心的震撼无以复加——拒绝幼稚，走向成熟。当时公司创始人任正非就坐在主席台上，而且第一个认真、热烈地鼓掌，为公司这种

"自我批判"意识叫好。而在其背后就是一条大标语："品格的成熟铸就产品的成熟！"也正是这种自我批判意识，打造出华为集团非常有竞争力的、独特的一种文化，这种文化是源自毛泽东思想的"批评与自我批评"，但是在华为比在国有企业运用得还到位。这种"自我批判"的文化助力华为迅速成为巨人。

"自我批判"其实就是激发每个人的主体责任感，因为再好的理念，再好的品牌主张，也都离不开心智成熟的、具有独立自主负责精神的"人"，只有真正从内心深处接纳品牌和文化，并通过自己的实践去完全消化、吸纳、转化、升华，品牌和文化才能真正实现落地生根。这个"根"必须先生在员工的"心"里，然后才能开枝散叶、开花结果。

品牌和文化在落地阶段的自我批判至关重要，因为只有经过这个阶段的持续不断自我批判，才能实现确保落地不走样、不变形，深扎根；否则，等到歪嘴和尚念经——念歪了，再矫正就要付出十倍百倍巨大代价。

2）简单重复原则

记得20年前我提任中国石化报社副社长之后，对于发一些重复的稿子常常有排斥的心理。我的老社长何绍改先生当时跟我说过一句话，至今我还记得，他说"宣传就是重复，重复就是宣传"。

品牌和文化落地，也是一样。不管遇到怎样复杂的环境，不管这个落地工程涉及到多少部门多少人，有一招是屡试不爽的，那就是"简单重复"。从最开始的宣贯到价值观考核，到树立榜样、对外传播，各个环节最有效方法就是简单重复。

品牌和文化落地，变成大家自觉的行动，不可能一蹴而就，要天天说、时时说，从而推动大家天天做、时时做、处处做。说和做并不需要每天一个花样，每天一个主题，每天一个形式，只要每天简单重复就好。一个新的理念出来，说一遍两遍记不住，一百遍也可能记不住，那么每天一千遍、一万遍呢？书读百遍，其义自见。不但记住了，而且对其中的深刻内涵有了理解，在反复做的过程中理解就更透彻。

当然在品牌与文化落地的过程中，要反反复复不断地调适，在不同岗位、不同人员、不同环境、不同时间，都会有一个不一样的反应，一定要找到最佳的落地结合点。

品牌和文化落地的宣贯，一定要简单。越是简单，越容易操作，越具有深入人心和落地生根的力量。简单才容易被更多的人接受，才会有更大的落地空间；而重复就是坚持，就是专注，专心。从这个角度来说，一些企业在工厂里面悬挂了很多标语牌，大家感觉到好像比较落后，其实这些也是一种企业文化、品牌意识的一种有效宣贯。长年累月让员工耳濡目染，一定会产生潜意识中的影响，从而达成共识，变成自觉行动。品牌和文化其实都讲的是一种认同，先是情感认同，继而是身份认同。品牌和文化通常被认为是企业的管理属性，但在今天的信息社会，我们更要强调其具有一种社交属性。不断地重复，不断地强调这种认知，落地就更有生命力。

3）慢就是快原则

我国古代的圣贤，特别提出一个词语，叫“化成”。“圣人久于其道，而天下化成。”化成，就是长时间去做一件事情，每天做一点点，有一点点的进步；坚持不断地做下去，最后就会成功。企业品牌和文化的落地，其实也是一个化成的过程。每天落地一点点，每天深入一点点。有时候，也许看不出来这一天的做法有什么功用，但是不必着急。这就好像将种子植入大地，你只需要勤奋照顾，每天该浇水浇水，该施肥施肥，该除虫除虫，自然就会迎来破土萌芽的一天。再从小苗到成为树木，最后成为参天大树，这是一个漫长的过程。但品牌和文化还有一个加速发展期，一旦“化”的过程完成了，“成”的速度和效果就会很惊人，是跳跃式的甚至是指数式的效能增长。

慢，在这样一个日新月异、飞速变化的时代并不容易，因为在很多人眼里，似乎慢就是“笨”的代名词，但正如曾国藩的用兵之道：“结硬寨，打呆仗。”“惟天下之至拙，胜天下之至巧。”重剑无锋，天下莫能与争。

所以，我们的心一定要慢下来、定下来、静下来、专下来，专心一点、一板一眼、扎扎实实地做事情，将品牌和文化的根须扎深扎牢。

相信人、尊重人、肯定人、激励人，将品牌和文化的落地的主动权交给全体员工——品牌和文化落地、转化的创造主体，这一主体群落得到最大尊重，主观能动性得到最大激发，落地就不再是一个被动的过程、不再是枯燥和困难的事情，而是变成快乐和开心的事情，在落地过程中仔细品味品牌和文化的生命和精神，并与每一个落地和创造主体——人的生命和精神交相辉映，一切自然就会水到渠成。

当然在企业品牌和文化意识的落地过程当中，可以采取丰富多彩的载体，包括文艺演出、体育比赛、书画展览、演讲朗诵，还有企业自己的报纸，电视、杂志、公众号甚至包括黑板报，都是企业文化和企业品牌内化落地的抓手。但是大家不要有一个误区，认为唱歌、跳舞、办报、拍视频本身就是企业文化，那只是企业品牌和文化建设的抓手，是通过这些抓手强化了我们的共同价值观，强化了我们对品牌的共同认知，这个才是企业文化或者企业品牌的建设，是品牌和文化的落地。

第四章 企业品牌与文化的传播

——连接一体，文品协同

传播阶段就是“内圣外王”的“外王”部分。在这个“外王”的过程中，品牌和文化几乎是不可分割的，文化就是品牌，品牌就是文化。讲文化就是在讲品牌，讲品牌就是在讲文化，二者连接一体。

第一节
传播阶段品牌与文化的双修关系

利也好，义也好，还是要回到“品质”这个根本上来。有品质，才有品格，才有品牌。没有品质，一切都无从谈起，都是浮云。

讲到企业品牌与文化的传播，大家一定会想起一句老话：“酒香不怕巷子深”，但既然是老话，虽然有道理，也毕竟过时了。实际上是“酒香也怕巷子深”。因为你的酒再好、再香，没有人知道你的品牌，甚至都没有兴趣去试着品尝一下，那么再香再好的酒又能如何呢？

大家都知道一个故事：1915年在巴拿马的万国博览会上，中国送去的展品很多，一共来自共19个省的参赛品10多万件，可谓林林总总。其中，光是白酒产品就有山西、直隶（今河北省）、河南选送的三种高粱酒，以及以“茅台造酒公司”和“贵州公署酒”命名的“烧房”——成义和荣和两家“烧房”送去参展的酒。一个普普通通的圆形鼓腹土陶瓶，小口短颈，瓶上部施黄釉，瓶口以木塞封闭，猪尿包皮盖封，瓶颈再用细麻绳拴紧。这些酒和其他地区的高粱酒从外表上几乎一模一样。因此也造就了后来的一桩公案：在博览会上，中国展区的酒类根本无人问津，外国人并不了解中国白酒。一直到展览进行了几天，中国代表团的一位团员实在受不了了，于是将其中一瓶酒拿了起来，假装失手，实则是故意为之——怒摔酒瓶。可能是凑巧，也可能他是对茅台酒的香型特点有所了解。因此，这一瓶酒摔下去，顿时酒香四溢，而且香气在空气中久久不去。外国人一闻这酒气，如此浓郁的香气，简直难以置信。于是纷纷围过来一问究竟，中国代表则趁机打开几瓶酒，盛在小杯子中供大家品尝。于是，中国白酒一炮而响，在这次大赛中国揽获奖项若干。当然，这个故事山西汾酒一直不认同，至今保存在国家图书馆文献库的《中国参与巴拿马太平洋博览会纪实》影印本，上面明确记载获得大奖的就有山西汾酒（当时唯一有品牌的）以及“贵州公署酒”。但是茅台酒已经抢先讲了这个故事，目前已经家喻户晓，这也是品牌建设的一种手段——抢占舆论制高点。

品牌和文化的传播都有着一个根本的要求：需要故事。而1915年的巴拿马博览会“怒摔酒瓶获奖荣归”就是一个很好的故事。但这还没有完，接下来，茅台又讲过一个对中国人更休戚相关、举足轻重的故事：1935年，红军三渡赤水，就是在茅台。红军攻占茅台镇，来到了到处是烧锅烧房、空气里弥漫着醉人的香气的地方，而对红军来说，茅台酒的一个最大的好处，居然不是用来喝的，而是用来治疗伤病员的。当时周恩来得知茅台酒有65度，第一反应就是茅台酒可以替代药水，为伤病员杀菌疗伤。“红军过茅台，用酒洗双脚。”长征要走路，而走路离不开一双脚。因为用茅台酒来擦洗是保护脚的最好的方法，所以这一特殊的、历史性的贡献让茅台酒和红军牢牢结缘。

品牌和文化的传播，还必须经过一道最严格的考验：穿越时间的考验。岁月是对品牌和文化的最终检验，岁月也是最公正的裁判员。

茅台酒从成为“军酒”到成为“国酒”，可以说有很多特殊的因素，有人说命运使然，也有人说运气一直好。但最根本的一条，还是茅台人对品质的信仰和坚守。我们说过茅台的工艺之复杂，也说过茅台人在对品质的追求上慢工细活，精益求精，永无止境。企业可以不盈利，企业可以没有规模，但企业不可以丢了传家宝——品质。上天赐予了茅台人赤水河核心产区这一天然的优势资源，贵州特有的高粱，加上小麦，再加上赤水河流域复杂的微生物群，加上一代代茅台人对品质的坚持不懈的追求，在30道工序、165个工艺过程中不断地优化和改进、持续地完善和创新，最终形成茅台品质。

品牌和文化的传播还有一个原则：贵精不贵多。茅台主打的就是53度的飞天茅台酒。这一超级单品在几十年中持续反复巩固人们认知。

品牌和文化的传播，从讲故事讲什么到怎么讲，这也是其能够穿越时空而永葆青春活力的根本手段和能力。茅台就是一个特别会讲故事的企业，而且能够把自家产品做成收藏品、奢侈品，像国际上的名牌包包、手表一样，不断地增值保值，简直是一个奇迹。2023年2月中旬，我在北京参加了茅台品尝家的新春联谊会，见到了茅台的新领导班子成员和集团酿酒技术导师季克良先生，很荣幸地品尝了他们90年代、00年代、10年代、20年的茅台真酒，对他们的品牌打造有了进一步的了解，深深地感觉到“家藏茅台老酒，品味岁月之美”的魅力。

如果说前面几任的掌门人、大宗师都在研究如何确保茅台酒的品质，如何制定市场规则，2021年8月新上任的掌门人丁雄军明显不一样，他更重视“科学精神”与茅台酒的对接和融合，为茅台开创更宽阔的未来。他一上来的打法也不一样：2022年3月，创立“i茅台”APP，直接瞄准的是在年轻人群体中建立起消费认知，上线三个月，注册人数突破2000万，2022年底“i茅台”线上创造了56亿元销售收入。

从“i茅台”开始，茅台“品牌年轻化战略”一发不可收拾：茅台与蒙牛合作开发茅台冰淇淋，让人生的第一口茅台酒从吃茅台冰淇淋开始；与网易联合出品“巽风数字世界”APP，在虚拟世界里尽情体验茅台文化；与瑞幸咖啡联名推出“酱香拿铁”，首发第一天销售额直接突破1亿元。可以推测，茅台的品牌建设在消费类产品中近十年内无人可以超越，因为品牌的知名度可以在短时间之内砸钱堆起来，但是富有深刻的文化底蕴打造出的品牌绝不可能一蹴而就。茅台在2001年7月上市的时候每股是31.39元，到了2024年的3月7日，茅台的股价每股是1688.10元——由此可见一斑。

至此，可以对传播阶段的品牌和文化双修关系做一个直观的描述了：

品牌建设对内方面，肯定要一个“利”字，企业只有获取利润才能生存。不谈利润、不讲回报的品牌建设，属于自娱自乐，难以持久。

对外方面，应该将重点放在一个“义”字上，从社会责任到天下公义。不谈道义的品牌建设，只能是孤家寡人，难以取得共鸣。

利是大家比较熟悉的，主要包含三个基本层面：

1）利个人

这是西方市场经济里的奠基理论，人只有“利己”的动机驱动，才能自发地到市场中去做事情。“无利不起早”“天下熙熙皆为利来，天下攘攘皆为利往”。的确，利，也就是人的欲望，是最根本的驱动力。利益驱动是保障我们每个生命存在的基本动力，一个如果连为自己谋利都不想的人，要么是虚伪，要么根本就无法在社会上立足。

2）利企业

企业首先是经济组织，要获利才能生存，才能有资本投入更好地发展。企业和个人不同，就在于通过将不同的人组织在一起，实现利润最大化。

3）利向上

一群人在一起的能力超过个体，但组织的力量也可能被误导，甚至被别有用心的人利用。企业虽然是为了赚钱、获取利润，但获取利润的手段和方式一定要是正面的，不能投机倒把，更不能违法犯罪。这就是孔子说的“不义而富且贵，于我如浮云。”这样的钱即使赚了，也不能长久，如同浮云无根，不过过眼烟云而已。

在坚持“利”的基础上，企业就会生存、发展、壮大，但是在向外方面，企业要想进一步提升，树立自己的形象，扩大影响力，就必须将重点放在一个“义”字上。这个“义”，也包含三方面的涵义：

1）讲信义

企业要承担社会责任，“信义”就是最基本的责任。“信”是不欺骗，“义”是不作恶。企业的产品的品质永远是值得信任的，企业以自己的匠心，赢得消费者的“放心”，这是一个双向承诺。

2）促公义

企业组织（尤其是大企业）拥有巨大的人力物力，占有丰厚的资源。资源本来是全社会的，甚至是子孙后代一起享用的，企业占有和利用了这些资源，就应该将自己的一部分利润拿出来反哺社会。这是企业必须承担的社会责任，也是必须要自觉履行的义务。很多企业做社会公益是为了留名，甚至是为了借公益之名行营销之实。如果得不到实在的回报，就失去了坚持下去的动力。其实做公益，企业恰恰是应该怀着感恩之心的，而不是让被帮助的人连声道谢。赠人玫瑰，手留余香。能否长期做公益、在多大程度上真心实意地做公益，最能看出一个企业的品格，也是品质的升华。

3）共成义

从中国古代到现在，一直流传有“义以生利”，但究竟怎么个“义生利”法，却很少有企业可以真正去实践。在这方面，今天的“共生共享”“生态”都是很好的实践，茅台也提供了一个很好的案例。

以前，在茅台发展历史上，一度面临着非常激烈的甚至有些恶意的竞争：从茅台的品牌正宗之争，到谁是“国酒”之争，几度喧嚣，风云激荡。但最终，茅台从自己的地位和行业口碑出发，提出了生态双修的概念。与消费者、经销商、同业者和周边环境和谐相处。引领行业而不是一枝独秀，呵护经销商的利益甚至视为“恩人”，对其他的酱酒企业不是落井下石而是雪中送炭，习酒就是一个例子。没有茅台的仗义出手，很难想象习酒会重新成为一个百亿级企业。再就是茅台的“以茅台镇为中心的酱酒生态区”生态理念愈发清晰。

其实，利也好，义也好，还是要回到“品质”这个根本上来。有品质，才有品格，才有品牌。没有品质，一切都无从谈起，都是浮云。

而品质，说到底最根本的还是离不开人，只有人才能坚守品质，才能通过对品质坚持不懈的追求而不断改进产品，最终铸就品牌。

说到底最根本、最长期、最强劲的驱动力，还是文化。所以说，所有成功的品牌最终都会成为一种优秀的文化，所有优秀的文化最终都化成优秀的品牌。

第二节

企业文化的传播

> 人类的真实本性——成就需要得到认可。反过来，这种认可又会鼓励人们去取得更大的成就。

1 企业内部传播

2023年5月6日，英国国王查尔斯三世的加冕典礼在伦敦威斯敏斯特教堂举行。查尔斯国王成为自1066年以来第40位英国君主。此时距离1953年伊丽莎白二世加冕已睽违70年之久。70年，三分之二个世纪还多，很多人已经不知道上一次的加冕典礼是什么样的仪式。但这一次，人们通过现场和电视转播等形式真正得以一窥加冕典礼全貌。尽管比起前女王伊丽莎白二世的加冕典礼要“精简”许多，规模更小、时间更短，参与人数也从8千多人缩减到2千多人。但加冕仪式还是一丝不苟：由游行拉开序幕，一百余名皇家骑兵护卫队集合，从白金汉宫护送出发。国王和王后乘坐钻石庆典国家马车从白金汉宫途经国家广场、特拉法加广场、白厅和议会街，最终进入议会广场到达威斯敏斯特教堂西门。公众可以在路线上参观，另外，退伍军人、国家医疗系统的医护人员和社会护工可以登上看台观看。超过100位国家元首接受了国王加冕典礼的邀请。查尔斯三世和卡米拉来到威斯敏斯特教堂中央，国王查尔斯三世在宣誓后接受受膏、大主教祝圣、授冠等一系列仪式。值得一提的是，加冕仪式上国王被授予君主宝珠、加冕戒指、十字架权杖和鸽子权杖，最后大主教把加冕专用的圣爱德华王冠戴在国王头上。这顶王冠由黄金制成，加上上面的444颗钻石，重达2.2kg。这顶王冠上一次露面还是在1953年伊丽莎白二世的加冕礼上，女王曾吐槽王冠太重，不敢低头。接着卡米拉王后举行类似仪式，也进行了受膏和加冕，并接受众人致敬，戴上了有一百余年历史的玛丽王后王冠。加冕典有连续3天的活动，除了在威斯敏斯特教堂举办的加冕仪式外，还有温莎城堡音乐会、盛大游行等。

为什么要不厌其烦地说这个古老的加冕仪式呢?是因为仪式在我们的生活中占据着重要的位置：像国王加冕典礼这样是公开的、盛大的仪式，还有一些私人的仪式，但不管是公开的还是私人的，仪式都似乎有着一种神秘的“魔力”，仿佛一经过某种约定俗成的“仪式”或者对个人具有特殊纪念意义的仪式，便会发生不一样的变化。正如仪式充斥在国家、社会、家庭、个人生活的每一个角落，仪式在企业也是如此，是企业文化传承的一种重要的载体。

在企业里面，有很多仪式，有的似乎千篇一律，例如年度股东大会。对很多企业来说，这似乎都只是一种“形式”。因为股东需要的信息早已公开化，他们只是为了一件事情而来，看看董事会成员进场，坐在讲台上。有的人可能从头到尾不说一句话，董事长可能会发表激情演讲之类，令人热血沸腾，但一切都是“表演性”的，只是“被需要”。

不过，也有公司特别重视“仪式感”，例如亚马逊公司，据说其自1997年以来发布的每一封致股东信都附上了其第一封致股东信的副本，以表明即使周围的世界发生变化，一种潜在的精神依然存在。

不管什么样的公司礼仪，其存在的一个重要作用，就是让员工有归属感。30年前，我在扬子石化塑料厂担任党委书记时，发现每年总有几个固定的节日，会对一部分员工形成正向的激励。如妇女节、青年节、劳动节、国庆节和年底的对优秀员工的表彰。后来我就对空白月份进行了统一的规划，设计并实施了一个“月月评十佳、人人争先进”的延伸全年、固定的一个评选表彰活动：1月份评选年度十佳员工、2月份评选十佳家庭、3月份评选十佳女员工、4月份评选十佳青年、5月份评选十佳劳动模范、6月份评选十佳安全环保标兵、7月份评选十佳优秀共产党员、8月份评选十佳复转军人、9月份评选带徒弟带得好的十佳师傅、10月份评选十佳技术能手、11月份评选十佳廉洁好干部、12月份评选十大后勤保障先进。

全年表彰了120人，占全厂员工总数的10%以上。获奖的10个人会在厂办公楼门口的柱子挂上他们硕大的照片，并在工厂的各种媒体进行集中宣传。这种仪式感并没有花太多的钱，但是激励的效果挺好——它事实上是一种企业文化、企业价值观的导向和落地。

在迪尔和肯尼迪合著的《企业文化——企业生活中的礼仪与仪式》一书中，举了一个例子：当批评家们对拿破仑再次设置纯粹象征性的、毫无实用价值的荣誉勋章进行强烈抨击时，他却回答："你得用些小玩意儿来鼓励你的人，而不是只说空话。"这听起来有点冷嘲热讽的意味，却揭示了人类的真实本性——成就需要得到认可；反过来，这种认可又会鼓励人们去取得更大的成就。和拿破仑的军队一样，要想使一种企业文化及其体现的价值观繁荣昌盛，就必须举行一些仪式和庆典活动。

从录用与解聘，到提供报酬、会议形式、书写规范、谈话方式，甚至主持一个退休晚餐的风格……这些仪式让文化以一种富有凝聚力的方式显现出来。

仪式，看起来似乎不那么直接发挥作用，实则在每种仪式背后都有一个体现了文化核心信念的寓意。如果没有这种联系，那么仪式不过是一种惯例，除了给人们以某种安全感和确定性外，起不到其他作用。仪式提供了地点和脚本，使员工能够体验其中的意义。它们使混乱回归秩序。IBM、丹纳、玫琳凯、NCR、假日酒店和宝洁公司都让仪式成为企业日常经营活动的一个重要部分，而不仅仅是某一事件发生之后的活动。

庆典就更是如此。无论文化是华丽繁复的还是简约质朴的，当员工完成了某种里程碑式的工作时，庆典活动都有助于公司体现出对英雄人物、传奇事迹、神圣象征的赞颂。仪式如同习惯，它是日常琐事并被人们视为理所当然的。然而，庆典则是十分不平凡的，它是全公司的"聚焦点"。庆典活动使文化得以充分展现，并提供了那些能被员工铭记在心的经历和体会。庆典会长久地将价值观、信仰和英雄形象深深刻在员工的脑海和心灵中。

仪式感对于普通人来说更为重要。那年我去阿里巴巴学习时，静修女士介绍说，从2004年开始，坚持了多年"五年陈"的传统，为入职满1年、3年、5年的员工送一个不同材质的戒指，尤其是为满五年的员工举行盛大仪式，为他们每个人戴上私人订制的、刻有她\他姓名缩写的白金戒指。他们每年举办4次隆重的授戒仪式，所有的五年陈员工被邀请回杭州阿里总部。据说，20年来花了数千万人民币用在了给员工的这枚戒指和授戒仪式中。这拴住的不光是员工的手，拴住的更是员工的心，更重要的是激励对企业的忠诚，也是一种文化的传承。

“年陈”这本来是用以形容酒的年份的词汇，在阿里巴巴被演化成对员工入职年限的一种纪念，被称为——一年香、三年醇、五年陈。年陈文化中的礼品不是一种等级的分别——让人从戒指上可以看到工龄多长，也不仅仅是一种福利，更是一种认可和激励，一年、三年、五年分别代表着“认同”“融入”和“传承”。马云曾说过：“一家企业文化最大的挑战是，什么是你们的共同目标。阿里是一家使命驱动的公司，我们的共同目标就是我们的使命、愿景、价值观。文化是我们的DNA，而文化的背后就是我们的人，我们未来的组织文化建设，最强大的不是组织部的干部，不是副总裁，不是我，是我们所有的三年陈、五年陈们。”

20年来，阿里巴巴为什么要坚持给员工办这样的一场仪式呢？你可以把这个理解为“文化的力量”，文化是一家企业的DNA。

我的岳母是在石油石化行业奋斗一辈子的一位老工程师，她参与了我们国家许多大型炼油化工基地的工程设计。20世纪80年代退休的时候，单位送了她一块玻璃的横匾，上面用油漆写着某某同志光荣退休。这一块花花绿绿的玻璃横匾值不了几个钱，但是我岳母十分珍惜，一直挂在客厅里面最显眼的地方。这不光对她是一个安慰，也是一种对后人的激励和导向。因为很多敬重老人的仪式感，既是抚慰老人，也更是给青年轻人看的。一个企业对待老同志的态度就是对待文化传承的态度。如果对老同志弃之如履，伤的不光是老同志的心，更会影响年轻人对企业的忠诚度，它会割断文化的传承。

所以说，适当的仪式是如此重要，如果缺乏富有表现力的载体，任何企业文化都会消亡。不能把形式、仪式完全等同于形式主义，有些形式是必须的、是有效的，是企业文化的重要载体。这与追求奢靡的、毫无用处的形式主义不是一回事。

下面来看一个例子：联想的“入模子”培训，可算一个特殊仪式。

提起联想，我们都会想到柳传志——被誉为是联想的“教父”，甚至是中国企业家的“教父”，他和任正非、张瑞敏一样都是中国企业家的优秀代表。从“拐大弯”体制改革再到“蛇吞象”并购IBM PC部门，从国内到国际，联想可以说走出了一条中国企业四十多年的标准化道路。而联想的贡献还不止于此，例如柳传志在回顾自己和联想的发展历程时，最津津乐道也是说起最多的一个成功经验，就是“入模子”。

“‘入模子’是我们说惯了的一句话，它的意思是说联想要形成一个坚硬的模子，进入联想的职工必须进到联想的‘模子’里来，凝成联想的理想、目标、精神、情操行为所要求的形状。……不管是什么样的人进入到联想，都要融化在这个模子里。你可以改造这个模子，比如说我们有些地方做得不好，大家提了以后我们可以修改，但进来之后就要按这个做。”

具体来说，“入模子”意即企业像一个模子，有独特的企业管理和文化要求；所有加入公司的员工都要进到模子里熟悉公司的企业文化。

“入模子”分为联想一般职工的“入模子”和管理人员骨干人员的“入模子”。比如，新员工进入联想的第一步，必须参加“入模子”培训，否则就不能转正；另外，新员工“入模子”的成绩要记入档案作为重要依据。对一般人员来说，就是要按照联想所要求的行为规范做事，执行以岗位责任制为核心的一系列规章制度，包括财务制度、库房制度、部门接口制度、人事制度等。执行制度是对一个联想人的最基本要求。只有遵照联想精神办事的人才可能进入联想的领导班子，才可能站得住脚，进入下一个管理人员和骨干人员的“模子”。

联想的各级干部也都有自己的“模子”，新提拔的经理、总经理也必须参加相应的培训班。联想对管理人员和骨干“入模子”的要求就是：

① 联想的骨干尤其是执行委员会以上的核心成员，要有牺牲精神。

② 联想的骨干要堂堂正正，光明磊落，不许拉帮结派，有问题要摆在桌面上谈。

③ 联想的骨干必须要坚持公司的基本准则，坚持公司的统一性，坚决服从总裁室的领导，不允许为了本部门的利益与别的部门发生摩擦。

④ 联想的骨干必须要根据全局的要求制定本部门的工作计划。

⑤ 联想的骨干必须要学会带队伍。

⑥ 联想的骨干带队伍要懂得求实和讲信誉。

⑦ 联想的骨干要有为民族做一番事业的理想。

柳传志强调，一定要把职业经理人融入到企业里去，不然做着做着看到更好的位置他就走了。联想要培养的是有上进心、事业心的人，不管遇到什么困难都要做中流砥柱。从业务上来讲，职业经理人能把很多外面的东西带到公司来，但不同的人来到公司，带来不同的文化，一定要有一个模子把他们融化、改造成“自己的人”，这一点非常关键。

对于“模子”，有的人觉得不舒服，会觉得被强制了、被束缚了，但柳传志说得很清晰，也很坚决：“我觉得这个模子等于是企业的一个规则，做事的规则。有的是用文字把它定出来，有的是用文化把它形成。在任何一个企业里，如果说大家不遵守一个必要的共同规则的话，那真的什么事情也做不成。所以我觉得这个是肯定要有的，只不过这个模子是可以改的，但要分清楚哪些是可以改的、哪些是坚决不能改的，它永远要有联想的烙印。”当然了，这个用来“打烙印”的模子本身也是在变化的、在改造的，模子本身有大量的变化、大量的创新，“改造模子”本身也是新的“模子”，不断地适应时代之变。

所以说，联想的“入模子”，其实就是对企业文化的一个强化和固化。你进入联想，首先要成为一个“联想人”，要用联想的文化和精神，去塑造你作为一个企业人、一个联想人的“联想生命”，这个“联想生命”不是属于你一个人的，而是全体联想人共有。这就是“入模子”仪式一创立就坚持三四十年的原因，其本身也成为联想文化的一部分。

在企业文化的内部传播中，宣贯、培训都起着不可替代的作用，但更重要的还在于有一个网络。《企业文化——企业生活中的礼仪和仪式》也列举了企业网络在文化传播过程中发挥的举足轻重的作用：在强文化的公司里，每位员工除本职工作外，还有另一项工作，而且“很多时候这项工作远比预、备忘录、公司政策或五年规划重要得多”。这项工作就是他们作为员工之外的谍报人员、说书人、牧师、耳边私语者、非正式小团体等，共同建构了一个文化网络。文化网络是组织内部的非正式沟通手段，但却是公司价值信念和英雄神话的“载体”。公司内部的“说书人、谍报人员、牧师、非正式团体和小道消息传播者，形成了一种隐蔽的权力阶层，要想出色完成工作或者了解实际发生了什么事，唯一的方法就是有效地运用文化网络”，因为文化网络不仅能传递信息，还能向员工解释信息的真正含义，组织内部发生的事件中，90%与正式事件无关，真正的事情是在文化网络中发生的。

这种隐秘而发挥实际作用的“文化网络”，引起了很多企业领导者的高度重视。大家普遍认识到，在当今竞争激烈的商业环境中，企业文化网络的重要性愈发不可忽视。企业文化网络通过共享价值观、信念和行为规范，将员工和组织紧密地联系在一起。它可以影响企业的绩效、员工的工作态度和行为，其作用如此重要，作为企业领导就必须充分认识这种价值，尽可能地深入到文化网络中以实现企业的管理目标。

当然，和两位作者提到的“非正式文化网络”不一样，今天随着互联网技术的高速发展和多场景复杂化应用，我们已经可以建设“正式文化网络”，利用正面引导全员参与，从而构建起全新的内部传播平台。

以上关于企业文化的内部传播，通常称之为“强素质”。“强素质”同样是一个系统工程，具体可以做的事情很多，工作方式多样：

（1）宣贯培训

就是我们讲的类似联想“入模子”的观念导入培训、理念体系培训、操作管理培训和管理制度培训。

（2）文化宣传

宣传是威风锣鼓，正如毛主席说长征一样：“长征是宣言书，长征是宣传队，长征是播种机。”宣传就是播种，将文化的种子播撒进每一个人的心中。宣传方式包括：文化手册、文化墙、文化展厅、文化内刊、企业宣传片、文化微信群、文化故事集、文化演讲歌唱活动、文化史编制等。

（3）文化研习

这是深一层次的传播，例如文化大讨论、文化读书会、文化沙龙、论坛等，文化集中学习会、高层宣讲会、部门例会、班前学习班后总结会等。

（4）文化实践

例如专题竞赛、沟通活动、体育竞赛、娱乐活动、客户联谊会、企业开放日、庆典、表彰等。

总之，企业文化的内部传播，必须坚持三个通行的基本原则：

1）强化认知

就是要不断强化全体员工对企业文化的认知，尤其是核心理念层面的认知。

2）实现认同

企业文化最终目的是凝聚共识，并且转化为经营管理发展的内生动力。

3）落实于行

我们常说“知行合一”。企业是经济组织，必须实现经济活动赚取利润。企业文化能不能真正发挥效力，发挥正面积极的促进作用，就看最后的行动以及行动结果。好的文化一定是促进企业绩效不断成长的。

2 企业外部传播

上面我们讲的企业文化在企业内部的传播。那么面向外部，又是如何传播的呢？

通常，企业文化的对外传播，我们称之为“树形象”。既然是“形象”，就是可视的，是让我们的客户、伙伴、社会公众可以直接看到的。

先来看一个我亲自参与策划和组织实施的案例。

提起中国石化，在人们的心目中，就是一个“大象”。大象的一个特点就是体量大，再就是稳重，但大象也很神秘。那么，中国石化是如何做到让公众心目中的“大象”由模糊而渐渐清晰的呢？

中国石化给出的做法具有代表性，也可以推广复制，就是抓住了对外传播的“关键三招”——“公众开放日”、新闻发言人制度和社会公益慈善。

（1）关键招数一：公众开放日

2013年“PX”事件后，企业进行了深深的反思。我们的企业在社会公众心里面是危险的、污染的、混乱的，而我们的员工觉得我们的企业是环保的、安全的、绿色的、管理先进的，这中间缺少沟通，于是在镇海炼化率先尝试对公众打开大门进行科普直接沟通。经过三年试验后，把中国石化的公众开放日进行了统一化、规范化，设计了专门的公众号，进行了品牌化包装。2016年起，经数年打磨，终于将中国石化的公众开放日打造成了一个与社会沟通的良好平台，也逐步形成了一个企业的公益品牌。从这年开始，中国石化将每年“世界地球日”（4月22日）设定为“公众开放日”年度主题日，当天（或前后），覆盖近半个中国的中国石化所属企业同时“开门迎客”，形成了规模化传播效果。之后，要求下属企业至少一个月开放一次。许多企业已经做得到一个星期一次，比如北京燕山石化，前往参观者络绎不绝。

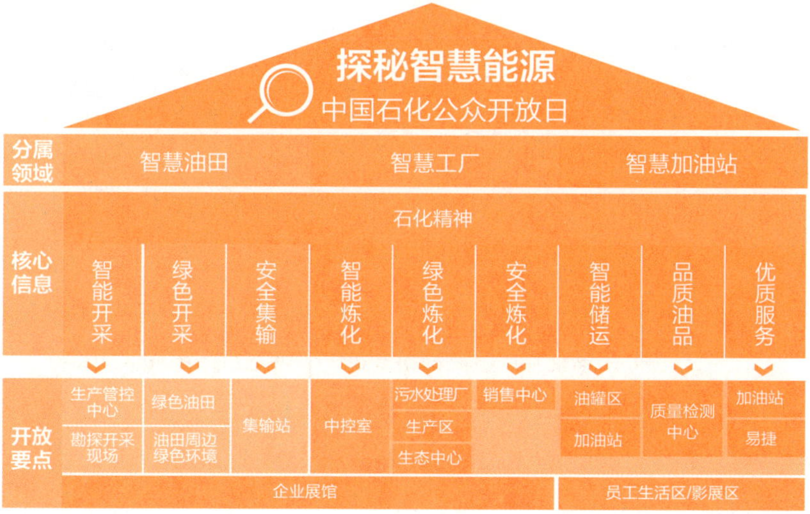

公众开放日主题架构

在“公众开放日”主题下，分别围绕“创新、绿色、民生”内涵，设计了不同的文化体验环节。科技创新方面，公众可以零距离体验“电子巡井”、VR体验三维工厂、参观“无人”仓库等，亲身感受创新文化；绿色低碳方面，通过参观炼化工厂里的“污水”养鱼池、白鹭园等，立体展示环保文化；服务民生方面，将社会责任实践贯穿整个沟通过程中，让社会公众感知人本文化和责任文化。全流程贯穿“为美好生活加油”的企业使命。

为把“探秘智慧能源”渗透到沟通平台各环节，项目加强顶层设计、突出目标导向、采取梯次推进，将“智慧能源”的概念融入到游戏、视频、参观当中，以通俗易懂、寓教于乐的方式，满足公众对相关知识的需求，在科普中传播理念、增进共识、强化企业文化识别度。同时努力打造线下传播与线上传播结合、传统媒体和新媒体深度融合的融媒体多元化传播模式，打好活动宣传“组合拳”，形成合力，集中传播，立体传播，提升传播内容的广度和深度，让企业文化宣传更具公信力和影响力。

考虑到企业全产业链业务有所不同，为兼顾标准化和个性化的需求，中国石化提出“1+3+X”品牌沟通平台流程体系。其中1是指1个标准化流程，3是指上、

【1+3+X】品牌沟通平台体系				
1=标准化 权重：60%	3=差异化 权重：30%			X=特色化 权重：10%
品牌活动VI系统 报名与邀约管理	【智慧石化学前班】 KM：石油及勘探开采知识科普	【智慧石化科学班】 KM：石油及炼化知识科普	【智慧石化乐活班】 KM：石油、安全储运及节油知识普及	特色油井、 油田周边自备工厂、 民生成果
安全机制管理 公众参观接送管理 石化全产业链认知	【勘采实践小队】 KM：实践参观，认识新科技、新环保、新传承的智慧油田	【炼化实践小队】 KM：实践参观，认识新科技、新环保、新安全的智慧工厂	【乐活实践小队】 KM：实践参观，认识新体验、新品质、新安全的智慧加油站	生态中心、 工厂辅助性设备、 民生成果
统一宣传视频 活动反馈体系	参观项目：展厅、生产指挥中心、油井	参观项目：展厅、中控室、工厂、消防中心、污水处理中心	参观项目：质检室、油罐区、加油站	员工生活区、 影展区

标准化平台体系

中、下游的差异化流程，X是指特色化流程，其比例分别占60%、30%和10%。标准化环节中，所有举办开放日的企业需要使用统一的平台视觉标准、报名管理系统、安全管理机制、接待程序、宣传话术等；差异化环节中，结合上中下游业务板块特点，分别设定了智慧油田、智慧工厂和智慧加油站的开放要点；特色化环节中，给予企业一小部分展示自身独有特点的权限，如镇海炼化的白鹭园等。

为了更好地拉近公众距离，中国石化还专门为公众开放日设计了形象“代言人”——油迪（“油滴”的谐音），赋予其绿色、环保、科普的特性内涵，并将其制作成毛绒玩具、人偶服装等，应用于活动现场、礼品赠送、品牌宣传和传播等环节。

为了配合品牌沟通平台的线上传播，中国石化制作了一首公众开放日主题曲——《Sinopec open day》，以通俗易懂的方式向外界传达中国石化在科技创新、智能制造、绿色环保、多元化产品和服务、国际化经营等方面的做法和成效，体现中国石化创新、绿色、民生的企业形象。

开放日歌曲
Sinopec open day

此外，中国石化还培育解说队伍、塑造形象使者，完善解说员队伍管理与建设，组织各企业招募形象好、气质佳、沟通能力强的员工志愿者组建兼职解说员队伍，利用工余时间参与平台讲解服务。他们既是平台的偶像、代言人和名片，也是策划组织网络直播的主力军。同时编制解说词，形成标准模板。编制了《公众开放日品牌活动指导手册》，从平台理念、活动筹备、活动接待、活动流程、活动话术等方面规范公众开放日品牌沟通平台具体操作办法和实施细则，企业根据《指导手册》，可以快速复制公众开放日活动的组织实施各项操作。

可以说，中国石化的“公众开放日”开创了企业文化传播的新模式，倒逼企业提升现场管理水平、改善生产生活环境，将环保文化、创新文化、精细文化等专项文化贯穿企业生产、经营、管理的各个环节，彰显了企业文化的整体力量。“公众开放日”有效消除了公众对石化企业的偏见和误解，为行业发展赢得了宝贵的舆论支持。镇海炼化炼化一体化项目，曾因PX事件被全盘否定，经过开放日的六年沟通探索，2018年6月29日，项目得到被调查团体95%的支持，终于被宁波市发改委核准批复。这是大型石化项目因群体性事件暂停后再启动，目前唯一获得核准批复的项目。江汉油田针对页岩气开发初期存在的“真假论”“污染论”“掠夺论”，先后邀请国内外媒体、院士专家、地方政府、学生和村民等分50多批次实地参观，了解技术自主、装备国产的“中国奇迹”，目睹气田绿色开发、智慧开发的环保成效，感受对当地经济的支持拉动，赢得了公众的理解和认可，推动争取了当地政府的支持。燕山石化、茂名石化等企业用污水监控池养鱼，展示了企业致力绿色环保的成效，打消了周边居民的顾虑，撕下了社会舆论中“不安全、不环保、不开放”的负面标签。

随着“公众开放日”沟通平台的持续推进，中国石化舆论生态有了明显的改善，负面信息报道量占比大幅下降。“公众开放日”平台形成了规模化传播效果，获得了各方认可。据统计，表示通过活动对中国石化有了深入了解的占到受访者的73%，表示愿意邀请亲朋好友参加后续活动的占84%，愿意成为活动传播者的占85%。外部评价也更为积极正面，国资委新闻中心评价说：“中国石化‘公众开放日’活动开创了央企与社会公众加强沟通的新模式、新途径。”国资委宣传局评价其为“央企标杆”，并在国有企业范围内推广开展“国企开放日”活动。

（2）关键招数二：新闻发布制度

请看这样一组数据：2012年，中国石化集团被媒体报道的55万条信息中，负面信息占到42.6%，占国资委总负面舆情的18.7%，是负面舆情“重灾区”。到2017年，负面舆情降至5.9%，下降了86%，明显改善了企业外部舆论环境，重塑了企业品牌形象，而这一显著的变化就得益于中国石化“新闻发言人制度”。其主要做法和成功经验是：

➡ 从个人到制度转变　新闻发言人，不仅仅是一个人，更是一种制度。以前我作为新闻发言人的时候，每遇到重大舆情，总是冲在最前线，舌战群儒，媒体曝光量挺高。但平均每天639条负面舆情让我们应接不暇，疲于奔命。经过一段时间的实践，我们发现新闻发言人个人的力量总是有限的，舆论引导更需要制度保证，企业新闻发言人本人不宜成为“新闻人物”。为此，我们加强了制度建设，制定了中国石化对外新闻宣传管理办法，建立了两级发言人制度，在总部和140多家二级单位均设立新闻发言人，健全考核奖惩机制，负面舆情在企业领导干部业绩考核中占到3%；建立问责制度，发生安全、环保事故并同时引发重大级舆情的，处罚时要加重一档；实施了省市区舆情牵头单位负责制度，实行舆情处置区域包干，协同作战。

➡ 从随机应对到科学套路转变　不断摸索规律，努力形成可复制的操作经验，探索形成新闻发言的科学性模板和热点难点问题处置数据库，保障无论谁当新闻发言人都可以有话可说，正常发言。不断推进舆论引导形式、方法、手段创新，对舆情处置实行“分类应对法”，按正常监督批评、误解误传、恶意诬陷、特殊情况进行分类处置。强化舆情处置中“力避化危为险，力争化危为安，力求化危为机”，尽可能将负面舆情处置转化为传播企业正面品牌形象的机会。如2012年“香港聚丙烯胶粒漏撒事件”，搁置法律责任争议，先行承担社会责任。这次危机处置还被评为当年霍姆斯亚太地区品牌与声誉杰出成就金奖。

➡ 从单纯舆情处置到建立声誉管理体系转变　在实践中探索出“声誉管理五连环法”，除了做好舆情处置、新闻发布工作之外，还向公共关系、品牌建设、企业文化延伸，系统施策，关口前移，从根本上解决问题，实现长治久安。

由单渠道发声到沟通矩阵转变 通过召开新闻发布会引导舆论往往受时间、空间限制，而把官方微博、官方微信当成“发言人的发言人”和“虚拟发言人”，可以灵活机动取得良好的传播效果。中国石化在央企率先使用了企业卡通人物——“小石头”为中国石化代言，放低姿态，摆脱了以往的“刻板”形象，赢得了公众的喜爱和信任。青岛“11·22”事故危机处置期间，几乎全部信息都是通过官方微博“石化实说”发出的。

制度建设由境内到境外延伸 近年来，中国石化国内舆情明显下降，境外舆情显著上升。2015年起，中国石化建立了50人的海外新闻发言人和82名境外兼职信息员两支队伍，连续组织3期海外新闻发言人培训班。开通官方推特和官方脸书账号，主动登门拜访国际媒体驻京机构，热情接待媒体团来访，基本做到了“有问必答、有访必接、有求必应”。

从单向发布到双闭环管理转变 发言人可以是盾牌型的，你来我挡，防守抵御，化危为安；也可以是喇叭型的，摇旗呐喊，传递企业的好声音、正能量。我觉得优秀的企业发言人更应该是桥梁型的，在保护企业品牌形象的同时，还要利用舆论监督来推进企业内部工作改进。那就是通过品牌传播反射回来的一些重要信息，可以重塑企业的文化，改良企业的文化。

其实，不仅中国石化受益于新闻发言人制度，整个中央企业和一些比较开放的民营企业都因此受益。数年来，央企整体公共舆论形象明显提升，得分从3.6分上升到了4.27分。在这里，可以肯定地说，新闻发言人制度让企业的品牌形象不断提升，前进的道路更加宽广通畅。

（3）关键招数三：社会公益慈善

企业是一个经济组织，但也是一个社会生命。企业如果想赢得好的声誉，最直接的捷径就是做慈善、做公益。公益慈善是企业社会责任的重要组成部分，是企业公民理念的延伸，也是维护企业长远利益、符合社会发展需求的一种方式方法，同时为自身创造更加广阔的发展空间。这两年，国内外尤其是国际上已经把ESG（环境保护、企业社会责任、公司治理）作为衡量企业社会责任、发展潜力、是否继续加大投资的重要指标，把企业的责任文化、品牌形象和可持续发展紧密地结合在一起，许多企业都高度重视。事实上，ESG是把企业品牌和文化建设完美结合的一个重要抓手和载体。

政企关系在古今中外都密不可分，而做公益慈善，则是在协助政府解决社会问题、推动社会进步的同时，构建新型政企公共关系的重要方式方法之一。所以，政府也通过税收减免大力鼓励企业参加公益慈善事业。企业当年发生及以前年度结转的公益性捐赠支出，准予在当年税前扣除的部分，但是不能超过企业当年年度利润总额的12%。

但是我们也注意到，有一些企业在做慈善的时候，不仅没得到好的声誉回报，而且还遭到公众的诟病。那么，如何把公益慈善做得扎实有效呢？

第一，要选好项目，突出关联性　随着我国经济社会的不断发展，有越来越多的企业积极参与到公益慈善事业中，他们或参与到一线扶贫工作中，为赢得脱贫攻坚阻击战奉献力量；或关注残障人士的就业发展问题，推动残障人士更好地融入社会；或积极倡导多元主体参与公益慈善事业，从而营造更加美好的社会。但在这里，我要提醒热心参与公益慈善的企业，在选择公益项目的时候，要首先问自己三个能不能做到：一是要考虑能不能做到切中了社会上的痛点、难点；二是要考虑作为企业能不能做到真正履行自己的承诺；三是能不能做到长期持续坚持下去，能够真正把公益活动做成公益品牌。

早在2016年，百度就与民政部合作推出“百度寻人”公益互动开放寻人平台。百度公司发起利用人脸识别技术帮助寻找走失人员，就是一个把高度关联的技术服务于相关社会痛点的成功公益的案例。截至2021年10月30日，百度AI寻人平台已经帮助超过12399个家庭重新团聚，其中有不少是失散超20年甚至30年以上的。凭借着深耕AI寻人技术多年积累的经验，百度作为唯一的企业合作方参与了民政部《城市生活无着人员救助管理信息发布规范》的制定，旨在助力社会治理体系和社会治理能力的现代化、科技化。

AI也是爱，技术和温度结合在一起。要让每一个人都感受到它带来的改变，这就是技术的价值。

第二，要持之以恒，避免“猴子掰苞米”现象 从企业声誉的角度看，只有长期坚持，才能做成品牌，才能对公司美誉度进行固化。企业通过参与慈善公益活动承载企业形象表达，是树立企业良好社会责任、为企业打开市场的重要方式。但是许多企业选择公益慈善活动，常常是一年换一个载体，就像猴子掰苞米一样，掰一棒丢一棒，一件事情没有做透，也就没有做成品牌。

中国石化这几年声誉逐年向好，跟坚持开展公益慈善活动密不可分。传播得好，跟赞助项目的长期坚持密不可分。比如“光明号健康快车”这个项目自2004年开始，已经坚持了20年。每年都要捐赠数百万元，资助列车开到三个贫困地区，在每个地方停三个月，每一个地方收治1000名白内障患者。至2022年年底，中国石化连续支持健康快车公益项目累计捐款1.9亿多元，已停靠过18个省（区、市）的46个地区，为5.2万余名白内障患者免费实施了复明手术，并捐建24所白内障治疗中心，帮助培训白内障手术医生为当地留下永远开不走的健康快车。十几年坚持下来，中国石化号光明号列车就成了响当当的品牌，也为企业留下了非常好的口碑，更树立了党和国家的良好形象，温暖人心。

第三，一定要真金白银投入，切忌贪图虚名 有些企业在关键的时刻脑袋发热，公开承诺要捐赠多少钱，但是事情过后资金不到位，不仅没有给自己树立好的品牌形象，反而遭到了社会广泛的诟病，被指责为诈捐。这样因小失大，耍小聪明，或者确实遇到一些突发情况，但是公众并不知情，只会对你产生反感。所以，做公益慈善一定要量力而行。大企业可以做大贡献，小企业可以做小贡献，个人可以做个人的微贡献。

许多企业在精准扶贫、乡村振兴投入巨资，打造出品牌项目。中国电信积极发挥网络及信息化能力优势，将国务院扶贫办凉山州“学前学会普通话”行动信息化平台建设纳入扶贫重点工作，仅2019年就先后投入2600余万元、500余人次支持项目建设。

中国电科注重打造“科技+教育”扶贫样板，在陕西绥德和四川叙永分别援建“科技小屋”试点项目，组织中国工程院院士、中国电科首席科学家陆军赴“科技小屋”上科学课，“扶贫先扶志、扶贫必扶智”。

中广核在教育扶贫领域用心耕耘十余载，累计投入资金约2500万元。在广西凌云实施的少数民族“白鹭班”项目，坚持扶志、扶智和扶技相结合，2017年累计帮扶少数民族贫困学生650名。

中国中铁捐赠8700万援建云南会泽易地扶贫搬迁配套幼儿园3所，项目于2019年11月开工建设，建成后可解决近2500个学前幼儿就学需求。

国家电投发挥自身清洁能源产业优势，按照“绿色电力+扶贫+生态”理念，探索形成具有自身特色的“一体两翼双驱动”精准扶贫模式。目前已累计投入资金88.3亿元，惠及贫困人口超31万人，直接帮扶脱贫12.69万人。

不光是精准脱贫。在乡村振兴上国资央企也的确是动真情、发实力、求实效。2021年以来中央企业在定点帮扶县累计投入和引进无偿帮扶资金91.4亿元、有偿帮扶资金493.5亿元，有力促进了脱贫地区加快发展、脱贫群众增收致富，为巩固拓展脱贫成果、全面推进乡村振兴作出了应有贡献。这些做法培育了员工向善的价值观，也为企业品牌建设增了光、添了彩。

第四，“授人以鱼，不如授人以渔”，帮助困难者共同创造价值 例如，星巴克在众多的咖啡产地支持当地社区的建设发展，不仅改善了当地基础设施，还会为咖农进行财政资助，发放小额贷款，并提供技术支持，从而推动产区生产出高质量的咖啡豆。不仅解决了当地的就业问题，促进了经济发展，同时也为企业自身提供了更多的优质咖啡豆。这些做法既加强了企业文化建设，也给品牌赋予了温暖的颜色，获得了一致赞誉。

第五，最好的公益是做成平台，带领更多人一起做慈善 “积土成山，风雨兴焉；积水成渊，蛟龙生焉。”积善成德的事，是参与的人越多越好，能够拉动大家一起，就能够尽可能多地积聚向善向上的力量。看到社会上有不少影视歌明星以个人的名义开设慈善平台，引来不少同行参与；有不少企业也设立了基金会，除了企业投入之外，也欢迎社会各界一起加入；还有一些单位组织开展的一些活动，做得比较有名气也能同气相吸，最后形成了大家一起参与的好平台。

中国石化“情暖驿站·满爱回家”大型爱心公益活动，就不仅仅是中国石化一家的事情，而是众人拾柴火焰高，首先得到了广东团省委的支持，共同主办。2018年起，除了中国石化在广东、广西沿途设立238个加油站、5000名青年志愿者为老乡们直接服务之外，EMS参与免费邮寄包裹，让老乡们轻装上阵；太平保险公司给返乡摩托骑手赠送1万份意外保险；易捷公司赠送1万份“易捷福袋”；粤运公司开通15辆免费“爱心大巴”从广东佛山、中山开往广西22个县区，免费送妇女、儿童先回，不用他们随摩托车颠簸；还有无数媒体记者，快过年了还专门到现场采访，有的还跟随返乡摩托大军采访报道……更因为有更多的企业和社会爱心人士携起手来，纷纷加入这个平台，为公益活动献出多一点爱心，让寒冷的冬季回家路多一些温暖，同时也为这些参与的企业大幅提升了美誉度。

特别想在这里强调，关于企业做社会慈善公益，要注意跳出两大“误区”。千万不要因为这两个通常意义上的“误区”，打击了企业的积极性。

误区一：只做不说 企业是社会公民的一份子，需要尽公民责任，脚踏实地践行公益慈善，固然可以日久见人心，但是也要会做会说、做了就说。有不少人常常有这个想法：做了好事不要说，也不要奖励回报，以显示自己人格上的高尚。很多企业也是如此，履行社会责任做了很多公益慈善，常常采取低调的处理方式。殊不知，这样做是不对的，是“小仁义”而不是“大仁义”。

《淮南子》里面有个故事，说孔子有两个学生子路和子贡做好事之后的做法产生了不同的社会效果。“子路拯溺而受牛以谢，孔子曰：‘鲁国必好救人于患也。’子贡赎人而不受金于府，孔子曰：‘鲁国不复赎人矣。’子路受而劝德，子贡让而止善。”什么意思呢？子路救人落水，别人感谢他送他一头牛，他欣然接受。孔子对他的评价是认可的，认为这样的做法是值得肯定的，会引导更多的人来“喜好”做好事。子贡帮助鲁国赎回被掠到外国的同胞回鲁，但是谢绝官府的奖励，孔子说这样就危险了，可能大家都向他学，但也因此就不会有很多人去替鲁国赎回被掠走的人质了。子路接受奖励引导了社会风气，子贡谢绝了奖励反而阻碍了社会道德的发展——道理很简单，因为普通大众没有子贡那么有钱，也没有他那么高的思想境界，社会公德说到底还是要靠利益引导。所以，对做好事的人一定要奖励而且重奖；做好事的人一定要接受奖励，不能为了显得高尚，谢绝奖励；做了好事一定要说出来，接受奖励也一定要展示出来。这样做可以对整个社会的价值观产生积极的影响，会引导更多的社会公众、更多的企业来从事公益慈善工作。

误区二：做好事不留名 中国有一句老话叫“做好事不留名”，中国企业也大部分有一个内在的文化，就是要“低调务实”，但是这个想法在声誉、形象、品牌建设方面是不恰当的。举一个例子，我记得2013年中国石化援建的西藏班戈小学投用，我受当时的新闻办主任黄文生委托，邀请了一批记者一块去参加学校的启用仪式。我们去了以后发现这个小学投资过亿，建得非常好。同时也了解到，中国石化在这里数年已经捐助了71个项目，都没有留下痕迹，只有这个小学才开始有中国石化的印记，叫“西藏班戈中国石化希望小学”。时任西藏自治区副主席热地同志接待我们的时候再三强调，一定要让西藏人民记住，这是中国共产党、是中华人民共和国长子的企业给他们带来的福祉。一定要留下痕迹，否则过了一代人，中国石化在班戈县做了这么多的贡献，都会慢慢地被人淡忘。他们忘的不光是一个企业，还会忘了党和国家的恩情。当时我就很受刺激，回来以后专门发了通知，要求“做了公益慈善一定要留名”，最好叫“石化小学”“石化路”。后来我们又专门设计了中国石化的公益logo，要求一定要留下民众能看见、记住的痕迹，而且要统一规范。

3 社会责任与ESG的传播

在国际化征程中，随着世界范围内可持续发展理念的广泛普及，企业履行社会责任逐步成为全球共识，也成为跨国企业提升海外竞争能力、实现长远发展的必然选择。过去半个多世纪，一些领先的国际跨国公司，在社会责任方面取得的卓越成就和成功经验也给我们以诸多启发。

例如，杜邦公司从最初研发火药的小作坊变成全球跨国公司，其多年来始终秉承“可持续发展”的核心价值观，包括对安全、环保等各个方面的坚持。杜邦提出一个著名口号就是“目标为零”。无论从安全生产的角度、还是环保的角度，目标都是一个“零排放”。正是零排放目标的设定，对公司产生了极大的推力，围绕这个信念，公司会定出所有生产周期，从定位到研发到产品销售，一个一个目标去改善，去逐渐接近零排放的目标。再来看宝洁，将捐助希望小学作为拓展自己在中国市场的商业舞台。宝洁公司是在华跨国公司里面捐助希望小学最多的公司，从1996年开始，安徽金寨第一所宝洁希望小学建成，到2005年第100所宝洁希望小学在新疆呼图壁县雀儿沟镇落成，再到2010年第200所宝洁希望小学在甘肃定西市临洮县奠基，超过35万乡村儿童从中受益。2022年，宝洁携手团中央维护青少年权益部、中国青少年发展基金会共同开展“播种健康新希望”12355青少年健康守护行动，旨在将先进的健康教育方式，普及到更多乡村学校，为更多青少年提供温暖和健康、多元的教育帮助。再比如，百事投资了近2亿元人民币在中国各地开发土豆种植项目，在内蒙古建立了种植基地，使沙漠变绿洲，并在其他地区进行推广。做生意当然要有回报，百事通过大批地种植土豆为自己提供了优质稳定的原料，不是纯粹地改造沙漠，但同时也的确带来一个实际效益——把沙漠改造成为了良田。再如，正大集团在中国相对贫困的西北等地区，将优良种苗、种子提供给农民，并向农民提供优良的管理模式。据不完全统计，正大集团平均每年给农民放畜的数量达到2.1亿只。正大每年提供的合同饲料有15万吨，现有的肉鸡规模饲料专业户2万户，直接参与养殖的人数有26万人，每年提供有机肥共计40万吨，并帮助农民按照正大的标准建设鸡舍和猪舍。通过对农民进行持续不断的技术培训，让农民成为养殖能手，从而推动提高中国整个畜牧业饲养水平，可谓是深耕市场、一举多赢。

雀巢在2023年接连开展了一系列推广云南咖啡的创新主题活动：5月，雀巢在云南举办荫蔽树种植活动和产地直播活动，邀请消费者一起“云溯源”；6月，通过人民网的“透明工厂”探寻消费密码主题直播和《乡村振兴·中国力量》栏目专门为云南咖啡拍摄的纪录片，生动展现云南咖啡的产业发展面貌；9月，在上海开展云南咖啡风味地图活动，点亮更高品质风味坐标。以“好咖啡，在身边”为主要思路，从产地出发到行业推动，再集中落到中国消费者的需求，雀巢用真诚的姿态，讲好一个生动的可持续品牌故事，将产业、产品、人融入其中，描绘了云南咖啡可持续高品质发展的新阶段，获得了千余篇媒体报道，还获得了超过亿级的消费者观看量和百万级消费者互动。消费者们直观地感受到了雀巢对于云南咖啡的投入以及对于行业的深度洞察，显著提升了雀巢的品牌形象。

我们再来看中国企业的公益例子，阿里支付宝平台通过蚂蚁森林的公益种树行动，既带动超6亿人参与低碳生活，又极大活跃了平台交易的流量和留存。还有吉利的“我们坚信，做公益要坚持‘长期主义’。”吉利控股集团董事长李书福是这么说的，吉利也是这么做的。从1997年进入汽车行业起，吉利就始终站在企业公益实践的一线。浙江临海，是吉利汽车诞生的地方，也是吉利第一所公益学校“浙江汽车职业技术学院”的所在地。学院一开始就坚持非营利、公益性办学原则，不追求任何经济回报。并且，吉利还为困难学生发放奖学金、生活补助金，让他们没有负担地完成学业。吉利的这份公益事业，不仅事关产业教育和促进就业，学院还凭借电控电机、人机交互、芯片设计等前沿学科建设，为国家高等教育创新改革提供了参考样本。25年间，吉利创办的学校从1所变成了10所；从在浙江累计培养近4万名学员，到为全国输出人才18万人。

这就是企业的社会责任——它要求企业以一种负责任的态度将经济、社会、环境、伦理等问题融入企业文化、日常运营甚至战略决策中，使企业在创造价值的同时也能够造福社会。

企业社会责任（Corporate social responsibility，简称CSR）的概念，最早是由英国的学者欧利文·谢尔顿于1923年提出来的。而后，鲍恩在1953年的著作《商人的社会责任》中，对于社会责任给出了明确的定义：“商人有义务按照社会所期望的目标和价值，来制定政策、进行决策或采取某些行动。”企业不仅受到法律的约束，还受到道德的指引。法律只是规定了企业“不能做什么”，但是道德和良知的指引却指导着企业“应该去做什么”。企业首先是社会组织，其次是经济组织。如果放弃了社会责任而一味只是追求经济效益，企业对社会的贡献价值就会大打折扣，社会公众对企业的认识和认知也会随之降低，甚至转为负面，企业的发展甚至生存就堪忧了。1997年，另外一位英国学者约翰·埃尔金顿更进一步，提出“三重底线”理论。他认为一个企业在长期持续发展中必须要达到经济底线、社会底线和环境底线的统一。这一原则的确立，意味着践行公益成为企业价值成长维度上不可或缺的一环。

根据毕马威的调查显示，发布独立企业社会责任报告的《财富》全球250强企业的比例由2005年的52%上升至2008年的80%，2011年该比例达到95%，在此后的调查中，G250的企业社会责任报告率一直稳定在90%~95%之间。此外，2017年所有行业（除零售业外）的企业社会责任报告率都超过了三分之二。这表明企业社会责任的透明度在持续增加，跨国企业社会责任逐步步入标准化和规范化时代。

对于中国的企业来说，企业社会责任发展是一个循序渐进的过程。2006年是企业社会责任的“元年”，企业社会责任在这一年被重新认识和定义。2008年，国务院国资委制定印发《关于中央企业履行社会责任的指导意见》，中央企业走在了履行社会责任领域前列。党的十八大以来，习近平总书记对企业社会责任高度重视，多次强调“企业做得越大，社会责任、道德责任就越大……只有富有爱心的财富才是真正有意义的财富，只有积极承担社会责任的企业才是最有竞争力和生命力的企业。”2018年9月3日，习近平主席在中非合作论坛北京峰会主旨讲话中提出“支持成立中国在非企业社会责任联盟”，该项倡议引发广泛共识，在中非合作论坛这样的重要场合、由国家领导人亲自倡议成立，中国在非企业社会责任联盟首次为人所知可谓惊艳且意义十足。

2018年11月29日，中国首届“社会责任大会”在北京举办，主题为“关于责任，关于爱”。到2023年连续举办了6届，已经成为一个品牌。

所以，如果有一个企业家问我如何在短时间之内树立起企业良好的口碑，如果一个企业走向海外但不知道在当地怎么开展业务的时候，我就会告诉他："积极履行社会责任，多做善事，提升自己企业ESG的水平——因为这是一条树立企业良好形象的最简洁的道路。"这是全世界通用的、开展业务最有效的前期铺垫，做长期的投资、软实力的投资。

企业社会责任、ESG、可持续发展三者之间究竟是什么关系？简单示意如下：

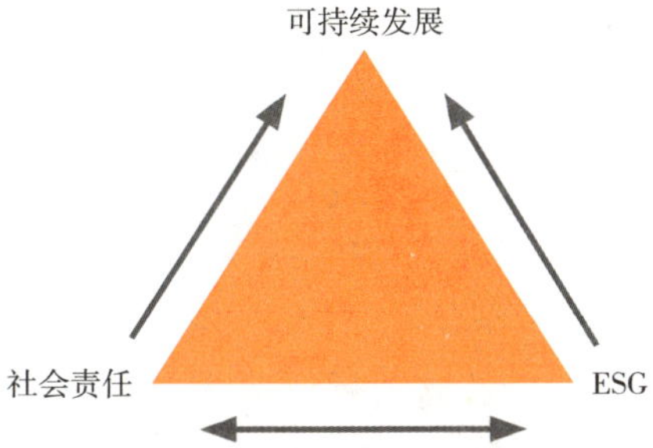

记得国务院国资委原党委委员、秘书长彭华岗在参加一次论坛时说，一个企业只有积极地履行企业社会责任，推动自己ESG建设，才能够实现可持续发展。三者目标是一致的，只是各自强调的重点不一样而已。

（1）社会责任是打造企业口碑的必由之路

社会责任是社会各界广泛关注、各种研究机构关注特别多的一个内容，我们说过，中国企业在社会责任方面已经取得了很大的进步和成就，但是还不够。我们对社会责任的解释，应该是由经济责任、持续发展责任、法律责任和道德责任等构成。

首先，企业应该承担并履行好经济责任。企业毕竟是经济组织。当然，如果企业遇到了社会上特别重大的变故的时候，或者国家有特殊需要的时候，应该把政治责任、社会责任摆在经济责任之前。一般情况下，企业该盈利还是要盈利，为社会创造财富始终是企业的第一要务和宗旨。要为丰富人民的物质生活，为国民经济的快速稳定发展作出自己的贡献。

其次，企业要承担好应急责任。一个社会难免会发生一些重大事件，如流行病、自然灾害甚至战争，在这个时候企业就要挺身而出，把经济责任置后，勇于承担社会上的抢险、救急、服务、保障等工作。要在企业内部形成机制和观念，一遇到这些事情不需要请示，直接去应急处置。

第三，企业要履行法律责任。企业承担社会责任必须在遵纪守法方面作出表率，遵守母国（也包括业务所在国）的法律、法规，包括环境保护法、消费者权益法和劳动保护法等。完成所有的合同义务，诚信经营，合法经营，带动企业的雇员、企业所在的社区等共同遵纪守法，双修法治社会。

第四，企业要履行道德责任。这是社会对企业的最新期望，企业应努力使社会不遭受自己的运营活动、产品及服务的消极影响，尤其是安全、环保方面。加速产业技术升级和产业结构的优化，大力发展绿色企业，增大企业吸纳就业的能力，为环境保护和社会安定尽职尽责。

（2）ESG是企业提高声誉、吸引投资的重要抓手

如果说2006年是企业社会责任的“元年”，2023年就是中国企业ESG的元年。ESG是环境（Environmental）、社会（Social）和公司治理（Governance）的缩写，源自2004年联合国前任秘书长安南的一个倡议。他召集了世界主流的投资机构，要求推动一种更好的投资，希望通过资本向善来引领商业向善、企业向善。会后ESG概念就提出了。对于投资人来说，这是一个全新的理念，投资人在选择被投企业的时候，除了考虑经济回报之外，还要考虑在非财务的领域——社会、环境和治理方面有没有风险，能不能够可持续；对于实体企业来说，它既是一种理念，也是一种推动企业更好履行社会责任的工具。

ESG的价值最少有三个方面：

一是对于投资人的意义，通过环境、社会、公司治理等指标对投资标的进行负面筛选，达到“排雷”的目的，增强投资组合的收益率，强化投资的社会价值；践行投资人的价值导向，有助于从非财务角度挖掘好公司。例如，制造业企业披露的能耗水平往往反映了一个公司生产技术的先进程度，安全指标往往反映出一个企业真实的管理水平。

二是对于企业的意义，企业把环境保护作为投资理念当中的重要考核指标来

进行衡量，包括空气治理、土壤治理、水的治理，也包括节能减排；推动企业积极履行社会责任；更加重视规范化治理，建立指挥高效、互相制约的董事会、监事会、总经理三位一体的公司治理机制。

三是对于社会公众的意义，可以让社会公众更多地享受到各行各业履行社会责任带来的福利；更好享受企业减少污染带来的良好的生活环境；体会共同富裕，共享人类物质文明建设的成果，有更好的获得感安全感。

当然社会公众也可以通过权威机构发布的企业ESG指数来了解这个企业的环境保护水平、社会责任履行情况以及公司治理的状态，评价这个企业是不是好企业，监督这个企业的发展——这也是一个企业的口碑建设，会间接影响企业的声誉、形象和品牌。

国务院国资委原党委委员、秘书长彭华岗先生这几年正带领着中国社会科学院社会责任研究所的有志之士，孜孜不倦地推进ESG在中国的落地。他们发布了ESG的蓝皮书，编撰了ESG的教材，对上市公司的ESG进行评估，在客观上对于ESG在中国的发展发挥了非常好的推进作用。非常有意义的是彭华岗先生把ESG与中国传统文化进行了嫁接，作了新的诠释。他认为环境（Environmental）就是天人合一，强调的是和谐共生；社会（Social）说的就是天下大同，强调的是和谐相处；公司治理（Governance）说的是体制机制，强调的是浑然天成。ESG是的核心就是“敬天爱人、崇善向善”。

他强调："ESG的一个很大的价值，就是把对企业价值的关注点，从过去单纯关注股东转向了更为广泛地对利益相关者的关注。企业不仅仅是要给股东创造财富，还要把对环境的影响减到最小。这种评价推动了企业要追求经济价值和社会价值的统一，它实际上正在重塑商业价值观，也在重塑商业价值体系。只有更好地履行社会责任的企业，才是更有竞争力、更有生命力的企业。"诚哉斯言！

据有关机构预测，到2025年全球ESG资产规模将达到53万亿美元，占全球资产管理规模的1/3。随着全球对可持续发展共识日益深入，社会对企业在绿色发展、节能减排、社会责任、诚信经营和合规管理等方面的要求也越来越多、越来越严格，推进ESG实践已成为企业在新时代的必然选择，有助于企业形成差异化的竞争优势，助力世界积极变革。

有人做过一个简洁形象的比喻，说ESG虽然是三个简单的英文字母，但在它背后其实包含着非常丰富的内涵。ESG就像是一面镜子，照出国家的形象、企业的声誉和市场的信心。我们也衷心地期待着在ESG践行道路上，有越来越多的中国企业身影出现，并且重新认识价值创造的真正内涵。让ESG从中国向世界展示出更多创造价值的价值！

（3）可持续发展是最重要驱动力

全球品牌数据与分析公司凯度集团（Brand Z）发布了2023年全球品牌洞察：卓越的可持续表现是企业声誉最重要的驱动力，贡献占比达45%。

习近平总书记指出，可持续发展是"社会生产力发展和科技进步的必然产物"，是"破解当前全球性问题的'金钥匙'"；"大家一起发展才是真发展，可持续发展才是好发展"。在第七十六届联合国大会上，习近平总书记提出全球发展倡议，希望各国共同努力，加快落实2030年可持续发展议程，构建全球发展命运共同体。联合国2030年可持续发展议程着眼促进人与自然和谐共处，兼顾当今人类和子孙后代发展需求，提出协调推进经济增长、社会发展、环境保护三大任务，为全球发展描绘了新愿景。习近平总书记强调指出，开辟崭新的可持续发展之路，需要"坚持绿色发展，致力构建人与自然和谐共处的美丽家园""坚持以人为本，努力建设普惠包容的幸福社会""坚持共商双修共享，合力打造开放多元的世界经济”。这些重要论断着眼关乎人类社会发展前途和命运的三大关系——人与自然的关系、人与社会的关系、国家与国家的关系，科学阐释可持续发展的理论内涵，提出了彰显智慧和担当的中国方案，为推动可持续发展提供了科学理论遵循。

中国企业可持续发展，社会责任、ESG、可持续发展就必须三位一体，尤其在ESG方面，我们还有很长的路要走。不久前，中央企业ESG联盟、企业观察报社承办的“ESG中国论坛创新年会（2023）”在京举办。中国社会科学院教授、责任云研究院院长钟宏武在会上发布了《中国ESG研究十大课题（2024）》，其中就包括了习近平总书记关于企业可持续发展重要论述研究、ESG国际学术前沿跟踪研究、国有企业ESG工作研究、中国企业海外ESG管理、ESG与国际市场准入研究、ESG品牌建设与声誉管理、中国特色ESG评价体系优化研究等重大一流课题，对于更好地推进中国ESG体系建设，推动企业提升ESG工作水平，进而更好履行社会责任，促进中国企业可持续发展有着重大意义。

案例

华润三九的ESG实践

2022年，华润三九在5000多家上市公司中脱颖而出，获得了新浪财经颁发的金责奖“可持续发展大奖”。这个奖项仅十个席位，获奖背后说明华润三九的ESG努力十分务实。

据悉，华润三九在环境方面深入贯彻国家“双碳”战略，积极推动节能降碳工作，保护生态环境；在社会责任方面，公司积极实践央企责任担当，通过提供安全优质的产品服务、助力乡村振兴等方式形成有影响力的企业责任品牌；在治理层面，公司在ESG管理架构、信息披露等方面不懈努力。公司已连续14年主动披露年度社会责任/可持续发展报告。

华润三九EHS管理体系从公司ESG战略、节能减排、智慧工厂、社会责任四个方面具体展开。

（1）公司ESG战略

华润三九一直以成为中国医药健康产业的引领者为愿景。近年来，公司牢固树立绿色发展理念，注重将ESG理念融入企业文化，建立了清晰的ESG管理架构，持续加强对可持续发展及ESG事务监督，将ESG融入公司重大决策与业务实践。

（2）节能减排

公司也通过积极实施多个项目取得了显著成效。与2016年相比，2022年万元产值综合能耗、万元增加值综合能耗、二氧化碳排放强度分别下降了28.5%、27.2%、22.6%。

（3）智慧工厂

华润三九基于对智能制造的理解，构建了以信息、工艺和装备为重要支撑的，业务大数据和先进技术驱动下的与业务发展目标方向高度匹配的智能制造价值创造模型。

（4）社会责任

华润三九从员工权益保障、产品与服务管理、供应链安全与管理、乡村振兴治理等多方面，将企业社会责任落到实处。

第三节
企业品牌传播

品牌故事不能只是单方面讲故事，而是要和消费者一起创造。不是说你精心编制一个故事然后拿到市场上去讲，而是这个故事从一开始就要和消费者一起讲，甚至主要是消费者讲。

1 故事传播

2019年3月5日，原云南红塔集团有限公司和玉溪红塔烟草（集团）有限责任公司董事长、被誉为“一代烟王”的著名企业家褚时健去世，享年91岁。伴随着一代传奇落幕，人们却并没有忘记这位卓有成就的企业家。相反，人们开始用另外一种方式纪念他——开始在互联网上大批下单，购买他在自己生命最后十几年中倾尽全力打造的一个品牌——褚橙。从这独具韵味的小小的橙子中，人们品味他的生命和精神，学习在那种大起大落以后依然执着面对人生、永不放慢追求脚步的坚韧。“人生总有起落，精神终可传承（橙）。”这是一句广告语，但又不仅仅是一句广告语，因为其背后是褚时健的传奇一生在作为支撑。

想知道“褚橙”有多么火，看看互联网上留下的记录吧：2014年，聚划算网页在首页一口气推出了三个水果品牌：褚橙、柳桃、潘苹果。

褚橙就是褚时健的橙子，柳桃就是柳传志的猕猴桃，潘苹果就是潘石屹的苹果。

三个水果品牌同台打擂，谁胜出的几率会高一些？答案其实不言而喻。

第一天的成绩单是这样的：褚橙售出8400多单，75万元销量；柳桃只有476单，4.6万元销量；潘苹果最差：187单，1.6万元销量。三者根本不在一个数量级上。论讲故事，还有谁的故事比褚时健更坎坷、更励志呢？

一个75岁再次创业的老人，在云南哀牢山上默默地承包了近2000亩地，以纯粹现代工业化的手段来种橙子，而且着眼的还不是一年两年，而是五年十年。这是什么样的精神，又是什么样顽强的生命力？

当然了，褚橙一开始也有自己的品牌“云冠”，听名字就知道，要做云南的水果冠军。褚时健果然是大手笔，要么不做，要做就做第一。他自己从一个地道的门外汉，一点点学习，啃技术书，在田间地头摸索，很快成为了行家里手。他的目标也很明确，要搞成全国最好的橙子地。

橙子种出来了，一年比一年丰收。在云南市场上，人们开始给予其一种全新的称呼——褚时健种的橙子，慢慢地就简称“褚橙”了。以一人之力而命名一种橙子品牌，与以产量著称的“赣橙”分庭抗礼。

“褚橙”借互联网之势而崛起。当年云南市场还没有成熟的电商，来自北京的本来生活电商找上了褚时健。双方一拍即合。“褚橙”进京，本来抱着试一试的态度，结果火爆程度超出想象：“5分钟售出800箱，服务器一度宕机！”褚时健二次创业，十年种橙，实在太励志了！

也许人们只是为了鼓励这个老人，也许人们切实需要从中感受到“人生低谷触底后的强势反弹力”。也许人们在吃过“褚橙”后真的被“征服”了。就这样，每年一万多吨的“褚橙”在市场上风光无限，一个商业品牌几乎没有怎么费心费力打造，就在激烈竞争的市场上落地生根了。

今天，“褚橙”依然活跃在市场上，但是柳桃、潘苹果呢？几乎难觅踪迹。

看“褚橙”的品牌故事，我们可以总结出品牌故事传播的黄金定律：

（1）共同故事

品牌故事不能只是单方面讲产品的故事，而是要和消费者一起创造。不是说你精心编制一个故事然后拿到市场上去讲，而是这个故事从一开始就要和消费者一起讲，甚至主要是消费者讲。“褚橙”就是这样，从烟王到橙王，传奇不可复制，但他让我们看到了人生可以重来。无数人从这位老人的励志故事中感受到了震撼。褚时健的身上有着一种独特的无法言说的魅力，接近他的人都会被感动；不了解的人在听过他的故事后，也都会肃然起敬。他并没有多么高调，只是像我们普通人一样认真做事、注重生产、多劳多得，然而生活上并不求多么奢华。平平淡淡，却创造了伟大。

斯人已去，但他的生命和精神在“褚橙”里重生，甚至得到了永生。

（2）共同情感

一个好的品牌故事，一定要着重传达故事背后的情感和精神。“褚橙”就是这样。我们看到的是一个因为红塔集团贪腐的问题锒铛入狱的褚时健，尽管他做出了巨大的贡献，为国家创造的利税高达1000多亿元，可是个人工资只有1000多元；我们看到的是一个出狱后一直忙忙碌碌的褚时健，不是要证明什么，而是自己不想就这么闲下来。“苦一苦可能效果更好。人呐，没有希望就没有人生乐趣。”他就是要认认真真工作、做事，“对得起做过的事，对得起相处过的人，几十年就没遗憾了。”朴素的话语，然而也是最真诚的，最能打动人心的。

认真做人、认真做事，无惧挫折、永不服输，这就是“褚橙”传达的精神。

（3）共享哲学

一个好的品牌故事，所传达的一定是品牌主人独一无二的人生哲学。品牌如果只是一个故事，很快会随着品牌主人的离去而人走茶凉。而我们说乔布斯和苹果、褚时健和褚橙，之所以能够流传不衰，就在于他们很好地传达了自己的哲学，而且这种哲学不可复制。但也正因为这种独一无二的哲学贡献了共享价值。

乔布斯的极简主义，他个人从生活到工作都是极简主义的信徒。

褚时健的极致哲学，要么不做，要做就一定做到极致，做到行业最高峰。

在哀牢山的岁月中，褚时健一直坚持这种极致哲学，追求“黄金甜酸比”。树太密了，影响产量，砍；五万棵温州蜜柑，改。每亩产量4～5吨，超过了美国和澳大利亚等国家的最高水平3吨左右，突破国际水平。橙子的酸甜比始终达不到最佳，他就在果园建实验室，加糖泥和草炭的有机肥，最终找到了烟梗——烟厂的积累派上了用场。

质量，质量，质量。正是对质量的执着的无休止的追求，让褚橙品牌长青。

看过了“褚橙”的故事，可以得出一个结论：做品牌就是讲故事！但是做品牌又绝不仅仅是讲故事。故事对于品牌创建、传播而言实在太重要了！就像一部电影，如果讲不好故事，会沦为炫技表演；一个团队，如果讲不好故事，会沦为团伙而已。会讲故事的人人缘都不会太差，企业也一样。

一个好的品牌故事，不仅赋予了品牌性格，同时也是向消费者传达品牌精神的重要工具。

再来看一个中国石化的品牌故事：“一根丝、一根绳、一个梦的故事。”

新中国成立后，丰衣足食是第一民生需求。为有效解决“粮棉争地”矛盾，20世纪70年代以来，我国大规模发展石油化纤工业。“的确良”是化学纤维中的一个最大品种，在物资匮乏年代，拥有一件“的确良”是时尚达人的标配。随着科技不断进步，现在仪征化纤的“力纶”直径只有0.5毫米，承重力却能达到35公斤，安装在港珠澳大桥最后的接头——一发千钧。

案例

一根丝——解决国人穿衣问题

在仪征化纤“红色收藏文化艺术馆”内，陈列着琳琅满目的红色文化藏品，五花八门的粮票、布票、油票等商品票证曾经是计划经济时代人们日常生活中必不可少的，随着改革开放的步伐彻底消失了，已成为一个时代记忆。

中国是一个人口大国，人口多耕地少，又是自然灾害频发的国家。解决全国人民穿衣问题的最大难点在于纺织原料。为破解这个难题，化解“粮棉争地”矛盾，就必须实行发展天然纤维与发展化学纤维并举。石油可以造“棉花”。20世纪70年代初，中国纺织工业转入以石油、天然气为主要原料生产涤纶、锦纶、腈纶、维尼纶等合成纤维的新阶段。

涤纶，又称聚酯纤维，是以芳烃等化学原料制成的合成纤维，是合成纤维产量最大的品种。当它在香港市场上出现时，人们根据广东话把它译为“的确良”。在那个物资匮乏的年代，拥有一件“的确良”是时尚达人的标配。

建设“四大化纤”基地是中国大规模发展石油化工、化纤的初战。1977年6月，经国务院批准，仪征化纤列入国家22个重点引进项目之一，这是一个相当于当时全国化纤产能的项目，是从根本上解决人民的穿衣问题、缓解国内化纤的供求矛盾、改变中国化纤工业落后面貌的战略性措施。

之后，受国家财力所限，仪征化纤工程被迫缓建。难题，为人们提供了改革的机遇。仪征化纤建设者解放思想，敢为人先，在国家只拨款3亿元的情况下，却建起了总投资10个亿的一期工程，其中运用了新中国第一笔“外债”筹集的建设资金，开创了国有企业“借债建厂、负债经营”的先河，被人们称为“仪征模式”。

1984年12月30日，仪征化纤第一条聚酯生产线投产成功；1988年9月，仪征化纤一期工程通过国家验收时，已实现利税超11亿元，还清了所有债务，成为投资少、速度快、效益好的典型。

1990年，仪征化纤一二期工程全面建成投产，形成年产50万吨化纤和化纤原料生产能力，占全国合成纤维产量的1/3，涤纶产量的 1/2，相当于全国棉花总产量的1/8，能给全国人民添一套“的确良”新衣。

2000年，仪征化纤10万吨/年国产化聚酯项目建成投产，打破了国外技术垄断，开创了聚酯装置建设国产化的道路，带动了中国大化纤工业的跨越式发展。

40多年来，一代代仪化人以满足国家和人民需求为使命，书写了将占地1.46万亩“粮田”变成1000多万亩高产“棉田”的奋斗传奇，累计生产聚酯产品4400多万吨，用它们制成衣服可给全国人民每人添80套“的确良”新衣。

案例

一根绳——港珠澳大桥吊装

在连接珠海与香港的伶仃洋海面上，一条美丽的白色丝带徐徐展开，它就是港珠澳大桥，是世界最长的跨海大桥。

2017年5月2日，港珠澳大桥岛隧工程海底隧道的最终接头——重约6000吨的钢结构混凝土预制件在伶仃洋主航道吊装下沉对接完成，意味着港珠澳大桥主体工程即将全线贯通。承载此次吊装的是世界最大单臂全旋回起重船“振华30”，为最后的接头安装立下了汗马功劳。然而，很多人并不知道在海上吊装6000吨的“大家伙”还有一个至关重要的、由14万根高强度纤维丝组成的吊带，它不仅要承受得住相当于22架空客A380重量的沉管隧道，还要在整个吊装过程中确保绝对的平衡。

这些丝线的材料是超高分子量聚乙烯纤维，强度是同等重量钢丝的18倍。这样一根直径0.5毫米的细丝线，承重力能达到35公斤。而港珠澳大桥所用的吊带，一条就由十几万根这样的丝线组成的。该纤维由仪征化纤生产提供。

超高分子量聚乙烯纤维与碳纤维、芳纶并称为三大高性能纤维，是目前世界上强质比最高的纤维，在国防军工和民用工业上都有广泛的应用，是强国强军的战略物资。

高性能纤维的生产技术过去一直被西方国家封锁，对别国实行禁运。大力发展高性能纤维产业成为我国化纤工业推进自主创新、转型升级的一个主攻方向。

经过仪征化纤、中国纺织科学研究院、南化公司研究院产学研的联合攻关，2008年、2011年，国内首套300吨/年、1000吨/年干法纺丝高性能聚乙烯纤维工业化生产线在仪征化纤先后建成投产，打破了国外技术垄断，使得我国成为第三个掌握此项技术并实现产业化的国家。

仪征化纤超高分子量聚乙烯纤维，商品名为“力纶”，是纤维中的“硬汉”“大力士”。近年来，仪征化纤充分发挥国内唯一干法纺丝生产线的优势，加大产品结构调整，先后开发、生产了50多个“力纶”品牌（细旦、高强、有色等系列产品），产能目前已达3300吨/年，产品多次在国家重大工程中大展身手。

2018年，中央电视台大型纪录电影《厉害了，我的国》、纪录片《我们一起走过》等均对“力纶”进行了报道。11月“力纶”图片又入选由中央宣传部等部委联合主办的“伟大的变革——庆祝改革开放40周年大型展览”。

案例

一个梦——为美好生活添彩

2019年3月中国国际纺织纱线（春夏）展在上海国家会展中心举行，续写第十六届中国国际纺织纱线展“春天的故事”。

在展览会上，由中国纺织科学研究院、中国石化仪征化纤等单位承担联合攻关的国家“十二五”科技支撑计划项目——超仿棉聚酯纤维及其纺织品产业化技术开发项目系列产品和“十三五”国家重点研发计划项目——高品质原液着色纤维系列产品亮相展会，红、黄、蓝、绿、紫、黑、棕色等色彩斑斓的纤维、纱线、面料，演绎了原液着色化学纤维的绿色之美，受到客户关注。

“仪纶”纤维是超仿棉系列产品的一个品种，是通过分子设计和构建创造的新一代合成纤维，为全球首创，兼具了棉与涤纶的优良特性，具有手感柔软、常压染色、抗起球和吸湿快干等功能，是“的确良”最新升级产品。“仪纶”的仪是仪征化纤的仪，代表公司深耕纤维领域40年，终于有了世界上首创的纤维。2018年6月，央视《加油！中国》电视系列片摄制组在南通一家服装企业采访时，该企业干部员工说：“仪纶”纤维是最柔软的合成纤维，亲肤性更好。

原液着色纤维是指在纺丝溶液或熔体中加入着色剂，经纺丝过程得到的有色纤维，纤维自身带有颜色，省却了后道染整环节，减少了后道染整的污水排放，降低了传统产业链的资源能源消耗。据测算，把每吨原液着色纤维加工成纺织品，能够减少废水排放32吨，减少二氧化碳排放1.2吨，降低电耗230千瓦时，减少蒸汽消耗3.5立方米。率先打造绿色纤维，使“绿色生活，从纤维开始”的消费理念深入人心，为仪征化纤的品牌赋予了新的内涵。

从的确良的“一根丝”到港珠澳大桥的“一根绳”，从世界上最坚韧的纤维“力纶”到最柔软的合成纤维“仪纶”，在伟大的变革中仪征化纤走过了40年。“仪化料”已成为国内化纤纺织行业对仪征化纤产品品牌的口碑，科技、绿色、时尚、责任是品牌的内涵。

“一根丝”“一根绳”“一个梦”，半个世纪，世事沧桑，不变的是中国石化为国分忧，为解决国人穿衣难到穿好衣、自主创新产品在国家重大工程建设中大展身手、致力打造“科技、绿色、时尚、责任”的中国纤维品牌的发展变迁、奋斗足迹、历史贡献和不懈追求，激发了人们对中国石化为美好生活加油的价值共鸣，体现了创新、责任的品牌联想、情感认同。

（4）共同要素

以上案例可以看出，让一个品牌故事流传起来，四个要素缺一不可：

第一是创作品牌故事要用一句话延伸。

菲利普·科特勒曾经对故事营销做过一个解释：“故事营销是通过讲述一个与品牌理念相契合的故事来吸引目标消费者。在消费者感受故事情节的过程中，潜移默化地完成品牌信息在消费者心智中的植入。”

“一个与品牌理念相契合的故事”强调的正是“品牌的核心价值观”。品牌故事的传播内核的建立正是寻找品牌核心价值观的过程。因为故事的主题是品牌而不是企业，无论故事多么打动人，最终点都要落到品牌上，要讲出品牌给听众创造的价值所在，这种价值可以是功能上的表现，也可以是情感上的共鸣。这样才能在听众心目中提高企业的声誉形象。

全球品牌排行榜上的常客——迪士尼，是一个由众多高价值IP组成的超级大IP。这是一个承载了品牌梦想的大IP。说迪士尼IP是一个“造梦机器”，那是因为它的产品确实都与梦想有关。迪士尼品牌就是梦想，所以当迪士尼在讲梦想时，它是在讲自己的“品牌故事”，而不仅仅是企业发展历程，由此，迪士尼“梦想制造机”的品牌形象深入人心。

“梦想制造机”的品牌定位从公司创办之初即已确立。跟随“梦想制造机”的指引，目前迪士尼公司拥有世界第一的娱乐及影视品牌迪士尼（Disney），拥有影视娱乐（美国最大的电影发行商之一）、主题乐园及度假区（世界最大的主题乐园集团）、媒体网络（拥有美国三大广播公司之一的ABC、体育品牌ESPN）、消费品（世界最大的儿童消费品品牌、世界最大的儿童书籍集团）等。迪士尼公司之所以长盛不衰，正是因为它一直坚持“梦想制造机”的品牌定位，并围绕着定位讲述品牌故事。

第二是创作品牌故事要用一句话来概括。

找准品牌核心价值观就能确立品牌的主题，它或许只需要一两个字就能概括。德芙背后的故事主题是“表白”、苹果背后的故事主题是“引领”、南方芝麻糊背后的故事主题是“怀念”，还有无数的故事，背后都由一种情感或情绪作为支撑。

品牌故事创作需要坚持“kiss原则”，即“keep it simple and stupid”，意思是极其通俗、极其简单。所有好的品牌故事，都可以用一句话来概括，也可以用一句话来延伸。

比如褚橙：一颗励志橙。讲述的是一代烟王出狱以后二次创业的故事。

小罐茶：八位大师制作而成。讲述的是八位造茶大师通过手工工艺传承让普通人喝上大师茶的过程。

ROSEONLY：一生只爱一人。讲述的是男人送花只能送给唯一的她的故事。

品牌故事三大元素：情节、情绪、情感。故事诞生于戏剧冲突之中，没有冲突就没有故事。德芙巧克力“do you love me”的故事冲突是表达喜欢和说不出口的冲突；褚橙讲述的是褚时健的人生胜败、巅峰与低谷的冲突；而ROSEONLY解决的是爱情唯一和惧怕出轨的冲突。

所以，故事创作的第一步是寻找冲突点，通过痛点的发掘，找寻出具有传播力的冲突点；第二步是将其放大，放大的过程其实是写实的过程，通过一些真实情节的代入，让故事真实起来。因为只有真实才会动人。

对于创作品牌故事来说，保持一个原则：kiss原则，让一切简单，方便大众记忆。坚持两个步骤，第一发掘受众冲突，让产品或品牌解决这一冲突，是品牌故事的基本肌理；第二增添真实情节，让故事有事实作为依据，提高可靠性，利于大众传播和分享。

第三是创作品牌故事要找到一个切入点。

找准核心的一句话以后，怎么切入品牌故事也很重要。因为品牌故事是消费者和品牌之间的“情感”切入，赋予品牌精神内涵和灵性，使消费者受到感染或冲击，全力激发消费者的潜在购买意识，并使消费者愿意“从一而终”。

既然是“情感”的切入，就应该避免虚情假意的故事，要讲一个具有真感情的故事。很多人对这个问题很纠结：“如果我没有品牌历史、创始人也没什么传奇故事，那还有什么内容可写呢？”

其实，任何故事都会有一个切入点，每个商品的品类一定是有历史和故事可讲的。比如做的是茶叶品牌，那么就可以从茶的品种历史作为切入点，也可以从茶的产品作为切入点。如果卖的是不具备这种历史底蕴的东西，比如是童装，那么也可以从童装的一个小故事作为切入，比如父母和孩子关于衣服的一个感人小故事等。但不管是历史或是故事，即便不是100%真实，在加工和创作的时候，也要遵循真实性的原则，保证情感的真实性。如果是企业创始人故事，切忌把创始人编得有多么传奇，而是可以通过创始人的创业经历，表现出他是多热爱这个品牌和行业，希望通过努力用自己的品牌和商品改变人们的生活，带给消费者幸福和快乐。比如，红星美凯龙的老板如何从一个小木匠学徒变成一个家居行业领航者的故事。

有些创新品牌就是发现了市场上目前的产品不能满足消费者越来越细分的需求，所以品牌是应时而生的，可以从这种市场需求谈起。比如，一家提供西餐食材的电商品牌，他们发现很多人想要亲自在家做西餐给朋友或是家人，但购买食材和搭配方面是非常麻烦的事情，所以他们针对这样的需求，提供了相应的服务。那么品牌故事可以从那些有需求的场景切入。

还有一些地域性的品牌，可以从当地的风土人情、文化特征切入。这样的品牌故事对于本地人来讲会有认同感和共鸣，对于外地人来说他们会觉得好奇，并觉得这个品牌是有文化内涵的。这种品牌故事非常多，食品、茶、瓷器，甚至包括饭店。

总之，每个品牌都是独一无二的，因此切入点也应该是独特的，而且这些切入点也不是单一的。一个品牌故事中其实有着多个切入点，应该从不同角度相互融合去写，这样更会发现品牌的独特之处。当你从不同的角度挖掘品牌的独特之处时，就不会担心跟其他类似的品牌混淆，没有差异性的问题了。

➡ 第四是品牌故事传播要有一个支撑点。

很多故事的流传，传播渠道的建设和铺设必不可少。就拿褚橙来说，没有本来生活网的销售渠道供给，没有网红的站台背书、王石等企业家群体的大力宣传，没有媒体的发酵，褚橙都不可能火起来。

假设将品牌故事作为一个产品，它也需要价格、渠道、宣传等因素的共同作用，才能打造为爆款。所以，品牌故事的传播特别需要传播渠道的加持，更需要市场人员对于传播节奏的把控。

基本的宣传逻辑：通过围绕品牌价值观——发掘大众冲突——浓缩为一句话——提供真实情节支撑——梳理为故事——提供传播渠道——把握传播节奏一系列组合拳，最终打进消费者心中，在消费者感受故事情节的过程中潜移默化地完成品牌信息在消费者心中的植入。

2023年春节档，电影《流浪地球2》热映。1月30日，中核集团联动电影官方策划发布“你们尽管想象，我们负责实现”主题海报，得到电影出品方中影集团和主创团队的热烈回应，带动50余家国资央企参与话题互动，政务大V账号全程助力，引发社会媒体广泛报道，仅微博话题触达人次超11亿、互动网友超10万。中国式的底气和内核带来了现象级传播效果。

我们再将视野投向全球。壳牌、英国石油、巴斯夫都是讲故事的高手。

案例

壳牌《一碗牛肉面的自白》

一碗牛肉面背后的“煤改气”不只是生意那么简单，更是一种追求美好生活的梦想，而壳牌要做的，则是为这份梦想加持，这是壳牌想通过可视化的故事传达给受众的。整个故事没有提到“壳牌”两个字，而是以“润物细无声”的方式将其品牌理念植入，但看过的人都会认同壳牌是一个“更负责任、更高效地利用能源”的品牌。

《一碗牛肉面的自白》以兰州牛肉面为主人公，娓娓道来一碗牛肉面是如何做成的，当然作为壳牌怎么会让它只说牛肉面呢，必须产生关联才行啊，这时候牛肉面开口了：“一顿顿美味的背后，离不开能源的使用……”话锋一转开始讲述“煤改气”计划为兰州牛肉面馆带来的改变。

壳牌知道自己的用户是怎样的一群人，也善于了解他们的生活状态，讲出他们的故事。于是除了牛肉面的自白，经营牛肉面馆的人也登场了：

马永伟
吾穆勒牛肉面馆厨师

厨房里用煤炭的时候，出来的煤烟常常让我们头晕。现在用天然气就好了，一点感觉也没有，厨房也更干净了。

2 公共事件传播

“我有熔喷布，谁有口罩机？”

大家应该都还对这样一句广告语记忆犹新。那是在2020年1～3月，正是新冠肺炎疫情肆虐期间，中国石化落实党中央和国务院国资委的要求，紧密结合集团及所属企业抗击疫情，将履行社会责任的行动举措及时传播。2020年2月6日下午，中国石化在其自媒体账号上发布了这一则消息，立即引发了广泛关注。消息中提及的易派客企业联系人电话被热心的网友和厂商打爆，与此同时，“我有……谁有……”作为一个广告语的范式成为贯穿中国石化“抗疫保供”传播的核心用语。

“中国石化易派客（中国石化旗下电子商务网站）：我有熔喷布，谁有口罩机？①我们需要口罩机。您若有富余、可用的设备，可转让给我们，我们将协调生产、增产口罩。②我们有熔喷布，您若缺此原料，我们可运输上门。增产的口罩，我们可全部收购支持湖北抗疫一线，也可支持企业所在的地方防疫抗疫。”

短短几行文字，瞬间引爆全网。

一是众筹项目式新闻，掀起参与热潮。不同于一般的新闻稿，讲宣传企业做了什么、有何价值和意义等，没有自圆其说的套路。而是一篇企业在行动过程中的信息披露，字里行间展现的是急国家所急、为民排忧，以此折射出企业履行社会责任的行动。

实际上，这是一则众筹项目广告。其过程是开放式的，结果是未知的，对于事件的意义也没有下定义。任由网友评说，唤起网友的参与热情，自发地传播、撮合，仿佛自己也是中国石化一般的英雄，在做好事中获得“移情”快感。

二是体量小、无添加，具有强大的行动号召力。从文本上分析，该新闻言简意赅，直接传递了平等合作及紧迫感，具有强大的行动号召力。且以轻小的体量优势，在新媒体、微信等舆论场得以快速传播。

三是契合敏感点，以小见大，展示企业履行社会责任。特殊背景下，转产防疫物资已成为企业履行社会责任的体现。中国石化不是直接生产口罩的，却从原料入手，急人所急，以身作则，从小小的口罩生产线做起，展示央企的良好形象和强大实力，增强全社会战胜疫情的信心和决心。

一条“英雄帖”的传播，让中国石化获得了双重收获。

一方面，易派客实现了业务上的高效对接，口罩机生产线得到落实。另一方面，新闻本身达到了超预期传播效果，外界（包括商界、媒体和网友）以及内部员工反响强烈，树立了央企率先转产、驰援抗疫的典范。

3小时内，中国石化官方微博这条信息的阅读量1000多万，2万多人转发，4万多人点赞。易派客的官方微信阅读量瞬间10万+。

2天后，中国石化微信公众号发布进展信息《口！罩！机！找！到！了！》，24分钟阅读量便超过10万，创中国石化公众号历史最快纪录。

对于中国石化转产口罩，刷新了网友对中国石化的印象。网友评论正面感人。有人说：“这话真大气！”有人说：“中国石化这次终于做了件让人满意的事情。”“这才是社会主义，这才是国企。”甚至有网民表示：“招聘制作口罩的员工吗？如果需要随时呼叫，我们义务参加工作，也为国家和企业及社会尽一份力量！”中国石化的员工留言：“我骄傲，我是石化人！”

2020年一季度，中国石化网络报道信息超过32万篇，媒体报道好评率达到97.8%，负面信息占比仅为2.2%，同比2019年下降2.9个百分点。不仅获得了中央领导、国家相关部委、地方政府的赞誉，还赢得了百姓的好评。2020（第十四届）中国品牌节年会授予中国石化“抗疫致敬品牌企业奖”。海外声誉上，还斩获两项国际大奖，即被誉为传播界的“奥斯卡”——2020年度SABRE亚太区域“工业化学品行业”及“能源和自然资源行业”两项品牌和声誉管理杰出成就奖。

中国石化独特鲜明的抗疫传播，在偶然事件中体现了传播决断必然，同时也引发了思考。

（1）第一个思考：企业定位

在社会重大公共事件中，企业的定位是什么？

作为经济建设的中流砥柱，央企、国企为国家经济腾飞提供强劲动能，为改善人民生活提供优质服务，这是与生俱来的责任和使命。然而，与其创造的巨量物质财富不相称的是，改革开放以来，央企、国企在丰富精神生活、引领价值观念上却相对滞后；在塑造公共形象、传播企业文化上相对欠缺，“硬实力够硬，软实力不软”的问题仍旧存在。

我们看到，很多央企、国企担负着国计民生的重要责任，并为我国经济发展做出了贡献，与我国经济命脉紧密相连，创造了丰富的企业价值，但企业形象建设及文化传播还存在一定的滞后性，传播效果和公众美誉度不及企业发展速度，与自身经济实力不匹配。因此，央企、国企也应思考在继续创造物质财富的同时，如何更多地承担起精神文明建设的任务，以补足软实力建设“短板”，回应社会发展的时代呼唤。

在重大社会事件中，公众对国有企业有着特定期待，这是自然而然的。对于国有企业来说，赢得社会广泛赞誉的标准已经不是盈利能力，而是在关键时刻国有企业能否冲得上、打得赢，能否勇于承担社会责任。这恰恰也是体现和输出企业价值、塑造企业品牌的机遇。

疫情期间，作为世界500强排名第二的央企，中国石化不计得失，勇于承担社会责任，提出了“国家需要什么就生产什么，人民期待什么就奉献什么，一切为了国家的需要和人民的期待”的响亮口号。从气保供、转产医卫物资、资金捐赠，到跨界生产口罩、供应熔喷料、保蔬菜生鲜售卖，中国石化“倾我所有、尽我所能”，以超强的执行力完成一系列抗疫行动，直接赋予企业品牌新的价值。不仅体现了企业的硬实力，而且诠释了“为美好生活加油”的企业使命，为品牌塑造注入了新动力。“2020中国品牌价值评价信息”显示中国石化品牌价值2991亿元，位居能源化工行业第一、全国第二。有突出表现的“易捷”“易派客”的品牌价值也得到显著提升。

（2）第二个思考：责任担当

如何在重大社会公共事件中，彰显企业的责任担当？

企业利用重大社会公共事件进行品牌价值传播，绝不是投放广告，更不是公关活动，而是企业在社会生态中对自身价值观的输出和践行。

从思想认识上寻求战略转变，从实践操作上谋求策略创新，要做好以下三点：

一是明确危与机。

社会重大公共事件不但影响社会的正常运转，而且企业作为其中一员，也面临极大的挑战。行业龙头企业不但是经济发展的风向标，更是稳定产业链的压舱石。在“自救”中发挥自身产业链价值，推动党中央层面核心工作的开展，既是企业的政治责任、经济责任与社会责任的综合体现，也是企业转“危”为“机”、输出企业价值的最好时机。

2023年7月27日起，京津冀及黑龙江、吉林5省（市）遭受洪灾，中国移动空天应急通信系统助力暴雨灾区恢复通信。针对受暴雨影响导致通信中断的企业、居民用户，中国移动率先调拨空天应急通信系统飞抵受灾地区，为灾区民众提供信息桥梁，使他们能够及时获得救援并与亲人取得联系。通过网络媒体、电视媒体、移动短信进行传播，历经18天，最终成功恢复受灾区域信号，有效支撑了抗洪抢险指挥调度工作，保障了广大人民群众的基本通信需求。同时，该事件被人民日报、新华社等80余家中央及省市权威媒体转发转载达1万篇次，且抗汛视频4次登上新闻联播，全网累计曝光量超10亿。在2023年BrandZ中国品牌百强中国移动跃升至第五，位列央企第1位，这次品牌传播起到了一定作用。

以发展的眼光正确看待危机、科学应对危机，是企业在社会生态中谋求持续生存的必备技能。不惧怕危机、不逃避危机，在危机中求发展，在危机中寻突破，更是大型国资央企应具备的基本素养。

二是把握说与做。

我经常说一句话："做到了，没说好"，就可能产生缺憾；"没做到，说过了"，就可能产生假新闻；"做得好，说得好"，才是新闻宣传工作者的最大追求。

对企业来说也是如此。做是说的前提条件，只有做好了才能在说的时候"有事可叙，有情可讲"，说是做的外显表达，只有说好了才能让做"事半功倍，达成共识"。

三是立足供与需。

企业的对外宣传既不是企业自说自话，更不是信息的单向灌输，而是在对受众心理和需求精准洞察之下的双向互动与情感共鸣。因此，就需要企业树立供需观，确定企业所说的就是公众想听的，并且能让公众听得懂、易感染、愿分享。

"你所说的，恰恰是受众想听的。"在重大社会公共事件中，一定存在社会热点关注的议题，针对热点议题和人民关切的议题，第一时间给出解决方案和进行信息释放，填补信息空白，呼应公众情绪需要。同时，针对持续议题进行系列新闻的策划，做到分阶段、分解式传播，按节奏不断释放后续发展动态、关键节点事件，以维持话题热度。这样的议题才是人民群众需要的议题，才是有效的议题。

"你所说的，恰恰能触及目标受众。"随着媒体碎片化和颗粒化进程的推进，以往传统强势媒体"包打天下"的传播渠道建设已经无法适应现代媒介生态的变革。现阶段的传播渠道布局需要企业建立一个全平台、全媒体、全过程、全覆盖的立体化传播矩阵，可以根据不同的传播目标、不同的传播内容、不同的传播受众选取不同的传播渠道组合。例如，中国石化总结出"时效靠微博，深度用微信，感性发视频，互动开直播"的渠道组合方法论，帮助企业在众多信息中脱颖而出，成功突围。

"你所说的，恰恰是受众喜闻乐见的。"互联网时代的传播，由于受众已经不仅是信息的接受者，更是信息的传播者，是企业信息对外扩散的重要节点，所以企业的传播不仅要让受众听得懂，更要让受众被感染并主动分享。中国石化在疫情期间创新传播的内容形式，打造"中国石化体：我有……谁有……"，获得网友喜爱，被誉为现象级传播。

3 体验传播

在近些年来，很多主打年轻人喜爱的服务体验“牌”的企业有不少，但能够一直将这张“王牌”打成“好牌”，而且一直手握“王炸”的，大概就只有一家企业——海底捞了。

“去海底捞，吃的就是服务！”

2023年9月8日，2023年凯度BrandZ最具价值中国品牌100强榜单上，海底捞以35.68亿美元的品牌价值荣登榜单，是中国的休闲餐饮行业唯一上榜品牌。同时，这也是海底捞第二次荣登该榜单，并以强劲的增长势头从2022年榜单第60位上升至第49位，一下子前进11位。

何以如此进步神速？

看看海底捞的一系列“骚操作”就知道了：从年初的演唱会大巴车接客、夜市摆摊、洗头服务、“科目三”等频频出圈，简直“秀”不停！

“后疫情时代，情绪价值持续被关注，与消费者产生情绪共鸣的品牌价值感更高。”这是2023年BrandZ中国品牌盛典中的观点，可谓一针见血。

疫情期间，餐饮业极限承压，连海底捞也一度面临着苦苦支撑的局面。但随着熬过来之后，海底捞率先自我修复，主动通过对顾客情绪的细心呵护，夜宵、生日等场景的打造为用户提供了更多元、包容的用餐场景，也收获了一批高黏度、高忠诚度的消费者。

来看2023年海底捞的“三板斧”，堪称是品牌体验的“教科书”。

（1）第一板斧：“抢人”——演唱会门口的免费大巴

从2023年上半年开始，海底捞就开始嗅到了市场回暖的气息。演唱会成为市场复苏的标志。各个城市的演唱会一开唱，门票瞬间抢光。为了看自己睽违经年的明星，更为了到现场和几万人一起“嗨”。

于是，在各演唱会门口，很快就有了一辆辆“蹲点”的大巴车，海底捞的员工拿着高音喇叭，举着横幅，邀请粉丝们演唱会结束到海底捞一聚，看完演唱会吃夜宵，连打车的费用都给你省了。“嗨”起来停不下！

（2）第二板斧：“科目三”——只要你不尴尬，就没有人尴尬

据说，本来只是“广西科目三”，最后愣是被推广到全国，整成了“全国摇一摇”。

摇花手、扭腰、摆胯，随着节奏摇摆身体，上半身变换着各种手势，下半身左右摇摆。半崴不崴的脚，要倒不倒的身体，仿佛海底捞员工一个个练成了当年迈克尔·杰克逊的太空霹雳舞步，人人变成行走的不倒翁。

甚至“科目三”的风还吹到了台湾，连台湾同胞都开始争相斗舞；海外侨胞也不肯放过大秀自己舞姿的机会，一个个跳出魔性舞步……但你们扭得再好，能扭过海底捞的“四大天王”吗？他们一个个可是青年才俊，人人都有自己的拿手绝活，据说仅仅为了看他们表演，每天排号都500名开外……

顺带着，海底捞自然赚得盆满钵满。更关键的是，没有花一分一毫的宣传费，而且还不得不装模作样出来道歉：真不是非要我们的员工为顾客做点什么，他们就是忍不住要为顾客服务一把……

（3）第三板斧：i人和e人——最火的互联网通行证，你们懂的，海底捞都懂

用e人——“不讲话怎么认识”打败i人——“不认识怎么讲话”，或是反过来，但并不重要，重要的两块牌子一立起来，你尽可以对号入座，仅凭这两块牌子的区域划分，就再次击中了顾客的心扉。

还有，“冰封玫瑰”——只要你带着玫瑰来海底捞，海底捞就免费提供冰块和透明封装杯，你的浪漫，我来和你一起买单——让人无法拒绝。

洗头服务——吃完火锅洗个头，还能给你提供编辫服务，来了嘛，都是客！

一波又一波的操作，简直信手拈来，朋友圈里面永远充斥着令人羡慕的

照片……

结果是海底捞2023年上半年总营收达188.9亿元，同比增长24.6%，净利润达22.6亿元，创下历史新高。

报表喜人，真金白银不骗人，海底捞轮值COO邵志东直白得像一个村里人："未来，我们会继续深耕区域个性化，满足多元化用餐场景需求，根据顾客的消费需求、消费偏好，因城因地推出更适合消费者的产品、服务和体验。"你干嘛要把自己的经营秘密嚷得全村皆知呢？

没办法，因为海底捞早就喊出一句霸气话："海底捞的服务你学不来！"

这就是体验传播的威力，在互联网时代流量加持的威力简直以百倍千倍翻番！

因为在很多消费者眼中，去海底捞已经成为一种生活仪式，更加关注在海底捞所获得的感受和体验。海底捞通过一种种别出心裁的仪式，来打造出与众不同的消费体验，提高了自己品牌价值，更提升了品牌的情感附加值。

文化有自己的仪式，品牌也有自己的仪式。品牌仪式是一种集传统、文化、时尚、艺术等多个元素于一体的品牌打造方式。企业可以通过品牌仪式的创造，为消费者带来真正独特、令人难忘的消费体验。这种趣味性和互动性的体验，可以让消费者在品牌世界中感受到不一样的情感，让他们享受到品牌带来的确实价值。在这方面，很多世界知名的航空公司（如新加坡航空、香港航空等公司），在航空飞行中提供的舒适服务和贴心待遇，在一定程度上便是在利用仪式的力量。当顾客习惯了这种品牌仪式中的体验感和沉浸感，就会在以后的旅行中自觉去寻找这个品牌仪式营造出来的神秘世界的入口，而品牌自然就成为最大赢家，越发增加价值。

如果品牌能够引发目标受众对自己文化和价值观的共鸣，共同参与一个话题的讨论，会取得非常好的传播效果。2023年8月，为提升国寿品牌在C端客群及年轻群体中的知名度、好感度，结合中国人寿上市20周年与知名篮球运动员易建联成为其品牌形象代言人这一大事件，中国人寿联合新浪财经策划组织并完成了#30岁一切才刚开始#这一微博话题运营，制作5期TED演讲系列视频——《30+平凡也是力量》，并匹配AIGC系列海报等多样化内容，阐述30岁的人生也是一个新的起点，传达30+人生的积极状态。品牌大使易建联领衔，4位国寿营销精英讲述自己的30+人生励志故事。通过微博热搜、新浪蓝V矩阵账号、垂类头部KOL等资源引流，最终实现微博话题阅读量高达11.9亿人次，讨论量突破17.3万+人次，互动量44.3万+人次的成绩。

4 互联网化传播

在企业品牌的互联网化传播的领域有两个令人瞩目的先行者，一个是乔布斯，另一个是“东方乔布斯”。

自然了，他们的故事我们也都知道了：乔布斯创造了苹果，而“东方乔布斯”创造了“小米”。

当乔布斯和苹果在全世界风靡一时的时候，在中国有一个人几乎就是乔布斯的“翻版”。他和乔布斯一样都是很早实现了财务自由，然后开始一个人反省自己的内心。这个人就是雷军。他少年成名，刚到40岁就迫不及待退休。然后又开始对自己做了“五点反思”：人欲即天理、顺势而为、广结善缘、少即是多和颠覆创新。你说一个人闲着没事想这些干什么？结果就是不久后他出来对大家说：“站在风口上，猪都会飞！”震惊国人。

只不过，随即大家发现飞起来的不是真的一头猪，而是一个叫“小米”的企业。4月9日是小米诞生的日子，也是“米粉节”创立的日子。之后的每一年，小米都要在4月举行与粉丝用户的见面会，会上照例有雷军的演讲。“为发烧而生”，小米的品牌定位从一开始就异常清晰，先圈定专业发烧友（也就是“铁杆粉丝”），然后再将半径向泛发烧友群体扩展。而不管是针对哪一类的消费群体，小米都一如既往保持自己的特色生产制造方式：给米粉们提供“参与感”。正如同苹果造就了全球范围内的“果粉”狂欢一样，小米也造就了“米粉”的狂欢。你可以说这是小米对苹果的拙劣抄袭，但仔细沉浸其中，还真不是一回事。仪式可能差不多，但一个企业产品、一个产品消费者群体，还是有自己的独特内涵的。雷军自己就是一个喜欢做梦的人，因此，他也乐于让“米粉”们参与进来：一起做梦，一起发烧，一起享受快乐，一起见证小米成长。

小米的成功是注定的，也是惊人的：仅仅创立5年，就从0到100亿美元；然后，2019年进入世界500强，2023年连续5年入选世界500强。在《BrandZ中国全球化品牌榜》2023榜单，小米排名第2，荣登消费电子行业榜首。

在2023年7月至9月间，为讲好数智技术赋能无人区生态文明建设故事，展现社会责任和企业担当，中兴通讯策划并完成了以“‘数’守可可西里”为主题的公共关系活动。此次活动面向泛C类公众、运营商客户等受众，与同期央视藏羚羊产仔直播合力，打造深度纪实、自述软文、人文纪录片等优质内容矩阵，将主动讲述、媒体共创、客户联动、话题引流、定向营销等传播形式结合，获得了国内外运营商、媒体、咨询公司、公众广泛关注和好评。国内社媒累计阅读量超195万次，头条话题累计展现量近180万次；海外自媒体实现曝光量4000万+；进入Vanilla Plus等行业媒体8至9月热门内容榜单。

进入到互联网下半场，“遍地英雄下夕烟”，今天，企业品牌的崛起和发展速度还要更快一些，尤其是在疫情时代异军突起的“直播带货”，动不动就出热点、上热搜。但一个热点会造就一个神话，同时也会毁灭一个神话。

（1）热点一：李佳琦“神话”

电商主播，美妆达人，外号“口红一哥”。他的一大壮举，是曾于2018年9月成功挑战“30秒涂口红最多人数”的吉尼斯世界纪录，成为涂口红的世界纪录保持者。这一纪录的潜台词是：没有人比我更懂口红！虽然我是男人，但全世界的女人也没有比我更懂口红的！

李佳琦是一个地道的苦孩子出身。他妈妈曾经这么描述过：李佳琦从小父母离异，母亲离婚后没有再嫁，一个人要做几份工。李佳琦2011年考入南昌大学艺术与设计专业，当时要交两万多块钱的学费，但当时李妈妈拿不出那么多钱，只好让李佳琦打电话跟父亲借钱，但父亲拒绝了，并说：“谁要你学这个专业的，我也没有同意让你学这个专业。”挂断电话后，李佳琦就跟妈妈说要跟父亲“断绝关系”，因为父亲从来就没有尽到过养儿子的责任，对他不管不顾，不仅没有精神上的关心，连起码的金钱付出都没有。李佳琦说，自己会争气，未来一定要让妈妈过上最幸福的生活。他此后一直坚持在学校学习生活近4年，最后因工作原因提前离校。

2015年，李佳琦顺利当上了江西省南昌市的一名欧莱雅BA（化妆品专柜美容顾问）。这个青年人一来就出了名：因为大多数顾客并不愿意直接试色柜台的样品口红，他开始尝试用自己的嘴巴为顾客试色，这一“绝招”让他多次获销冠称号。谁也没有想到，这个青年人会凭借这一手“绝活”而走上“网红之路”。2016年底，他在“BA网红化”的淘宝直播项目比赛中脱颖而出，最终签约美ONE成为一名“美妆达人”。

谁又能想到第一次开直播，只有79个人呢？但他凭着自己的专业和热爱、坚韧和坚定，一直在这条道路上走下去。然后就有了“口红一哥”的美誉。

接下来，他开始被江苏师范大学聘为淘宝写作与传媒课程讲师。接着2018年、2019年、2020年、2021年，连续获得淘宝直播盛典“TOP主播”。比名声更实惠的是，他年年都是“双十一”的销售冠军。即使中间经历了一些波折，2023年双十一他还是又一次不出意外拿下了销售冠军：成交额接近700亿，他因此获得收入超过250亿。多么令人惊叹的数字！

李佳琦，团队人员可以更换，他作为超级主播的地位却绝对无法撼动！

这就是品牌的互联网化传播的魅力，也是原子弹爆炸一样的威力：只要一颗，足够震撼！

（2）热点二：董宇辉“神话”

2022年那个火热的夏天，人们常见其他直播间都是吼着喊着“买买买”，在东方甄选，却是一个一脸兵马俑长相的小伙子，一手拿着白板，一手拿着马克笔，平板上写满了密密麻麻的英文，一口流利的伦敦音，将直播间打造成“知识直播间”。别人买牛肉都是运用各种形容词来将产品吹得天花乱坠，他反而拿着牛肉教起了英语，牛肉叫作“beef”，牛排就叫作“beefsteak”，吃起来的口感就是“juicy”（多汁的）等。不知道的还以为这里是新东方的英语教课现场呢！

可是一转眼，他又拿出来一根玉米，天南地北扯起来“小作文”：“夜风袭来树叶沙沙作响，天空偶尔飞来两只不知名的鸟，你一个手里拿着用筷子戳着的玉米棒子在啃，一个手里贪心地抱着水井里刚取出来的冰镇西瓜。”有一位姑娘来到直播间，听到董宇辉说：“我想把天空大海给你，把大江大河给你，把好东西慷慨地送给你。”姑娘忽然想哭，接着疯狂下单。这样的直播，让董宇辉获得了“诗意带货”的美誉，这下可了不得。董宇辉一直播，粉丝人数噌噌地往上涨，瞬间10万+。

一年下来，东方甄选全年净营收45亿元，同比增加651%，净利润9.713亿元，实现扭亏为盈。东方甄选的成功拯救了新东方，也直接拯救了老板俞敏洪。

理性的人们当然也注意到，李佳琦、董宇辉等爆火的背后，是“饭圈文化”。这是一个舶来品概念，对应的英文单词Fandom是Fan（粉丝）的派生词。著名文化研究学者约翰·菲斯克曾经提出的“文化经济”，就认为粉丝在文化生产和文本意义再建构的过程中，所交换和流通的是意义、快感与社会身份，获得的是精神愉悦与身份认同。

夸张地说，“饭圈文化”可以一夜造就一个头部主播，也可以一夜将你拉下神坛。由于花西子售价79元的眉笔，李佳琦在直播间对一个普通的“猪猪女孩”发表了一番略带嘲讽的言论，结果掉粉超百万，之后李佳琦在直播间哭着道歉，哭得梨花带雨，也未能挽回许多粉丝的心，至今疤痕效应犹在。董宇辉同样如此，一场“小作文”风波，粉丝挺身而出，保卫董宇辉，捍卫粉丝文化，东方甄选一开始显然大意了，小编不肯“就范”，CEO东方小孙“摔手机”，其他主播趁机“篡位”失败，最终三千多万的粉丝量跌去七八百万，甚至另外一家高途公司的直播间成为了聚义高地。

仅仅几天时间，东方甄选天翻地覆：东方小孙解职，主播天权禁播三个月，小编“生死未卜”，而董宇辉高调出现在俞敏洪的直播间了，晚上与俞敏洪一起喝了大酒，第二天成为新东方教育科技集团董事长文化助理，兼任新东方文旅集团副总裁。第二天晚上，在东方甄选直播间董宇辉与俞敏洪的“合体直播”，最高在线人数超过392万，累计场观人次高达1.05亿，获赞3.57亿，预估带货销售额超1亿元。“东方甄选”抖音号单日涨粉273万……直播结束，董宇辉起身对着观众鞠了一个长长的躬。这是感谢，也是道别，一个从这个直播间里崛起的超级主播，从此将以合伙人身份开始另外一番传奇。

12月26日，董宇辉抖音新账号正式开通——“与辉同行”。听名字就知道，这是专门为董宇辉量身打造的团队。虽然俞敏洪一再声称自己不是杀伐果断的人物，但这一次，他的行动的确够快，也够坚决。虽然“与辉同行”在投资关系上还是新东方，但这个天地已经是全新的天地。而董宇辉这个神奇小子果然也不负所望：随之一连串的神奇又在上演。关注粉丝数量瞬间从几万到几十万，接着突破100万，等到1月9日正式开播，第一天粉丝数量突破700万，第一次开直播销售额就突破了1亿元。升级为高级合伙人的董宇辉的能量似乎也上升到了一个新的等级：粉丝量达到1300多万，个人账号粉丝2400万。在经历了“无货可卖”的奇葩事件后，董宇辉卖《人民文学》又创造了一个纪录：1月23日，4个小时直播卖出《人民文学》8.26万套，99.2万册，销售额更是超过了1785万！要知道这是在文学“被遗忘的年代”。

在某机构举办的2023年中国品牌人物500强评选中，“东方甄选高级合伙人董宇辉”排名高居前10。虽然董宇辉自己说：“我自己都不知道获了什么奖”。但影响力就是影响力，作为品牌人物，他实至名归，也必将给我们继续带来新的令人赞叹的故事。

流量时代，身不由己。“饭圈文化”，无论你反对也罢，不反对也罢，都在那里。粉丝们以前是追星，现在是追主播，为了主播而买单，为了将自己的一些东西投射在主播身上而疯狂地输出，输出金钱，也输出一些主播几乎承受不了的东西。李佳琦、董宇辉都是如此。

流量为王，但互联网化也的确是“速朽”的时代，不仅改变着品牌和文化的传播方式，也改变着品牌和文化本身。一切都在变化，一切都在裹挟着、撕扯着，被绞成碎片，然后又迅速重组，令人目眩。

5 危机传播

危机，顾名思义，危中有机，只要善于利用危机公关，就能逆势取胜！

来看一个胖东来的“尝面”事件的例子。

2024年2月15日，一段视频在互联网上悄然传播。视频内容是在河南许昌胖东来的美食城厨房内，一名女性员工正在煮面，她用筷子夹出面条，并蹲在地上将面条放入口中。令人惊讶的是，尝完面之后，她使用的筷子并没有进行清洗，而是继续在锅中搅拌。

视频一经发布，立即引发轩然大波。也许胖东来的知名度太高，也许人们都对这名员工在卫生管理上的疏忽引起的不适感无法容忍，事件曝光后迅速攀升至热搜榜首。

2月16日，胖东来作出了回应：“这个情况我们正在落实处理，那是自己做的员工餐，应该在后厨，不该在前台进行操作的，对于该店暂时先停业整顿，之后对员工进行一个处理（未按标准操作）！”

处理结果：“奖励拍摄者发现问题；对涉事员工开除，主管降级，并将档口关闭，不做火锅品类！”

但这一快速果断的处理结果，又在互联网上引爆了第二波的舆情：“开除违规试吃员工”引起全社会热议，很多人都为那名女性员工鸣不平。甚至很多专家律师也都站了出来，从法律角度分析开除女工处罚过重！

事件很快出现了反转：胖东来发布了13页调查报告，复盘了整个事件的全过程，并最终选出两套处理方案，经过民主投票选择方案二为最终处理结果：“尝面”员工不再被开除，可以继续在胖东来工作，调离食品岗；主管维持处罚“降一级三个月”不变；关闭火锅档口。

整个过程中，胖东来不但通过引导媒体巧妙地维护了品牌声誉，也照顾了社会情绪，一场危机悄然化解。

还有一件事情，“巴奴火锅化解子品牌危机”入选了“2023中国公共关系年度案例”。2023年9月，巴奴旗下子品牌“超岛自选火锅”被媒体曝出“羊肉含鸭肉”的问题。巴奴快速响应，在确认情况属实后，主动公开回应，要求超岛多家门店停业整改，取消其独立采购权，同时替超岛“主动赔付顾客835万”。此次赔付共涉及8354桌消费过该产品的顾客，每桌可领取1000元——据说最终实际赔了600多万元，因为还有2000多桌没有顾客来索赔。就算赔了800万元，其传播的效果远远超过了8000万元，为品牌做了一个化危为机的传播。

此次“巴奴子品牌羊肉事件”因涉及“食品安全”问题，事件热度较高，持续发酵了5周的时间，全网共有超过5.2万条信息报道，引发了大量的舆论关注和讨论。

巴奴不惜血本为子品牌赔偿消费者，坚守诚信本心，主动赔偿的举措彰显了企业“顾客为大”的价值观。因为主动承担、认真负责的态度，赢得了网友及业内认可，成功化解了舆论危机。

巴奴的这波赔偿性价比极高，既让消费者看到了诚意，也将压力给到了同行，该事件也被媒体称为“教科书式公关”。

而对有的企业来说，就不是那么幸运了。再来看一个青岛啤酒的例子。

2023年10月19日，一则视频很快刷爆互联网：一名工人竟然站在青岛啤酒三厂的原料池内尿尿！视频迅速传播开来，引起了公众的愤怒和不满。视频中这名工人趁着大家不注意，成功越过高高的仓壁，悄悄进入了原料仓内部。他站在地面上四处观察确认无人后，毫不犹豫地解开拉链，在存放原料的仓库内解决了小便。事件一出，网友哗然：“青岛啤酒那么多泡沫，原来是这样……”

这样一则消息引爆热搜，对青岛啤酒这样的百年名企来说显然是一记重锤。一向以德国企业的严谨精神而著称的青岛啤酒，居然如此放纵员工“胡闹”！而这对品牌价值1637.72亿元、连续16年居中国啤酒行业首位、位列世界品牌500强的青岛啤酒来说，伤害显而易见！

接下来就是常见的“罗生门”：更多的网友开始在网上发起了猜测接龙……

青岛啤酒的反应不能说不迅速。第二天，官方声明就出来了：“针对10月19日网上出现的青岛啤酒三厂的相关视频，我公司高度重视，第一时间向公安机关报警，公安机关已介入调查。目前，该批麦芽已经全部封存。我公司继续加大管理力度，确保产品质量，欢迎广大消费者监督。”但客观来说，这份声明太过冷冰了一些，更重要的是，没有关注广大青岛啤酒消费者的情感。

虽然最终调查结果真相大白：原来是青岛啤酒三厂外包业务公司的装卸工人崔某某，因为和别人发生口角，为了泄愤，故意在货车车厢内小便，并非如网上所流传的那样，且该工人也受到了行政拘留的处罚。

但一纸通报，能挽回青岛啤酒的品牌损失吗？有人戏称这是价值上亿元的一泡尿，固然是调侃，但是否也说明青岛啤酒的危机公关不够成功呢？

还有一个例子，是笔者亲身经历过的，在危机实践中“化危为机”。

2021年3月12日，3·15前夕，一位女车主@“乔之柔”将在加油站遭遇恶意推销燃油宝的经历拍成视频，在抖音平台连续发布4条视频，表达不满、要求公司整改。值得注意的是，她不仅是车主，还是个不折不扣的网红主播，其抖音账号拥有61万粉丝，微博账号拥有粉丝104万。视频发布后，瞬间在抖音平台引发网友热议，短短几个小时，点赞超过70万，转发超过7万，大有“破圈”成为社会热点的危机趋势。中国石化高层高度重视，油品销售公司召开全系统大会加强管理，举一反三，进行整顿。5天时间，达成线上线下的圆满和解，发抖音的顾客自己又主动在抖音上夸赞中国石化的做法。这次，乔之柔女士不吝赞美，称赞中国石化胸襟坦荡，以实际行动来回应每一个像她这样的消费者，又意外受聘为中国石化社会监督员，为中国石化点赞，视频点赞超过2.4万，评论983条。粉丝连连称赞道“这才是有所作为的中国石化”“以后都到中国石化加油”“敢于面对问题的能力才是能力”“相信中国石化以后不会再有类似的事情发生”。

一次“危机”变成了一个“机会”，正面宣传了中国石化从善如流、高度重视顾客意见、积极改错的良好品牌形象。上上下下之所以如此重视，就是因为这件事情动摇了中国石化品牌的根基，那就是诚信经营。3月18日，中国石化销售公司召开了全系统“依法合规诚信经营情况通报”会议，以燃油宝事件为警示，反思类似问题，并启动全系统对于经营类问题的整改行动。这是一个通过舆情监测，发现问题，改进企业管理，改良企业文化，从

中国石化燃油宝舆情化危为机的案例

而改善企业形象、维护企业品牌的化危为机的典型案例。

近年来，随着互联网网络舆论新生态演变，信息平台逐年快速更迭，大众传播更趋于渠道的平台化、发酵的圈层化、载体的可视化。越来越多的社会事件、企业事件，搭载短视频的快车，迅速发酵为全民网络热点，短视频已成为网络舆论重要载体、信息传播及爆发的主要渠道。对于企业来说，短视频平台更是以较低的信息发布门槛，赋予每个消费者、投资方等利益相关者舆论监督权力，增加了企业舆情风险的源头。由此，短视频凭借视觉“杀伤力”、传播“渗透力”、民意“号召力”，成为企业舆情管理的重点及难点。企业若应对处置不当，不但会声誉受损，企业的品牌更会遭受难以想象的冲击，影响深远。

在这里，我结合自己多年的实践经验，总结出企业在危机传播中引导舆情的五条原则。

（1）原则一：在价值观上与公共利益相一致

这里面要处理好一对关系，就是公众价值观与企业价值观之间的关系。

什么是公众价值观？就是大多数的社会公众认同的价值观，包括公正、公平、公开等，而最根本的一条就是“生命至上”，“生命大于天”。在公众心目中，尤其中国公众，生命始终是第一位的。

企业的价值观，通常说来，就是利润、效益、效率，在遇到意外事件的时候，尽快恢复正常生产经营，这就是企业最基本的价值诉求。但要注意，企业的价值观一定要服从社会公众价值观，保持一致性。必要的时候，宁可牺牲一些企业的利益，也要维护好社会的公共利益。

（2）原则二：第一时间反应，不是第一时间回应

第一时间反应很重要，因为很多突发事件，开始的时候都是星星之火，如果扑灭及时，就会把损失控制在可承受的范围内，不至于继续酝酿。

可是，一旦任其发展，错过了第一时间反应，就会成为燎原之势或者引起舆论风暴，这时候再去扑灭，就要投入十倍百倍的力量，损失过重。

要注意的是，反应不是回应，不是什么情况都没有弄清楚、没有很好的一套

或者两套以上的预案就去向社会作出解释，那样只会适得其反。

以下是必须向社会公众做出回应的五个前提：

法律和有关部门是否要求立即做出回应；

网络是否已经在大规模地关注和讨论危机事件；

沉默是否会被认为企业对已造成的损失漠不关心，或对错误的默认；

如果继续等待，是否会失去对结果的控制能力；

是否已经有一定的解决方案或真相解释（干货），以降低公众对这件事情的关注、愤怒或恐慌。

如果不是这五种情况，建议先做好充分的准备，再给予准确的回应。

（3）原则三：假话不能说，真话不全说

假话不能说，诚信是现代企业的底线。作为国有企业，尤其要讲诚信。

但也不是说一定要讲全部的真话。因为很多都是涉及企业的商业秘密，或者蕴含着其他的复杂信息。只是择要满足公众的需求就好了。

例如，曾经中国石化遇到过一个情况：有媒体吐槽“中国石化日赚1.7亿”，消息一放出来，立即引发了网上热潮，无数人跟帖。中国石化的官方微博“小石头”本来打算回应的是企业的资产很多，这点利润还赶不上银行的存款利息。这可能是真话，但是真话未必适合在这个敏感点全说，很容易引发次生舆情。在回应这个负面舆情时，我们第一时间做出了反应，采取了移花接木的方式，并且给出了自己有理有据的教科书式回复，化解了矛盾：“吐槽也是关注，小石头深深感谢。日赚1.7亿看似惊人，却不知中国石化日交国家9.2亿税费。作为上市公司，国家控股73%，1.7亿中1.1亿是替国家挣的，0.6亿是替其他投资者挣的。中国石化是全民所有企业，您说该挣钱啊还是该挣钱啊？”

这个回复有数字，有真相，有情感，有道理。舆论风潮应声而止，消弭无形。

（4）原则四：能发声尽量发声，争夺话语权就是争夺资源

谚语：“最好的防守就是进攻。”对企业来说，出现突发危机情况，如果只是一味被动防守，难免百密一疏，因此，最好的办法就是化被动为主动。主动出

击，主动发声，将主动权夺回来。

这样做的好处是：

第一，对外信息发布的自由度与互动性大大增强。借这个机会发声，关注的人多，企业也可以考虑在发声过程中自由发布想发布的信息。危机事件有不利的一面，但同时也是最好的“广告”，是免费的宣传。

第二，品牌传播的灵活性与立体化大大增强。企业以前是品牌在外面说话，现在是企业代表品牌站出来和公众交流、沟通，这是企业品牌的一次“具象化”或者具体化的展示，处理好了就是一个大的加分项。

第三，品牌维护的及时性与有效性大大增强。品牌在传播过程中，更多时候是照顾消费者的情感。但当事件出来，企业发声，这时候可以阐述企业对品牌的情感，借机阐述品牌背后的故事、更加丰富的品牌内涵。品牌是企业的生命，企业自然是最爱护品牌的。和消费者有了情感共鸣，对品牌的维护和社会公众的情感交流同步进行，事半功倍。

第四，品牌形象的人格化与亲近性大大增强。品牌再怎么说，也是“物”，是冷冰冰的，而品牌背后站立着的是“人”。企业的品牌管理者乃至企业的负责人站出来与公众互动，是一次难得的机会。社会普通公众以前只能接触品牌产品，但很少有机会接触品牌的管理者。如果在沟通过程中取得正面积极效果，品牌的社会形象将更加亲民。

在这里，我特别要推荐一下微博典范——国资委的“国资小新”。2012年6月12日开通至今，“国资小新”在微博、微信、自有客户端“壹站”等新媒体平台上，已赢得1000多万粉丝的关注和厚爱。其秘诀我给大家透露一下：

第一，“卖萌”的沟通态度。

第二，“讲好故事”的对话方式。

第三，“朋友圈”的强大力量。

第四，“微博不审”的信任和责任。

（5）原则五：利用好“虚拟发言人”

在这个科技时代，尤其是已经进入了AI时代，SORA已经在真真实实改变我们的工作和生活，虚拟世界、现实世界的界限更加模糊。

这样一个时代，一定要与时俱进，拥抱科技，更新我们的沟通方式。

中国石化的“虚拟发言人”——小石头，大家都耳熟能详了，这是我们所熟悉的“人”：有七情六欲，也食人间烟火，让公众与品牌主体更平等对话，像朋友，更亲切、更有温度、更有意思、更有辨识度。

我们甚至可以为“小石头”虚拟一段获奖词：“他卖萌卖得酣畅淋漓，辟谣辟得刀刀见血。他编得了段子，玩得了科普，斗得过网流，守得住底线。他拉网布阵，兄弟众多，一呼百应，在风刀霜剑的互联网喊出了央企强音。他出生10年，中国石化负面舆情下降近9成，在与谣言赛跑的路上，不断向社会公众传播正能量，成为反击谣言的坚强力量，是树立了国企新形象的典型。”这样的小石头你喜欢吗？

目前中央企业的“虚拟发言人”队伍在日渐壮大：中国建材的“小料”、中国电建的“吉娃”、航天科工的“航小科”、东风汽车公司的“风信子”、中国建筑的“蓝宝”、南方电网的“小赫兹”、中国电科的“电科小推”、中远海运的“熊猫船长”、中国华电的“大华和度度”、中国三峡集团的“小微”、神华集团的“小神龙”、中国电信的“小翼”、中国商飞的“飞宝”、国机集团的“灯泡君”、中国钢研的“钢博士”、中国中铁的“小铁匠”、大唐电信集团的“糖糖”、中国能建的“能能和源源”……在维护国企形象、维护和沟通品牌与社会公众之间，搭起了坚实桥梁。

中国建材的“小料”、中国石化的“小石头”、中国电建的“吉娃”、航天科工的“航小科”、东风汽车公司的“风信子”、中国建筑的“蓝宝”、南方电网的“小赫兹”、中国电科的“电科小推”、中远海运的“熊猫船长”、中国华电的“大华和度度”、中国三峡集团的“小微”、神华集团的“小神龙”、中国电信的“小翼”、中国商飞的“飞宝”、国机集团的“灯泡君”、中国钢研的“钢博士”、中国中铁的“小铁匠”、大唐电信集团的“糖糖”、中国能建的“能能和源源”。

中国华电利用企业卡通形象海外“破圈”传播就是一个很好的案例。他们针对中国华电业务所在国“Z世代”青年，通过创新传播方式全新升级企业IP“华小电”，充分拉近企业与受众距离，历经1年的时间，最终成功打造企业自己的超级代言人——以“华小电”（Hua）为核心的卡通IP形象家族，形成了轻松、生动、亲和的品牌语言。萌萌的“华小电”凭借可爱的形象和丰富的品牌内涵，通过官方媒体的报道和新媒体平台的二次传播，迅速引爆全网，成为华电海内外企业文化交流的大使，打造了中国华电特色鲜明的文化符号。

6 企业国际化传播

当今之世，从空间上看全球化发展受阻，从历史的角度看百年未有之大变局依然在加速演进。中华民族实现伟大复兴的关键时期，需要国家形象和民族品牌的全方位展示。中国企业不仅仅代表自身的商业利益，更是中国的文化使者和国家形象的代言人，肩负着国家形象、企业品牌软实力建设的重任。企业的境外投资与国际化步伐正迈向更加宽广的舞台，其自身对于国际化传播有了新的需求和挑战。不管从时间还是从空间来看，中国企业都应该加大对外传播工作的力度。

1979年8月，国务院提出“出国办企业”，第一次把发展对外投资作为国家政策。2000年3月的全国人大九届三次会议期间，“走出去”战略正式提出。党的十五届五中全会上，首次明确提出“走出去”战略，作为国家战略开始全面实施落地。

20多年间，中国企业争相“走出去”，创造更大的价值与发展空间，取得了一系列的丰硕成果。中国企业在世界上的影响力越来越大，中国故事、中国气象、中国精神、中国文化正在被世界各地人民日益认知、感知、认同，尤其伴随着“一带一路”倡议，中国致力于和世界各国一道构建人类命运共同体，中国企业的国际化道路越发宽阔辽远。

但毋庸讳言，中国企业的国际化征途并非一路平坦。伴随企业对外直接投资快速增长而来的是随之凸显的一系列问题，如企业环保意识薄弱、与当地居民矛盾突出、投资权益难以得到保护、劳资关系处理失当等，一系列问题既是经济问题又是文化问题，如果处理稍有不当，就会损害我国对外投资的整体形象，降低企业的国际竞争力，严重制约和阻碍企业的可持续发展。国际化绝非敲锣打鼓就可以轻松实现的。中国企业在“走出去”的同时，不仅遭遇了几十年来罕见的技术上的“封杀战”，也遭遇了前所未有的“认知战”，自身还存在着“不想说、不敢说、不能说、不会说”的局限。

对企业来说，品牌国际化建设是公司提升全球竞争力的重要手段。通过观察，外资企业“走出去”通常是公共关系、声誉管理等软实力先行，中国企业“走出去”则多是资本等硬实力先行。

日本企业进入中国市场就是一个公关先行的成功案例。首先，日本企业在中国进行大量社会公关活动。20世纪80年代初，建设中日友好医院、组织中日3000名青年大联欢、建设中日友好林、结对建立中日友好城市等。第二步加大品牌形象投入，80年代中期，松下、索尼、东芝、夏普等日本企业的广告充斥在国内的电视、广播、报纸。而且采取饥饿营销策略，品牌宣传声势巨大，产品却供不应求。第三步合资建厂，转卖技术。第四步资本输出，如日本软银就投资控股阿里巴巴公司（占34.4%的股份）。日本企业“走出去”基本遵循着“公共关系→品牌形象→产品（服务）→技术→资本”的路径。

反观中国企业在“走出去”时，往往最先走出去的是资本和劳务服务，其次是产品，再次是技术。在业务开展的过程中，由于出现负面舆情，企业才开始着手应对、开展正面宣传、打造品牌形象、践行社会责任。“走出去”的基本路径是“资本→产品（服务）→技术→品牌形象→公共关系”。

前不久，有一家杂志跟我约稿，让我谈谈“走出去”企业在国际传播中应该注意哪些问题。结合在工作中的观察，我认为境外投资企业加强企业国际传播能力建设、破除制约国际传播的短板和限制性因素，需遵循“六要六不要”的建议，下面分享给大家。

➡ 一是切忌“遇事打死也不说”。

调查发现，在国际舞台上中国企业面对冲突、争议或误解时，往往采取沉默的策略。在舆论场上，沉默几乎就等于默认，沉默不仅不能使问题消失，反而可能使问题变得更加严重。

这种“遇事打死也不说”的沉默策略，虽出于不想扩大风波的考虑，但实际上往往会导致问题的恶化，特别是在信息传播非常迅猛的今天，沉默很容易被解读为认罪或逃避。一方面，未能及时回应外界关切，会错失主动解释或展示企业责任感的机会，因为高关注度的情况下，化解危机往往效果更好；另一方面，沉默往往会被外界解读为企业对问题的漠视，引发公众更多的不满和信任危机。积水成渊，从而加剧外界的质疑和不信任，对企业甚至国家形象和业务发展叠加成了长期的负面影响。从这个意义上说，面对争议和冲突，企业应该选择积极主动地沟通和解决问题，而不是选择沉默。

➡ 二是切忌“国际传播内宣化”。

有些走出去的中资企业，常常把国内的宣传套路运用到国外去，使得国际传播内宣化。在境外的传播往往只是国内宣传的拷贝，忽略了向国际社会（尤其是投资所在国家和地区的公众）进行有效传播。一些企业在海外开了公众号，简单地把国内的信息摘编发出去，不重视当地受众的反应。“国际传播内宣化”不仅取得不了良好的传播效果，有时候还会适得其反。

在不同文化和市场中，中国企业在“走出去”的同时，企业的传播策略需要根据当地的文化习惯和受众偏好进行调整，实现真正意义上的本土化传播。在国际传播中，一要“改良内事外宣”，把企业在国内的重要新闻、治企智慧向国际媒体进行传播，一定要看客下菜、入乡随俗，用目标受众容易接受的方式进行传播。二要“减少外事内宣”。一些企业把在海外做的事情拿到国内的涉外媒体进行刊发，认为就是做了国际化传播。企业的海外传播机制考核中，要有意地降低其权重。三要“倡导外事外宣”，把企业在海外当地所承担的业务建设、承担国际责任、当地员工的发展等所做的有意义的事情在当地媒体上进行本土化传播。

近年来，有不少走出去企业在业务所在国定期组织新闻发布会、公众开放日、社区活动、合作伙伴关系以及利用当地及邻国流行的媒体平台，向当地社会直接传播其正面影响和贡献，取得了良好的沟通效果。

➡ 三是切忌“管理过死不授权”。

有些企业总部管理层往往过度集中传播的决策权，海外传播的管理控制过严，授权流程过长，不愿、不敢授权给海外团队，限制了基层主动传播的积极性、传播的灵活性和应变能力，限制了企业国际形象的塑造和国际声誉的提升，也未能充分利用境外投资活动提升全球品牌知名度和在影响力方面的潜力。腾讯在海外市场的成功，很大程度上归功于其对当地团队的充分授权，使其能够根据当地用户的需求快速调整产品和策略，同时也因地制宜地调整传播策略。

捆住在台上拼搏的运动员的手脚，是很难打赢舆论战的比赛的。新闻传播（尤其是舆论危机化解）往往是争分夺秒的事情。请示流程过长，往往会贻误战机。解决这个问题的关键，一是总部管理层要敢于作为、勇于担责；二是要充分信任海外团队、大胆授权；三是要加强对海外制度建设的细化，要有追责机制，也要有免责机制；四是要加强海外团队传播能力的提升，可以有针对性地进行培训。

➡ 四是切忌“一篇通稿打天下”。

依赖单一的通稿在不同的国家和地区进行传播，是许多中国企业在国际传播时的常见错误。这种策略忽略了全球受众的多样性，包括文化差异、语言障碍和地域特性，往往导致信息传递的效率低下，甚至可能引发误解。

境外投资的中国企业必须认识到每个国家和地区的受众都有其独特的文化背景和价值观。这些差异影响着信息的接收方式和解读。企业应深入研究目标市场的文化特性，了解其历史、宗教、社会习俗和沟通偏好。基于这种深入的文化洞察，定制化的传播内容能够更有效地引起受众的共鸣，建立信任和理解，这是跨越文化障碍、成功进行国际传播的关键。对此，企业不仅需要在语言上进行本土化，更要在内容、情感表达和视觉元素上贴近当地受众的偏好和感受。

➡ 五是切忌“不敢用西方媒体”。

纵观国际传播局势，国际话语权的分配在网络空间极度不平衡，“西强我弱”的传播格局仍未发生本质变化。据Statista数据统计，世界被广泛使用的五个社交平台中的四个——Facebook、WhatsApp、Messenger、Instagram均落入Meta囊中。虽然我国Tik Tok出海并产生了一定影响力，但在粉丝数量、活跃用户数量等综合影响力方面，与全球头部社交媒体平台仍不是一个量级。

目前，国际传播态势中传统媒体的优势还是很强的，要继续利用国际上的主流报纸、电视、网站，不要都当成敌人。对于新兴传播载体，还有可竞争的空间，通过技术革新还有机会“弯道超车”。在相当长一个时期，我们需要学会“借船出海”“借力发声”，综合应用国际成熟媒体，遵循国际通用的新闻规律，提升中国声音、中国故事传播的广度与渗透力度。

六是切忌“做好事不留痕迹”。

我国对外直接投资持续壮大，但是我们发现在海外项目中许多企业往往“干完不留名”，长期下来可能导致中国援助的成果被遗忘。而最有持续性、最具辨识度的传播，一是关联命名，永久传播，比如“中老铁路”；二是编成故事，写进教材；三是勒石留名、树碑立传。

资料显示，2022年中国对外直接投资1631.2亿美元，为全球第2位，中国对外投资规模继续保持世界前列。中国对外直接投资连续11年列全球前三，连续7年占全球份额超过一成。2023年我在孟加拉、老挝、缅甸调研时发现，我国海外工程多数未能留下痕迹，长期下来或导致当地人误认为这是其宗教信仰带来的回报，或只当成当地政府的政绩，中国的贡献却被忽视。这样不利于我们在海外树立良好形象。与之相反，形成鲜明反差的是日本企业，他们到处留痕，通过明确标识有效宣传企业及国家，赢得了良好声誉。

境外投资的中国企业在进行国际传播时，除了需要谨慎避开以上六大误区，还需遵循“六宜”原则，以加强传播有效性，提升企业的全球竞争力和品牌影响力。

一要高度重视传播战略。

习近平总书记在中央政治局第三十次集体学习时强调，“必须加强顶层设计和研究布局，构建具有鲜明中国特色的战略传播体系”。

成功的国际化战略始于对目标市场的深入研究和提前布局。战略是一种全局性的有指导意义的规划和策略，具有长期性、稳定性，不求马上受益、当年见效，不计较一城一地得失。战术是一种方法手段，在特定时期和特定事件中应用，因时因地因事而变。日本企业40年前进入中国市场，就是公益先行→品牌跟上→饥饿营销→合资办厂→股权投资，实施了一个横跨几十年的战略，值得我们借鉴。

国际传播过程中，从战略角度来讲，需要主动配合国家战略开展国际传播工作，站在统筹国内国际两个大局的战略高度，拟定并协同推进远中近期战略传播目标。在战术上，需努力实现分层、分类、分群的精准传播，同时因时而变，因势而动，一事一办，如持续进行的贸易战，我们可以灵活地采用或强硬或迂回的战术，积极争取国家利益，为我国在国际话语中赢得主动权。

二要入乡随俗分众传播。

进入新的历史时期，在不同地区、面对不同受众，企业和国家的“人设”与传播应当有所侧重。

例如在非洲地区，要着重塑造“好朋友和造福者”形象。长期以来，企业为非洲发展提供了很多帮助，具备了加大传播力度的基础。传播中应重点突出真心援助、造福非洲的形象。在东南亚地区，要着重塑造“好邻居和引领者”形象。一方面，国际传播在该地区应以“和平共处五项原则”为核心，积极宣传睦邻友好政策；另一方面，从长远看，应该树立我们有能力带领该地区国家实现稳定和平发展的引领者形象。在阿拉伯地区，要着重塑造“好哥们和建设者”形象。中国政府和企业在该地区多年扎扎实实的辛勤耕耘，目前已取得明显成效。沙特政府把中文作为指定外语要学生们学习即是明证。在欧美地区，要着重塑造“好伙伴和开放者”形象。由于近几年中美关系的一些变化，中国的国际形象在美西方传播形势越发严峻复杂，应当大力宣传支持多边主义，强调中国的对外开放、合作共赢的形象，争取更大范围的理解和支持。

三要化大为小讲好故事。

有效的国际传播策略应将宏大的企业理念和目标转化为简单、贴近人心的故事。这种故事哪怕是古代的，只要有人类共同的情感，作为纽带也会引发当代人的情感共鸣。将复杂的信息简化并以生动感人的方式呈现，可以更有效地与国际受众建立情感连接。

中国对外文化集团有限公司组派舞剧《花木兰》于2023年9月23日至10月1日，在美国波士顿博赫中心和华盛顿肯尼迪中心成功举办6场“中华风韵”演出，受到当地近万名观众的热烈追捧。中外主流媒体对此次活动进行了大规模的宣传报道，相关阅读量达2000万次。此次活动主要面向美国主流观众，通过中外主流媒体进行传播，在中美关系敏感复杂的形势下，发挥了文化如水、润物无声的独特作用，为促进文明交流互鉴、推动中美关系健康稳定发展贡献了文化力量。

在国际传播的宏大叙事里，有细小切口、有人的命运，有真实感人的小故事，讲好人的内心世界，更能实现情感共鸣，达到入心入眼的效果。这种策略可以帮助企业与全球消费者建立情感连接，提升品牌形象。应特别注重企业的日常传播，日常传播是持续性的、软性的、紧密贴合实际的。从内容上来讲，可以生活化元素为主，强调情感触达；从形式上来讲，可创新传播形式，利用好视频、手绘、卡通形象等创新且软性的方式，塑造可信、可爱、可敬的中国形象；从叙事话语来说，要转换角度，利用对方熟悉的语言，以利他的角度进行叙事。

例如，阿里巴巴集团利用其年度“双11”购物节的机会，不仅强调了销售额的增长，而且通过展示小型企业和普通消费者如何从这个平台受益的故事，来强调其对小企业和消费者福祉的贡献。这些生动的故事帮助阿里巴巴在全球范围内塑造了一个支持小企业和普通人实现梦想的积极形象。

四要用好国际通用话术。

我国打造了一套具有中国特色、中国风格的宣传话语体系，尤其是爱国情绪强烈的题材，特别容易引发国人共鸣。在国际传播中，社会制度、文化价值、经济体制等变量容易造成部分信息的传播稀释与弱化，以我们独特的话语体系进行传播，容易形成“自说自话”“鸡同鸭讲”的窘境。

我们可用海外受众听得懂、听得到、听得进的方式，设定国际传播专项议题，从关心全人类福祉的角度传递中国的价值观念。我国话语体系中的词汇，其实在国际话语体系中早有共识和体现，比如精准脱贫就可以“搭桥”联合国的17个可持续发展目标中的“消除贫困和饥饿”。如果再结合当地的战略规划、百姓俗语等话语体系来进行“搭桥”，效果会更加明显，比方说“一带一路助力沙特‘2030’国家发展规划”，就得到了当地政府和民众的高度认可。

当然也有反面的案例。品牌国际化建设中必不可少的还有在其他语言中的翻译，最好是契合当地文化，像宝马、奔驰、可口可乐都是神来之笔，难以替代。但是原来有一些非常好“意译”的品牌，非要改成“音译”，顿觉失色。比如，日本丰田系列的几个名牌汽车，原来的中文译名非常出色，高端的车叫“凌志”，寓意开车或坐车的人是“凌云壮志、成功人士”，结果被改成了“雷克萨斯”……“花冠”改成了“卡罗拉”，“佳美”改成了“凯美瑞”……倒是在网上大家仍然用原来的名字在讨论，可见民心所向。

五要借力海外智库媒体。

海外智库和权威媒体因其专业性和公信力，在国际社会享有较高的声誉。这些机构的专业分析和客观报道能够帮助打破文化障碍，减少误解和偏见，促进国际社会对中国企业及其所在行业的深入理解。通过与这些机构合作，中国企业可以利用其平台和资源，将自身的发展成就、行业领导力以及对全球可持续发展的贡献等信息有效传递给国际受众。

与海外智库和媒体的合作，不仅限于商业成就的展示，还包括企业在社会责任、环境保护和可持续发展等方面的努力。这些机构的权威性分析和报道可以帮助企业在国际舞台上塑造一个积极负责的形象，展现企业对全球社会福祉的贡献和承诺。此外，在面临国际舆论挑战或危机时，与海外智库和媒体的良好合作关系可以成为企业的重要资产。这些机构的客观报道和分析能够为企业提供有力的公关支持，帮助其有效管理危机，维护企业形象和声誉。

2023年3月至10月，中国建筑与环球网积极参与全球发展议题讨论，强化国际舆论场上的中国声量，联合策划《建证城市新生 · 十城记》十集多语种融媒专题片及海外传播活动。该片走进“一带一路”沿线开罗、吉达、阿尔及尔等10个参与城市，以发展中国家普遍关切的城市发展问题为小切口，邀请15位中外籍员工围绕“什么是幸福空间”同题共答，一期一城阐述一种幸福变迁，呼应联合国17个可持续发展目标，着力呈现中国经验和中国式现代化模式在全球发展中的积极作用。该项目以“一带一路”双修国家为核心受众区，通过“央企+央媒”发挥公共关系协同引导效应，促成多国媒体、多样平台、多个语种主动连续报道，海内外总传播量达4827万，总获赞48.36万次，并引发海外网友对本国现代化模式该如何选择的讨论。首集“《十城记》· 唤醒：走进新首都CBD篇”获第五届“一带一路”百国印记短视频大赛埃及分赛区中文明交融奖，充分体现了公共关系传播在树立企业形象、讲好中国故事中的重要作用。

➡ 六要精心讲好ESG故事。

在当前全球化背景下，企业的社会责任行为不仅能够提升企业形象，还能够促进与当地社会的融合。境外投资的中国企业讲好环境、社会及治理（ESG）故事，是建立良好国际形象、提升全球竞争力和促进可持续发展的关键。通过有效地讲述ESG故事，企业不仅能够增强其国际形象和品牌价值，还能够促进跨文化理解和合作，最终推动其全球业务的发展和成功。

目前一个主要的现实问题是信息透明度不足以及国际社会对中国企业ESG报告可信度的质疑。因此，采用国际认可的报告标准和引入独立第三方审核，是提升报告可信度、有效传递ESG努力的关键。企业讲述的ESG故事必须基于真实的数据和事实，确保信息的准确性和透明度。通过国际会议、社交媒体、国际新闻媒体等多种渠道传播ESG故事，扩大国际影响力。此外，与国际组织、NGOs和行业协会合作，借助这些平台和网络，增加故事的传播效果。

当然在设定ESG的标准时，也应该考虑中国的话语权。为此相关机构已经在ESG的理论、指标体系、价值评估、信息披露等方面进行了研究，推出了相应的标准，可能更有利于提升我们在这个领域的国际话语权。

国家主流媒体作为塑造和传播国家形象的重要载体和“主力军”，在为国家利益代言、为国家构建良好的国际形象中发挥了重要作用。走出去的中国企业是“民兵”，也是国家战略传播体系的重要组成部分，在服务于国家对外战略落地，促进民心相通等方面作用显著。中国境外投资企业要努力提升传播能力，积极打造海外品牌，提升企业国际形象，在国际交往、对外文化交流和多层次文明对话中积极发挥出独特作用。

中国企业在“走出去”的过程中，必须充分重视品牌建设的重要性，意识到“走出去”，品牌先行则事半功倍，反之则举步维艰、事倍功半。企业走出去，不仅仅是产品、服务走出去，品牌、形象同样需要走出去。除完善企业公司治理，提高科学决策和经营管理水平，提高产品质量和服务水平，打造合规经营、开放包容、合作发展、高质高效、和谐相处的良好形象外，还需要积极参与当地公益活动、致力改善民生、加强文化交流、融入当地发展，才能赢得好口碑、传播好名声。

企业要走出去、走得好、走得远，真正落地生根，品牌和文化必须两条腿走路，缺一不可。品牌提升形象，文化滋润心灵，只有由外而内认知、由内而外认同，才能真正讲好中国故事，传播中国故事。

案例

中国石化在沙特品牌试点建设

海外品牌建设作为企业国际化进程中的一个重要议题，中国石化给予了高度重视。作为最早“走出去”的中央企业，在海外品牌形象建设上不断探索，海外品牌管理与传播以试点工作为契机探索科学有效的工作模式。

中国石化通过协同内部多个部门和驻沙特企业，建立沙特品牌管理与传播协调工作小组，有力推进了品牌管理试点工作。

一是开设运营“中国石化在沙特”海外社交媒体账号，共开通脸谱、推特、影格、优兔四个账号，形成账号群进行品牌传播。

二是加强与沙特国王研究院、IEF国际能源论坛等机构的沟通联系。

三是加强与国际媒体、沙特媒体的联系沟通，建立良好合作关系。

四是积极推进海外社会责任工作，在达曼发布2019年《中国石化在沙特》社会责任报告。

2019年中国石化在沙特举行可持续发展报告新闻发布会

五是在沙特延布炼厂举办“中国石化公众开放日”活动。

六是探讨与沙特阿美等合作，推进“丝路书屋”建设，购置1060册中国图书运送至沙特中东研发中心，搭建“中国书架”，提升影响力。在沙特建设中国石化品牌文化传播中心、社会责任实践中心、跨文化交流名片，讲好中国石化故事，提升中国国家整体形象。

七是成功举办“中国石化在沙特”云开放日活动，展示了企业在沙特的良好形象。

八是加强企业VI管理，指导境外机构和单位进行标识改造升级，统一替换中国石化海外品牌标识。各企业完成标识改造，在大楼外墙、门牌、宣传栏、信纸、名片、电子邮箱等办公环境系统中均升级为统一规范的海外品牌标识。将中国石化品牌形象传播内嵌于企业社会责任活动中。如为国工沙特分公司赞助的女子交通检查站设计带有中国石化Logo的宣传条幅，展示中国石化品牌形象。斋月期间，驻沙企业集中举办捐赠斋饭礼盒慈善活动，在活动中将中国石化公益Logo形象印制于易拉宝、斋饭外包装盒等展品上，强化中国石化的公益品牌形象。

通过海外品牌管理与传播实践，我们有了一个很好的发现，那就是在海外员工心中中国石化是一个非常有吸引力的国外雇主。中国石化通过推进海外品牌管理的做法，因地制宜，努力实现与利益相关方“民相亲”、与资源国“利相融”、中外员工“心相连”。在尊重所在国文化信仰的同时，激发了外籍员工的个性活力，激发了外籍员工对公司文化的认同感，实现了坚持员工价值与企业价值共同提高，继而引发了他们对中国企业、中国文化的兴趣，提升了当地人对中国的好感度。

5

双修

企业的品牌与文化

第五章 企业品牌与文化的升级

——力出同源，文品共进

品牌与文化不能为了升级而升级。升级一定是因为实际的需要，因为企业的内外部环境发生了变化。环境变化了，文化变化了，品牌也要随之变化。但不管如何变化，起主要作用的一定是人。

第一节
品牌与文化升级的逻辑原则

美好是我们的向往和追求，共美和大同就是我们为之奋斗的目标。但所有的目标实现，都要有一条清晰的路径。我们的“美好”“共美”也不是空中楼阁。

从一开始就说过，文化是适应环境的产物。环境变化了，文化也要随之而变。文化变化了，品牌也要随之变化。这是一个自然而然的过程。但不管如何变化，在其中，起主要作用的一定是人。

一是人的主观能动性。就是说，你要有变化的意愿，张开怀抱拥抱变化，而不是拒绝变化，甚至畏惧变化。说起这一点，年轻人也许会觉得奇怪：还会有人害怕变化吗？我们今天不是每时每刻都生活在一个飞速变化的世界里吗？其实，这种现象的出现也不过二三十年。而我们的文化在两三千年的漫长时空里，都是以成熟的农耕文化为主，而农耕是以土地作为主要对象的。土地从来都在那里，在土地上的耕种也是一年四季，春种秋收，夏耘冬藏，年复一年，似乎永无变化，土地给我们带来了丰收，也带来了“不变”的特点。这种长期以来的稳定性和安全性，造成了我们民族性中的一个大特点，就是不愿意去面对“变化”，不愿意“求变”。但进入近代以来，尤其近五百年来，随着世界大航海时代开启，人类社会进入了海洋时代。海洋文化和海洋文明蓬勃兴起。海洋所特有的“开放”“变化”

特点成为了现代世界的一大起源。生活在现代文明世界里的我们，接受了变化。日新月异的科技发展速度也增加了变化的不确定性。

二是人的创造创新智慧。这一点在人类社会几千年的文明史上已经得到了无数证明。不管是农耕文明、海洋文明，还是商业文明、现在的信息文明、人工智能，乃至于未来的太空文明，人类都在证明着自己的卓越、伟大和独一无二。人类并不单纯在适应环境，同时也在通过自己的大脑和双手改变环境。虽然我们在宇宙生命中是很渺小的，但想一想如果我们在不久的将来，可以看到人类在月球建立基地，在火星建立新的家园，在整个太阳系之间自由穿梭，那是何等伟大！

所以，永远要对生命心存敬畏，永远要相信我们就是最美好的存在！

美好，是的，这个词语对于今天的中国人民来说，是如此“美好”。从我们对美好生活的向往，并为之而奋斗，到美好社会、美好人生、美好世界，中国人从来没有这么强烈地渴望，再一次回归世界舞台的中央，满怀自信和自豪，向世界展示中国的新形象、新气象，为世界的和平和人类的明天发出中国声音，贡献中国价值，提供中国智慧！

美好，费孝通先生说：各美其美，美人之美，美美与共，天下大同。美好是我们的向往和追求，共美和大同就是我们为之奋斗的目标。但所有目标的实现，都要有一条清晰的路径。我们的“美好”“共美”也不是空中楼阁。虽然全世界也许对“美好”这个词语的理解不一致，各有各的标准，要做到“美美与共”并不容易。但当今时代，放眼世界，取普遍的价值标准，我认为要实现普遍的“美好”、成就以善为目标的“美德”，离不开如下两大路径的共同支撑。

第一条路径是“伦理”。这是实现“美好”目标的最重要一条道路。“伦理”也可以简单理解为道德规范。它不是法律，法律只是我们的底线，伦理则是法律之上更高的、自觉主动的道德约束。人之所以为人，就在于人类和其他的动物生命不同。人类被称为“智慧生命”，不是因为我们多么善于利用工具，多么能够适应环境，而在于我们能够自我反省。通过主动而深刻的自我反省，进行自我约束和规范，并使之成为通行的道德准则，即伦理。家庭、企业、社会、国家，都要遵守伦理规则。

“伦理”所以在今天变得特别重要，还在于我们正处在人工智能突破的前夜。新质生产力已经出现，人类又将迈入一个生产力飞速发展的新纪元。科技为我们插上了追梦的翅膀，但如何善用科技的力量，也为我们敲响了警钟。很多有识之士都在思考和呼吁，要为人工智能划定一条界线，在发展和安全之间找到平衡，这个平衡需要全世界共同努力。可以说，伦理到了需要被重新审视的时候而且必须提上首要地位。

第二条路径是“生态”。我们现在讨论很热的生产力，本质上还是习近平总书记说的，是绿色生产力。而绿色生产力是什么？强调的就是生态。

生态，就是我们和周围环境之间的相互关系。我们在这个地球上已经生存发展了几百万年，人类只有地球这么一个共同的家园。我们不但自己这一代要生活生存发展好，还要为我们的子孙后代考虑，造福后人。

生态的重要性，不用多说，大家一定是有切身感触的。前些年北京的雾霾多么厉害，这些年经过下定决心和下大力气治理，蓝天白云多了，空气质量明显改善。绿水青山就是金山银山，在全国各地到处倡导生态经济、绿色发展，加上国家的“双碳”战略，生态文明正在蓬勃兴起。

以上两条路径，都是中国的，也是世界的，是人类通向美好的必由之路。

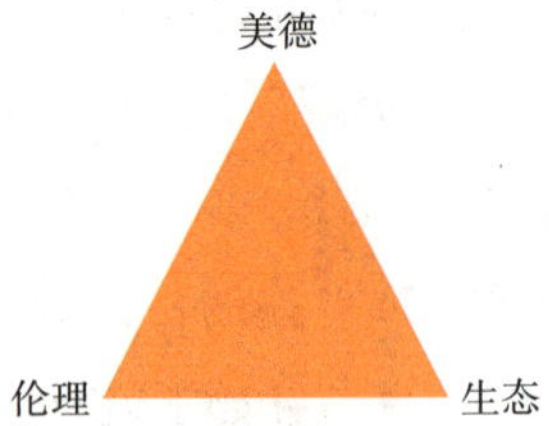

下面详细展开来说一下。

1 伦理

在“伦理”这个层面上，主要包含三个方面的基本内涵：

（1）守正

中国人很讲究“正”。孔子写春秋，第一句就是“王正月”。什么意思？王，就是周天子，正月，就是新的一年的第一个月，也就是春节所在的这个月。那么这个月称为“正月”是什么意思？一是节气正，二是正者，端正、改正、肃正也。作为天子，要带头在这一个月中进行反思，反省过去一年的施政是否有什么偏差，还有什么改进的地方。文武大臣，诸侯大夫，以至普通人家，也都要反思和改进。这个正，就包含了利益考虑。你为个人做了多少，为大家乃至天下做了多少。

从源头出发，从根本出发，就是正。企业一定要知道，什么是自己的“正”。作为国有企业，担负的是经济责任、政治责任、社会责任，是国有资本的保值增值、对民生的责任、对社会的责任，对经济发展和社会风俗的责任等；作为民营企业，也要考虑以自身更好的发展融入区域、社会、国家发展，融入时代发展，推动人类社会向更加美好的明天稳步前进，而不仅仅是攫取社会的高额利润，追求自己企业王国的千秋万代。

2023年年底，国资委召开中央企业负责人工作会议就做了一个责任上的反思，明确把央企的定位从“保值增值”提升为“坚决成为中国特色社会主义经济的‘顶梁柱’，坚决成为强国建设的战略性力量、现代化产业体系建设的引领性力量、经济社会发展的支撑性力量、高水平社会主义市场经济体制建设的创新性力量，坚决成为党领导的国家治理体系和治理能力建设的重要组成部分”。这“四种力量”的定位，更加明确了国资央企的新历史使命，一定会引导国资央企更好实现经济属性、政治属性、社会属性的有机统一，坚定不移做强做优做大国有资本和国有企业，积极服务国家重大战略；也一定会助力国企央企的文化提升，也给国企央企的品牌建设升级提供了新的方向。

（2）向善

善与恶，是东西方的伦理都讲的，但是中国的伦理把善作为自己的核心。我们虽然也有关于人性是善是恶的争论，但基本是倾向于“人之初，性本善”的。肯定人性本善，给中国文化带来的一大好处就是我们的文化充满了人与人之间的善意和温情，充满友爱和互助。

我们的企业也是如此。人性向善，人心思善，最基本的是“己所不欲勿施于人”，然后是“独善其身，兼济天下”。与人为善，成善成美。正是在善的基础上，我们产生了中国独特的义利观：见利思义，义在利先，义利并举，义利相生。这一义利观至今影响着我们的企业。虽然企业不能不讲“利”，但在经过一定发展阶段后，一定会追求“共利”，在国内是“共同富裕”，走出国门则是“天下共利”，构建人类命运共同体。这些充满人情味和人文关怀色彩的背后，还是“善”。

（3）共美

伦理有三个构成部分：真假、善恶和美丑，分别对应真理、道德和艺术，称得上是三位一体。通俗说来就是真、善、美，三者互相渗透，密不可分。

对企业来说，企业伦理建设首先要解决的都是真假问题。你给顾客提供的产品一定要真，质量要真，品质要真，绝对不能有一丝一毫掺假。其次要解决的是善恶问题，公平与非公平。通常，企业内部的分配，企业外部的竞争，以及企业参与社会的二次分配，都在此列。然后才会面对一个美丑的问题，就是企业美学，企业要追求美德，从自身小而美迈向美人之美，美美与共，最后天下大同。

2 生态

接下来再看“生态”，也有三个方面的基本内涵：

（1）均衡

强调生态的目的，就是强调企业和行业、区域、社会，一定要均衡发展。始终不能脱离具体的环境，不能说只顾自己发展，消耗资源，而不肯反哺，不对区域发展和社会进步贡献自己力量。

（2）节制

不管在什么时候，都要注意节约资源，有序发展。这一点很重要，很多企业在初创的草莽时期，都会消耗甚至浪费很多不可再生资源，但现在我们必须摆脱这个阶段。高质量发展的一个重要要求，就是要依靠科技进步提升可再生资源的利用效率，坚持清洁发展、循环发展、低碳发展，始终走绿色发展道路，促进可持续发展。

（3）共生

要有一体化概念，利益一体化，发展一体化，精神一体化，构建人类命运共同体。我们不仅要一起保护好人类共同的地球家园，还要和全世界各族人民一起，在这个大家园里快乐生活，和谐共生。

以上就是我们对未来的企业品牌和文化升级方向的一个展望，以及基本落地的路径分析。

当然了，看清楚方向和路径是一回事，如何向着方向和目标前进又是一回事。前途是光明的，道路是曲折的。要注意下面的两个大问题。

一是文化的冲突问题。尤其是中国梦和美国梦，这是由中国和美国目前的竞争关系以致接下来的可能长期对立造成的。中央号召我们要抓住百年未有之变局，要实现中华民族伟大复兴的中国梦，重回世界舞台中心，而且经过改革开放四十多年的飞速发展，也给了我们这个底气。但必须注意到，中国和以美国为代表的欧美国家，在文化上的冲突越来越激烈。这里面固然有以美国为代表的西方打压我们的原因，但也有我们自身过于强调民族情感的原因。近几年来，民族主义在世界各地泛滥，狭隘的爱国主义不断制造风波。别的不说，就说在2024年的娃哈哈与农夫山泉事件。本来只是娃哈哈的掌门人宗庆后老先生去世，结果却引发了对农夫山泉的网络暴力，创办人钟睒睒被指责“对娃哈哈忘恩负义”，随后遭批竞争不择手段、产品包装设计包含日本元素“媚日”等，在网络上形成被围剿之势。随即其儿子又被质疑是美国国籍，一时间农夫山泉卷入舆论漩涡，被称为“爱国劫”。正值当下重振民营经济发展信心的关键时刻，农夫山泉事件被认为冲击了政府提振市场的努力。这种帮倒忙式的所谓“爱国”，对于中国企业走向国际，无疑是一大掣肘。好在国家发现了问题，中共中央网络安全和信息化委员会办公室3月15日宣布，今年将开展“清朗”系列专项行动，重点整治散布传播涉企虚假不实信息，蓄意造谣抹黑企业、企业家，以“舆论监督”名义对企业进行敲诈勒索等问题。相信经过国家队出手，狭隘的民族主义应该在网络上掀不起大风浪了。

二是国际化问题。中国要走向全球，要重回世界舞台的中央，中国企业成为世界一流势在必行。但如何真正算得上世界一流企业？我的理解是：世界一流企业首先强调的是国际化，是世界的企业。这里面有一个我们一贯用的语式：既要……又要……，就是既要强调中国身份，又要强调全球化身份。有句老话说“越是民族的就越是世界的”，这往往只是就品牌形象而言，因为个性比较突出，往往会得到欢迎，但是在文化层面上，却不能过分强调狭隘的民族性。因为现在的国际局势，并不是一味说中国好，但也不是说中国不好。这里面有一个因地制宜、入乡随俗的策略问题，也是现实问题。

2023年年末，我作为中国人民大学国企形象研究院的院长组织举办了第3次沙龙，沙龙的主题就是如何处理好中国企业品牌的国际化问题。大家众说纷纭，一种观点认为还是要坚持我们的民族品牌，强调我们的民族性；另一种观点正好相反，认为要走向国际就要弱化国家色彩。双方争执不下之时，我的老领导、原中国石化董事长傅成玉先生，在发言时提供了一个崭新的角度给大家以启发。他说：并不见得越是强调中国身份就越好，也不见得不说中国身份的就比较好，还是要差别化对待。例如，在美西方对我们比较抵触的时候，在欧美市场，就应该弱化中国身份和民族色彩，但是在“一带一路”，尤其是在非洲和北美地区，则应该强调中国身份，因为我们的国字头企业反而更容易得到当地人的信任，人家觉得你代表中国，不会干违法乱纪的事，不会拖欠货款，不会败坏国家形象，所以，反而中国身份起了大作用。

2024年3月13日，美国又发生一出闹剧：众议院以352票对65票的压倒性多数，通过《保护美国人免受外国对手控制应用程序侵害法》，要求短视频平台TikTok在180天内从中国母公司字节跳动剥离，否则TikTok将会在美国遭到封禁。法案一出，令全世界瞠目结舌！即使1亿7000万美国人都在使用这款应用，即使中国外交部对此抗议，批判“强盗逻辑”，即使TikTok首席执行官周受资辩称“委屈”，声称“不知道做错了什么”，而且在听证会上细数了所做的种种努力：你说我窃取美国用户数据，好，我们把它存放在甲骨文，还推出了拟耗资15亿美元的“得克萨斯计划”确保数据安全；你说我危害青少年，好，我承诺“将把安全尤其是青少年的安全放在首位”；你说我进行信息操纵，好，我保证TikTok不会被任何政府操纵，将保持透明，并允许第三方独立机构进行监督，由甲骨文审查TikTok的信息推荐算法和内容审核模型……你为什么还要搞我？其实，全世界都心知肚明。无他，就因为“匹夫无罪，怀璧其罪”，就因为美国企业竞争不过中国，于是强盗本性暴露！

所以说，中国企业国际化之路凶险重重，既要自己做得足够好，还要有足够的耐心、足够的智慧、足够的坚韧，去融入国际市场。正如华为曾经经历过的一切，那些打不倒我们的，只会让我们更坚强！

无论如何，我们绝不会畏缩不前，这就是中国企业，这就是中国人！我们将无所畏惧，勇往直前，中国一定会重新回到世界舞台中央！这是我们的使命，我们的决心，我们的誓言，是中国一定能实现的梦想！

第二节

企业文化的升级

前天，在乔布斯的时代，是靠着“想”；昨天，创新换成了另外一种方式“问”。今天，我们靠什么创新？——可能是“做”。明天，创“新”这扇大门的后面，又隐藏着什么？——可能是“可能”。

1 价值观升级

1997年7月的一天，苹果公司因为连续5个季度亏损，时任CEO吉尔阿米利奥不得不和大家黯然告别。随后，穿着一身休闲短裤、T恤，蓄着短胡须的乔布斯走了进来，给大家上的第一堂课主题鲜明：苹果必须创新！

他大刀阔斧，一下将苹果的15种产品砍到了4个，正式宣布退出低端市场。要么不做，要做必须做第一。

领导市场，引领消费者的需求，而不是跟随市场，被消费者五花八门的需求牵着鼻子走。乔布斯根本不相信消费者：他们自己都不知道要什么，这个答案在自己的脑袋里。而最新的苹果产品，将告诉消费者这个答案。苹果所要呈现给消费者的，就是消费者渴望的。

乔布斯对大家只提出了三点要求，其实也就是苹果公司的核心价值观，也是苹果品牌的最重要基础：

第一，苹果必须生产全球最好的产品；

第二，用科技改变人们的思维；

第三，为用户提供非凡的体验。

这是乔布斯带给苹果的最根本的改变。“活着就要改变世界！”他先把这股力量传递给了公司的每一个人。乔布斯做到点子上了——企业真正成功的变革，一定是从改变价值观、重塑价值观做起。

实际上，乔布斯从1985年的时候被自己创立的苹果公司“踢出去”，他就开始领悟到“改变自己”的重要性，一路探寻，并经过东方的禅宗文化的学习和修炼，从自己的内心找到了答案：简单、极致的美——这种美，极具中国宋代文化的特色。美学，其实是价值观的一种，就是你感觉美不美、喜欢不喜欢。

宋代推崇自然、柔和、简约之道，“雅”普及于日常生活的各个细节，将艺术与生活融合成一种人类文化中的极致风雅。现代人们爱上“宋式美学”，可能不仅因为宋的简约精致之美契合着当代推崇极简的艺术精神，更因为宋代的极简美学还包含着更深沉渺远的“意境”。在重压与繁忙的现代节奏之下，可能宋式淡然而风雅的生活品味也成为了一种高贵的象征和向往吧。

乔布斯带给苹果哪些新的核心理念和内涵呢？

➡ 专注　对于创新来说，专注永远是第一位的。专注设计就是苹果的灵魂。

➡ 信任　苹果的员工信任乔布斯，而苹果的消费者信任苹果。

➡ 聆听批评　虚心地接受批评，但是并不被批评所影响。

➡ 永不服输　将批评当作不完美的动力，永远比竞争对手更抢先一步，永远做领导者。

➡ 关注细节　永远是“多努力一点”“再进步一点”“做得再好一点”。

➡ 保护秘密　不到举办产品发布会的那一刻，你永远不知道苹果会带来怎样的惊喜。

➡ 开拓销售渠道　在全世界各地培育自己的专卖商，不断开拓销售渠道。

➡ 团结同盟　苹果不仅仅是产品，更是一个平台，是一个良性的生态。

但即使是集天才与疯子于一身的乔布斯，也想不到仅仅十几年之后，科学技术跨越发展，ChatGPT大模型横空出世，人工智能时代大门开启。国内上百家大模型拉开竞争大幕，号称“百模大战”。尘埃未定，2024年2月16日，Sora横空出世，惊艳亮相，震惊世界，再次改写创新方式。

前天，在乔布斯的时代，是靠着“想”——殚精竭虑地冥想，通过科技去改变人们的思想，从而将苹果的理念注入消费者的内心深处。昨天，创新换成了另外一种方式“问”——你能向大模型提出什么样的问题，一个好的问题可能就会带来创新。即使不是那么“好”的问题，也会给你相应的答案。曾经乔布斯和苹果为了一句广告发布词拟订几百上千个方案，现在问一句大模型，一分钟就有几百个方案。今天，我们靠什么创新？——可能是“做”。Sora的出现之所以引起这么大的震动，是人工智能又向前迈开了一大步。明天，创“新”这扇大门的后面，又隐藏着什么？——可能是“可能”。其实就是谁也不知道。Sora是OpenAI发布的人工智能文生视频大模型，但OpenAI并未单纯将其视为视频模型，而是作为“世界模拟器”。一切越来越科幻，以至于很多人现在相信一句话：科学的尽头是玄学。

世界从来没有像今天这么紧迫，人工智能的飞速发展带来大量正面效益，但如何防止其被别有用心的个人或者组织利用，如同科幻电影里那样，将人类社会拖入深渊？这就需要全世界的文化共识、需要统一的价值观引领。品牌可以一夜造就，但是形成统一的价值观来引领人工智能的发展，是一个巨大的挑战，是人类在新的时代面临的重大问题。

2 永远的企业家精神

企业是企业家创造的，可以说企业家精神是工业时代以来最闪耀的精神之一。

企业家，本质上就是“带领一群人从事远征的人”，根本上就是冒险。

埃隆·马斯克，作为当今世界上最具影响力的企业家之一，也可以说是最大的冒险家。他的冒险行为已经不仅仅是颠覆前人，而且是惊世骇俗了。他的目标令人咋舌：要帮助人类移民火星，在火星建立新的家园！

也许可以用许多的话来概括马斯克，但最根本的一条就是“做不可能的事情”！

在特斯拉创办过程中，目标是推动电动汽车的普及，解决气候变化问题；在SpaceX创办过程中，目标是致力于降低太空探索的成本，让人类早日实现登陆火星。这些目标都被认为是不切实际和不可实现的，但马斯克从未退缩，无论挑战有多大，他都敢于去面对。

从2023年到2024年，一年之间，马斯克的星舰三次发射，吸引了全世界的目光。虽然三次发射都失败了，却为他赢得了更多的荣耀。而且，马斯克说，他仍然有三艘“星舰”处于建造的最后阶段，而下一次试飞可能会在2024年12月中旬进行。

这是真正的斗士！为人类未来而战。在普通人眼中，马斯克早已是商业巨子，但他并不满足于仅仅创造商业成功，而是要将科技应用于解决当今全球面临的重大问题。他相信，只有让人类迈向可持续的未来，才能长久生存下去。作为一项自觉肩负的使命，“人类成为多行星物种”，这样看起来“不可能的任务”却驱动着马斯克不断去挑战未知世界。

有人说，埃隆·马斯克就是今日今时的爱迪生。我倒以为马斯克就是马斯克，正如爱迪生就是爱迪生。每个伟大的企业家都是独一无二的。但这并不妨碍他们为我们提供智慧并身体力行做出示范。

下面通过马斯克的一些金句总结出他的企业家特质：

（1）改变规则

“当别人在玩游戏的时候，我们要做的是改变游戏规则。”这不是狂妄，而是对创新和突破传统发自内心的执着追求。一个伟大的企业家一定是不满足于现状的，总是寻求改变和进步。

（2）竞争精神

“不要害怕新的竞技场。”马斯克本身就是一个激情洋溢的斗士。他在2023年和扎克伯格约斗“八角笼”，一度传为佳话。他们争的当然不是输赢，而是在向世人展示竞争精神，鼓励更多的人们勇敢面对竞争，不断探索和挑战，才能取得真正的突破和成功。

（3）专注热爱

“如果你对你所做的事不够痴迷，立即停止，去找一些让你痴迷的事情来做。”在我们看来马斯克所做的每一件事情都匪夷所思，甚至是异想天开，但对他来说，都是再平常不过的。他对每一件事情都不是说说而已，而是发自内心地充满了热爱。他在创办第一家互联网公司的时候，每天熬夜写代码，累了就睡在办公室的沙发上，绝对是一个超级工作狂。他创办火星生命基金会，计划探索火星并为火星移民做准备，曾尝试从俄罗斯购买火箭，但因为价格太高空手而回。马斯克发飙了，为了将成本大幅度降下来，自己花费了几个月时间学习航空航天技术及相关的物理学原理，同时研究火箭的结构和制造工程，最终决定自己造火箭，于是太空探索技术公司SpaceX横空出世。他对成本的执着也得到了体现：就拿最新失败的第四艘星舰来说，一个最大的进步也许不是我们看到的在天上飞了50分钟，而是成本又降到了此前的1/20，这才是马斯克最可怕之处。他说到一定做到，“疯狂”没有极限。

（4）强调执行

“生命太短暂，它无法承受无休止的恩恩怨怨。”马斯克这句话表达了他对生命的珍视和积极态度，他说得很明白：生命是用来创造的，而不是用来浪费在没有意义的事情上。只要是你认为有意义的事情，就努力去做。而一旦确定了做某件事情，就要全力以赴。在这方面，马斯克是一个“疯子”，更是一个“暴君”。他的脾气很大，不允许他的员工有谁不为了工作而付出所有。也正是凭借这种对目标的专注和百分之百的投入，马斯克才做成了那么多的事情：特斯拉成为目前最成功的电动汽车品牌，市值曾突破万亿美元；StarLink（星链）、Hyperloop（封闭超级高铁）、Neuralink（脑机接口）……每一个产业，马斯克都成为“神”一样的存在。

（5）坚忍不拔

“成功的关键在于不断尝试，不断失败，然后不断尝试。”马斯克从来都不是一个只盯着成功的人，相反，他喜欢研究失败，每一次都能坦然面对失败。“星舰”的发射就是一连串失败的过程，每一次失败，马斯克都欢欣雀跃，因为离成功更近了一步。

（6）永不放弃

“坚持非常重要，永远不要放弃，除非迫不得已。”马斯克始终着眼于人类的未来，只要是自己认准的方向和目标，不管遇到什么样的挫折和打击，他都选择勇往直前，不达目的誓不罢休。

以上还只是对埃隆·马斯克这样一位出类拔萃企业家的特质的片面概括。虽然马斯克只有一个，但的确，他的颠覆与使命驱动的科技创新之路激励着无数人。他坚信科技的力量可以改变世界，而不仅仅是为着追逐商业成功。他的创业精神、自我牺牲和社会责任感使他成为全球企业家中的典范。他所带领的企业，不仅在科技领域引领潮流，更在可持续发展和社会责任方面树立了楷模，塑造了极佳的品牌形象。

通过对马斯克的介绍，我们的企业和企业家也应该反思，从中得到启示与鼓舞。我们是不是也应该将使命驱动作为我们的根本动力，将冒险精神作为我们的强大助推？是不是作为全球公民，我们也应该在科技发展、进步的滚滚潮流中有一番作为？尤其科技的进步给人类带来了无尽的可能，但同时也伴随着众多挑战和道德困境，如何在科技创新中找到平衡，让科技造福人类，我们是否能从中国文化、中国智慧里为世界找到优秀的解决方案？

3 组织升级

20世纪80年代初期，我被分配到洛阳龙门石窟附近的一个国企工作，闲暇之余，遍游洛阳龙门石窟，连石窟对面的香山寺都多次游览。香山寺是唐朝大诗人白居易先生的葬身之处，他的墓碑正面写着两个大字：“兼善”，墓碑背后写了十二个大字，我至今记忆犹新，那就是："穷则独善其身，达则兼济天下。"贫是指没钱，穷是指穷途末路。一个人在没有钱的时候、在穷途末路的时候要独善其身、不要多管闲事；而在发达之后就要兼济天下，以天下苍生为己任。这里面有一个从"穷"到"达"的过程，其实也是一个境界提升的问题。一个人在穷困的时候，能力有限，眼界、思想的境界也难免受限制；而随着时间、地点、境况发生变化，当你具有了更大的能力，可以在个人之外为社会、国家做一些事情了，这时候就要努力去实现抱负。

对企业来说也是如此，初创时期可能只有一个目的，就是为了生存，要活下来。这时候，往往表现为唯利是图，机会主义，甚至是游走在灰色地带，没有、也顾不上更高的价值追求；但是当企业发展到一定程度之后，应该有道德的追求，从关心自己到关心客户、关心环境等，这就是组织的升级。

企业作为经济生命体，作为社会公民、世界公民，必须以善作为追求。企业还不像人一样，可以全然地独善其身。企业的善一定是与周围息息相关的：与客户、与伙伴、与政府、与社会、与国家和世界。善就存在于每一种关系中，是所有积极健康正面向上的关系总和。

这种企业与周围环境的关系，其实就是一种伦理。伦理大致上可以分为家庭伦理、社会伦理，进入现代社会又出现了企业伦理。企业伦理就是蕴含在企业生产、经营、管理等各种活动中的关系、规则。

伦理，对中国人来说很熟悉。我们早在三千多年前就有了伦理意识。至圣先师孔子更是一生致力于社会伦理的构建和传播。

对于企业来说，伦理则似乎有些陌生。因为企业伦理是以企业作为载体的，而企业通常在处于生存时期没有能力讲伦理，在进入发展阶段之后，又因为面临着激烈的竞争顾不上讲伦理，等真正意识到伦理对于企业的重要性，自觉主动将伦理与经营管理融合起来，已经是面临着能否永续发展下去，甚至遇到了突发危机，不得不讲伦理了。

在这方面，国外的企业管理注重伦理，起步比我们早得多。尤其国外企业在经历了从本土到走向全球的扩张，在实现国际化的时候发现了伦理的重要性。尤其在跨文化管理实践中，伦理对内关乎企业的文化品位，对外关乎企业的品牌形象，成为内外贯通的桥梁纽带。

我们可以看一下西方学者赖登巴赫与罗宾在《跨文化管理》一书中，对企业在不同发展时期处于不同的伦理阶段的描述。

（1）第一阶段：非道德型组织

在这个阶段，企业的观点是："做所有能做的事情，只要不被抓，就是道德的。如果被抓，就是商业成本。"这个阶段的企业，往往具有"超脱"于法律的文化，有着顽强而快速适应的生命力，只要有利可图，就敢冒风险。怎么样，是不是听上去有一些耳熟？我们的民营企业在20世纪80年代、90年代蓬勃兴起的时候，很多就是这么一种"野蛮生长"的情况。生命力像野草一样，惊人地旺盛，但是也因为没有成体系的道德规则，甚至没有基本的道德意识，因此被称为"原罪"。至今中国的民营企业还有很多没有摆脱最初的"不道德"的枷锁，经常在某个阶段被揪住"小辫子"不放。

（2）第二阶段：法制型组织

这个阶段的企业，在法律允许的范围内行事，与经济收益的变化作斗争；当社会问题出现的时候利用公关手段来进行补救；组织对于社会问题的直接反应就是当作损失处理。"合法就行"成为很多企业的口头禅，以至于游走在灰色地带，在法律的边缘不断试探，企业的经济利益成为唯一的评判和决定标准。如果说这个时候道德准则是存在的，也只是存在于企业内部。企业要求每一个员工一定要对企业忠诚。

（3）第三阶段：反应型组织

这个阶段，企业的管理者开始明白一个问题：不要在法律问题上独断专行，即使他们相信自己可以赢；在企业利润和伦理道德之间，企业必须做出一个权衡，采取最有利于企业增长的方式和方法。企业决不能只为自己的利益考虑，而必须连同利益相关者一起考虑。这个阶段的企业，"做负责任的公民"的意识产生了，态度也明确了。

我们的很多国企其实都处在这个阶段。这固然有体制的原因，但也因为国企天生就有“责任”的基因。和民企相比，国企在这方面不愧为“共和国长子”，国企从一开始就是“利润+责任”，甚至很多时候是“责任+利润”，责任是第一位的，做事情更多考虑的是企业与社会的互动，考虑每一件事情对社会的影响和正面推动。

（4）第四阶段：道德型组织的初级阶段

这个阶段的企业，主动把道德问题作为企业发展的一个方面来考虑。“我们希望做应该做的事情”，这是一个主动选择而不是被动的反应。这个阶段企业“一把手”的价值观成为企业的主流价值观，高层领导者的道德价值观成为企业价值观的一部分，但关于道德的考虑，还是习惯于用成功和失败来衡量。企业发展好了，成功了，这道德就是好的；如果企业发展不好了，失败了，这道德就是不好的。这其实还是从“利害”的角度来衡量道德价值，是现实的。

我们的中央企业，因为有着在全国范围内配置资源的先天条件，也有着在行业范围内的领军地位，因此，道德的考虑也就更加突出。“功利主义”在大多数的央企是不太受欢迎的，相反，大多数的中央企业都自觉践行中华民族优秀的“义利观”，“义利合一”，真正做到将国家大义、一行之义、一企之义与国家富强、行业进步、企业发展结合起来，将道德价值转化为行为规范，主动的道德选择和道德行为带来一个直接结果，就是道德成为文化的一部分。道德与文化密不可分，道德丰富和提升了文化，也更加擦亮了品牌。

（5）第五阶段：道德型组织的高级阶段

在这个阶段，企业在战略中就已经融入了利润和道德分析，具有长远考量。每一个企业都有合乎自己实际的、完整的道德理念和准则，而且根据这理念和准则，去精心挑选、凝炼自己的核心价值观，用以指导和规范公司员工的行为。公司所有的制度、文件、政策都反映了道德行为准则和核心价值观，它们在组织的各个角落无处不在。招聘、培训、解雇以及奖励和惩罚，都反映了统一的道德准则。

关于道德型组织，我认为这是中国企业走向国际化的一个必然要经历的层次。因为道德型组织在西方社会已经经历了一个现实的考验：从2001年的安然公司开始，世通、南方保健、泰科和帕玛拉特等多家跨国公司都陆续暴发了一系列的惊世丑闻，2008年华尔街发端的金融海啸，更是令西方的商业世界和学术界反思：为什么这么多的公司高管，会如此贪婪，如此肆无忌惮地行事？他们在系统地掠夺普通投资者的同时，公然违背他们的法律和道德义务。究竟通过什么才能对他们进行监管？也许答案之一就是：道德型组织！

很多人开始意识到：成为一家好公司，需要从美德伦理学的角度去寻找答案，也就是通过塑造企业品格，构建德性组织，让企业具备德性的基因，从而发自内心地向善。

什么是善？这是一个不太容易回答的问题，可以看一下亚里士多德给出的善的定义："一切事物的目标，欲望或倾向的目标，可让人们感到满足。"善，并没有天然的道德色彩，而是人们在活动中渴望得到的东西，是人类活动目标之所在。也就是说，善，本质上是一种获得，是一种利益。

善，在中国文化里可能更直观一些。来看一下这个"善"字，其造字的本义就是会意字，从羊从言。本义是像羊一样说话。像羊一样说话，才不会吵架、打架，才会有进一步产生合作的可能。羊是温顺，是美好，是吉祥，是满足。

在伦理学的意义上，善，就是共同满足。在被动个体自我意识出于自愿或不拒绝的情况下，主动方对被动个体实施精神、语言、行为的任何一项的介入，皆为善。哲学上更抽象一些，善就是具体事物完好、圆满的组成，是具体事物的运动、行为和存在对社会和绝大多数人的完好圆满生存发展，因此，善具有积极意义和正面价值。

对企业来说，善是一种集体行为。企业中的善，根据美德伦理学家麦金太尔的划分，可以分为从事核心实践的普通员工，以及从事第二实践的高层管理者，都能通过各自的实践获得善，共同构成善的圆满完成。

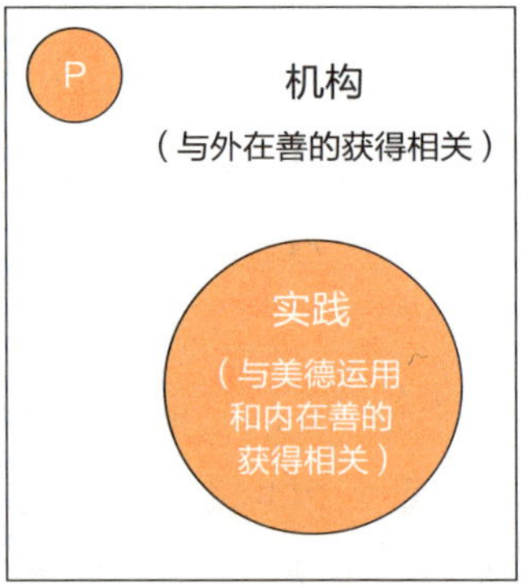

核心实践是指组织所从事的具体生产活动。上图中的大圆圈表示核心实践。企业所有的经营活动都包含在这个大圆圈里面。企业员工通过生产技术的提高、产品功能的完善和质量的改进、技能的锻炼和发展等具体的实践活动，获得了个人价值的实现，得到了基本的报酬、快乐体验、成就感以及出色工作所带来的个人尊严满足等。

除了核心实践以外，组织内还存在另外一种实践，那就是高级管理人员所从事的管理工作，即小圆圈所代表的第二实践。从某种意义上说，高级管理人员并不从事核心实践工作，他们代表了拥有核心实践的机构，他们的工作就是设计、建立并维护机构。高级管理人员所从事的工作，无论是否参与了核心实践，也都有机会从机构建设和管理实践中获得与核心实践的人员和过程一样所产生的善。

当然，第二实践更重要的还在于获得外在善。什么是外在善？就是成效善。内在善的目的是追求卓越；外在善则是直接反映在成效上。外在善是在外部环境中展开的竞争，有竞争就有输赢，而且外在善可以通过各种与任何具体实践无关的替代方式实现。这种内在善和外在善，用本书的主题来说就像品牌和文化的关系。文化可以看作内在善，追求的是卓越，是对企业内部所有人都有益的；外在善是品牌，追求的是成效，是为了推动社会进步所需要的。

任何一家企业，只要存在一定会影响社会环境，对周围要么有积极贡献，要么有消极贡献。而道德型组织对社会的贡献一定是正面的、积极的。

但也有人会担心：道德型组织和现在正在提倡的“创新”是否存在着一种悖论式的冲突？道德型组织要求遵守道德规范，要维护规则。而具有创造力的员工则更强调忽视和打破规则。例如，在哈佛大学系列研究中就发现，在实验中表现出欺骗行为的人比那些因为遵守规则而没有表现出欺骗行为的人更有可能在后续的任务中表现出更高的创造力。换言之，创造力高的人往往不太受既定规则的约束，或者更能为自己的不道德行为找到开脱的理由，从而在某些情况下更有可能做出不道德的行为。反过来，是不是道德力越高的员工，创造能力就会越低呢？企业应该采取怎样的措施来解决这个困境呢？

关于道德与创新，清华大学经济管理学院领导力与组织管理系郑晓明教授及其学生刘鑫提出了一个观点：拥有较高道德力的员工的确可能会表现出更低的创造力。然而，这不是因为他们的创造力天生就比其他人的创造力更低，而是因为他们牺牲了自己，成全了他人。这是一种主动承担的道德角色责任，会让团队和企业保持较高的道德水平，降低不道德行为给企业发展带来的潜在风险，但是却可能在无形中给员工自己带来负担，分散他们的精力和时间。

那么，企业能做些什么来“保护”道德力较高的员工，帮助他们表现出更高的创造力呢？答案就是：关键要有道德型的领导者。

什么是道德型的领导者？我们同样可以参考这方面的理论研究成果：

定义表述	研究者	定义类型	年份
道德领导可以描述为领导者的行为应表现出高度个人美德、自律和大公无私的特点，统筹大局的能力，牺牲小我而顾全集团的利益。	西林（Silin）	心理品质定义	1976
变革型领导者要注重审视自身使命和组织目的的道德方面，关注下属及员工的需求、价值观和道德；同时为了达到组织目标，必须开发下属的价值观和道德动机。	彭斯（Bums）	行为过程定义	1978

续表

定义表述	研究者	定义类型	年份
将道德型领导界定为一种思维方式，目的是明确描述管理者决策中的道德问题，并对决策过程所参照的道德原理加以规范。它包括个体层面领导与组织层面领导两个层面的内涵。	恩德勒（Enderle）	行为过程定义	1987
道德领导就是要促使组织在其内部形成良好的伦理氛围，并使自己与下属都成为有道德的人。	凯南格等 （Kanungo et al.）	行为过程定义	1998
个体领导者的人格以及领导行为中包含着伦理和道德的特征。	贝斯和史泰德迈耶 （Bass & Steidl meier）	心理品质定义	1999
道德型领导包含两个方面：一是合乎道德的个人（ethical person），即具备诚信等个体特征，并执行合乎道德的决策；二是合乎道德的管理者（ethical manager），即采取影响组织道德观与行为的合乎道德的决策。	布朗和特莱维诺 （Brown & Trevino）	行为过程与心理品质相结合的定义	2000
如果一个领导者的行为总是与道德的标准保持一致，这个领导者的行为就是道德的。道德行为是通过道德的目的和手段来进行判断的。	阿龙森（Aronson） 库利亚（Cuilla） 尤克尔（Yukl）	行为过程定义	2001 2001 2002
如果行为的结果很好地实现了自己和他人的目的，那么这个领导也被认为符合伦理。	阿龙森（Aronson） 门多卡（Mendonca） 尤克尔（Yukl）	行为过程定义	2001 2001 2002
从社会学习的角度将道德型领导定义为领导者在个人行为和人际关系中所表现出的合乎规范的行为，并通过双向交流、强化、决策来提高下属的道德行为。	布朗和特莱维诺 （Brown & Trevino）	行为过程定义	2005
支持下属的健康幸福，公平对待下属，对集体忠诚、保持身体健康，维持秩序和方向，以及培育下属的自主性和精神纯洁。	费尔，耶姆，等 （Fehr R, Yam K C et al.）	行为过程定义	2015

综合说来，道德型领导的内涵包括：

1）行为规范

领导必须展现出来可以被追随者认为是示范的行为。这里面包括如诚实、正直、可信赖、公正、公平、关心他人等。

2）注重沟通

领导者不能只关心自己的行为是否符合道德规范，而应该通过双向沟通的方式，和部下进行多方面的沟通，使得自己所遵守示范的道德规则通过下属的行为展示出来。还要适度授权、分权，给予下属以公正、合理的话语权。

3）合理奖惩

领导者通过建立道德标准，奖励道德行为、惩罚不道德行为，促进道德行为和规范的进一步落地，巩固成为习惯。

4）公平决策

领导者会考虑其决策所产生的道德性结果，并选择那些可以被其他人观察和模仿的、符合原则的、公平的决策行为。

如果企业拥有了这样的道德型领导者，能够主动承担起道德角色责任，以身作则，制定并执行明确的道德规范，管理工作场所中的不道德行为，那么道德型组织的道德与创新困境就能迎刃而解。

道德型组织，对中国企业来说，有着天然的情感亲近和接受优势。除了企业绩效的促进、创造力的激发，承担社会责任，还有一个好处，就是幸福力的获得。中国人对幸福有着几千年的追求。在现代社会，随着物质的不断丰富和满足，我们的幸福等级也在提升。幸福已经不仅仅局限在家庭层面，也进入了企业层面。企业的责任是要建设幸福企业，要让员工幸福，也要促进幸福社会建设。

中国人的福，还有造福天下的思想。按照“福”的等级可以分为三个层次。

一是天下之福。这是人类共福，也是大道，就是永远的和平与发展，构建共赢共生的人类命运共同体。

二是国家之福。就是国泰民安，人民安居乐业，国家长治久安。

三是企业之福。就是企业稳健发展，员工价值实现，追求健康美好。

以前我们一直在讲企业文化建设，但以后可能要更多进行企业文化的道德伦理建设。从文化企业的初级阶段走向道德企业的高级阶段。当所有的企业都把道德企业作为最高追求，世界就会走向和谐圆满、臻于至善完美，中华文化一直追求的天下大同也就不远了。

第三节

企业品牌的升级

改变企业的品牌形象，让人们知道你一直在拥抱变化，而不是停滞不前。技术的变化也许会带来一波波潮水一样的大洗牌；但即使在技术革命的大潮流里，企业也应该时刻保持做出改变的积极姿态。

1 顺应变化

品牌的升级是在文化升级的指引下进行的。

首先来讲一个心存善念、紧随时代发展的需求创立新品牌的案例。

在我在离开中国石化之前，一直在力推一个新的品牌——“善解”牌可降解塑料原料。塑料是20世纪最伟大的发明之一，给人们的生活带来了极大的便捷，但是废旧塑料的污染也给保护环境带来了巨大的挑战。

中国石化是全球最大的合成树脂生产企业，高度重视可降解塑料的研发和应用。通过多年产学研联合攻关，形成了具有自主知识产权的生物可降解材料的工艺技术和产品配方。2019年7月，中国石化正式加入终止塑料废弃物行动联盟（AEPW），成为首家中国大陆会员企业。

为了配合这个趋势，2019年10月18日，我们发布了一个具有技术创新特点和行业影响力的可降解材料品牌——“善解”（Ecorigin）。“善解”取自成语“善解人意”；“Ecorigin”是中国石化可降解新材料的英文品牌名称。“善解”品牌体现了中国石化生物可降解新材料优异的产品特性；展现了中国石化以先进的技术、优质的产品和周到的服务，为客户及社会带来福祉的决心与能力；寓意着中国石化致力于提供洁净能源、为美好生活加油的企业使命。

“善解”这个词特别好，“善解人意”，既不能永不降解，也不能很快降解，一定在使用完之后的几个月之内降解，回归大自然，不给生态环境留下污染。我对广告词“中国石化可降解材料，愿为美好世界善解”不是特别满意，但是我对Logo很满意。深绿浅绿的底纹上画上了一条白色的地平线，表明是深埋自然生物降解；借用易经八卦的一些要素，表明自然的轮回；中文的“善解”和英文的Ecorigin（中文意思是“起源”“来源”“出处”）配合得很好。这个Logo将用在中国石化所生产的可降解塑料的包装袋上，也将授权给那些采用“善解”牌可降解塑料做原料的下游终端产品上，用这个品牌来给下游产品背书，大家一起来保护环境、行善积德。将来，你在某一个塑料袋或者塑料杯、塑料箱子上面，除了看到生产商的商标品牌之外，还将看到一个“善解”牌的标识，那就表明这些产品采用的都是中国石化的可降解塑料制作而成，中国石化给他背书，将来这些产品会自然降解，不会持续污染环境。

通过这个小例子，是不是可以看到企业品牌升级的一个未来方向呢？

2 绿色时代

在前面也讲到了，就伦理而言，未来发展良好的企业一定是道德型企业。就品牌而言，未来受人尊敬、享誉世界的一定是生态型品牌。

生态，一个最基本的关键词就是“绿色”。现在说的最热的一个词“新质生产力”，习近平总书记指出“新质生产力本质就是绿色生产力”。

健康、绿色、美好、共享，未来的企业品牌如果不包含这些因素，就不能顺应绿色时代的到来，这样的企业品牌落后乃至被淘汰是必然的。

事实上，世界性的大公司都注意到了这一变化。以GE公司为例，每过二三十年品牌的核心内涵都要发生一次革命性的变化。

这一变化最新发生的，是GE基于百年创新的历史底蕴和世界上最大的多元化跨国公司的地位提出了最新品牌定位——创想（Imagination）。

创想，其内涵是：GE作为一家全球领先的多元化企业，致力于解决世界上最棘手的技术难题，为人们的未来生活创造梦想和实现梦想。在“创想”定位的基础上，GE进一步提出了“绿色创想”和“健康创想”的概念。

“绿色创想”是GE的旗舰业务战略，旨在为市场开发使用更少能源和资源的产品，同时降低本公司自身运营中能源和水资源消耗。“健康创想”是GE 2009年立志发展可持续性健康事业所作出的承诺，聚焦于降低成本、关注生命与提升品质等三大关键性需求。对“创想”定位的细化是为了GE旗下的不同业务能够有更加清晰的定位和发展方向。

绿色、健康，GE向全世界展示了一个崭新的品牌的引领者形象。

通过改变企业的品牌形象，向全世界消费者传达出改变的决心的，还有一个例子，就是BP公司。

在20世纪末，BP意识到了全球消费者对未来能源可持续发展的关注，于是在此基础上，BP对其品牌重新进行了定位，致力于解决全人类共同面对的能源可持续发展的难题。经过精心的筹划和布局，BP大张旗鼓地发动了“Beyond Petroleum”（超越石油）的品牌再定位运动，致力于在消费者心目中塑造环境友好型的能源化工企业。BP将有70年历史的品牌标识改为黄绿色的让人耳目一新的太阳花，并在此基础上对产业结构进行调整，通过购入太阳能等新能源公司、大幅度支持油砂项目等举措，为消费者带来了信心，获得了消费者的好感。BP换标后，成功地使人们改变了对污染型能源企业“灰蒙蒙”的印象，并且还向公众传达了保护环境、追求和谐、致力于清洁能源探索的“绿色宣言”。全新的品牌形象使BP弱化国家意识，成功摆脱了“英国石油公司”的国别属性，真正走向全球，并且向新一代的消费者树立了绿色环保、勇于创新的崭新价值理念。

当然，企业的品牌升级，不能是为了升级而升级，而是要注意遵循下面几个原则：

（1）必须要有鲜明形象

形象一定要鲜明，而鲜明的形象是品牌视觉形象、质量与技术优势形象和文化个性形象（核心价值观）的有机统一。

世界一流公司品牌形象

公司名称	视觉形象	文化个性形象（核心价值观）	质量技术优势形象
埃克森美孚	ExxonMobil	以最经济、环境友好和富有社会责任感的方式解决世界最严峻的能源挑战，满足能源要求	大品牌的安全性
BP	bp	正直 诚实交易 尊重他人 创新	绿色

续表

公司名称	视觉形象	文化个性形象（核心价值观）	质量技术优势形象
壳牌		立足未来长期可持续盈利 公平、合乎道德的竞争 诚实、正直和公平的原则 不参加任何党派政治 健康、安全、环保 关心当地社区 遵纪守法	安全 可靠 清洁能源
苹果		客户第一：帮助客户成长 团队合作：共享共担 拥抱变化：突破自我，迎接变化 诚信：诚实正直，信守承诺 激情：永不言弃，乐观向上 敬业：以专业态度和平凡心态做不平凡的事情	简单 时尚 科技
通用电气		坚守诚信 注重业绩 渴望变革	想象力 环境科技

（2）必须要有卓越品质

企业形象必须建立在企业产品的品质基础上，品质必须卓越。

人们普遍认为："对于一个品牌而言，买它的人越多，它的质量也就越好。""我喜欢（全球性）品牌，因为它们通常能提供品质更高、更有保障的产品。"全球性品牌"虽然较贵，但当你想到它的质量时便会觉得这一价格实际上是十分合理的"。品质卓越是全球品牌的通行证。

（3）必须创造文化神话

全球企业品牌一定要创造和传播属于自己的文化神话，创造统一全球身份。

全球品牌不仅仅是产品的品牌，还是文化理想的通行的代言者。通过这些品牌，塑造出全球范围内统一的文化身份象征。因此，对于跨国公司来说，根本的竞争不仅仅在于提供最具价值的产品，更在于创造一种具有全球吸引力的文化神话。

早在“二战”时期，迪士尼、麦当劳、李维-施特劳斯和杰克-丹尼等公司便为全世界人民编织了一个又一个美国神话。今天，几乎所有的全球性品牌都在持续地创造和演绎各自的全球文化神话，以不断强化其品牌在全世界的影响力，创造统一全球身份。

例如，我们今天看到的苹果手机，还只是一部简单的通信工具吗？它承载的无形的内容，早已超过了实用的功能本身。它是一种时尚，一种生活，一种信念，一种属于果粉的独特仪式符号和人生哲学统一表达。

（4）必须关注社会责任

全球企业必须关注社会责任，做一家负责任的企业是最基本的全球品牌形象。

在世界范围内，随着社会责任意识和环保理念的增强，人们越来越认识到，作为跨国公司必须自觉肩负社会责任，希望那些有影响力的全球企业能够解决那些与自身产品和业务相关的各种社会问题。事实上，如果消费者认定某一家跨国企业并未发挥其作为公共卫生、工人权利和环境保护监管者的作用，那么他们在做出购买决定时便会有所取舍。

据统计，20世纪80年代以来，雀巢在非洲销售的婴儿配方奶粉、1984年美国联合碳化物公司发生的毒气泄漏悲剧、1989年美国油轮“埃克森-瓦尔迪兹”号的漏油污染事件、1995年人们对壳牌公司沉没布兰特·斯帕尔（Brent Spar）储油平台的反对声浪以及对其尼日利亚石油设施的抗议等，都对相关公司的品牌造成了非常大的负面影响。

反之，像苹果公司推动2030年碳中和的一系列举措，包括使用可再生能源、减少废物产生，实行“人人有iPhone”公益计划，为贫困地区的儿童提供支持；阿里巴巴推动中小企业数字化创新和转型，阿里公益计划和行动；特斯拉汽车的致力于电动汽车和可再生能源发展，以及“特斯拉能源计划”为贫困地区提供电力，都是正面影响。

上述事件表明，社会公众坚信国际化的品牌背负着解决社会问题的特殊义务，其行为必须受到约束，其企业伦理必须回应社会对诚信、安全与可持续发展的持续关注。因此，全球企业在全球品牌建设过程中需要十分注重社会形象，主动回应社会公众对企业社会责任方面的关注，通过各种渠道和手段努力传播负责任的企业形象，才能走好走远。

3 科技赋能

2023年6月，在第31届IFSCC国际化妆品科技联盟大会上，百雀羚科研部科学家张文娟女士荣获“十佳海报奖”，百雀羚成为中国唯一一家上榜企业，进入十佳海报论文奖的企业还有法国欧莱雅，日本FANCL、花王等。

看到这则新闻，相信很多人第一反应就是：百雀羚是一家什么样的中国企业？百雀羚始于1931年，拥有90余年文化历史底蕴，是家喻户晓的民族品牌。其创始人顾植民曾经是上海先施百货公司营业员，主要负责化妆品的销售。后来在1931年，顾植民辞去原来的职务，创办了属于自己的企业——上海富贝康化妆品无限公司（百雀羚公司前身）。整个30年代，“百雀羚”异军突起，横扫沪上，引领护肤时尚风潮，其独有的芳香伴随着当时的璀璨巨星（如阮玲玉、周璇、胡蝶等）引领着一个时代的芳华，甚至宋氏三姐妹及英、德、法等国驻华使节夫人之间，也都争相推崇使用“百雀羚”产品。

但“花无百日红”。在20世纪的最后阶段，百雀羚在众多国际化妆品品牌的轮番冲击下，逐渐淡出人们的视野，直到2000年以后百雀羚重新修改了自己的品牌战略，通过科技赋能，主推草本系列，一步步成长为国货美妆中的佼佼者，重新引领时代风骚。2020年跻身“2020全球最有价值的50个化妆品和个人护理品牌”榜单前20名，排名第19位，甚至超过了宝洁集团旗下的OLAY。

更重要的是，百雀羚找回了引领东方美学的自信，开启了全球美学新时代。

（1）拥抱科技赋能

这一变化产生的根本原因，就在于百雀羚通过科技赋能，重新找到了“中国草本，东方之美”这一定位，而且真正通过科技做到了“天然不刺激，百雀羚草本”。为了满足新一代消费者日渐提升的“高效护肤”需求，百雀羚与多年的合作伙伴德国默克达成了战略合作。德国默克涉足生命科学、医药健康和基因研究等领域，拥有强大的科研实力，同时也是宝洁、联合利华、欧莱雅、雅诗兰黛等国际化妆品集团的合作伙伴。在默克强大的科研实力支持下，百雀羚在传承国货底蕴、专研东方女性肌肤、高效不刺激的同时，加入先进的生物科研技术，重新定义了中国式草本护肤——百雀羚“科技新草本”，真正实现了“高效科技+东方草本”的完美融合。根据第三方权威国际测试机构IEC研测中心有限公司进行的“1小时消费者真人实测”结果显示，消费者在使用帧颜系列产品1小时后，眼周细纹就能有效淡化28%，法令纹有效淡化21%，鱼尾纹淡化13%、前额纹淡化10%，与此同时水润度增加80%。

（2）解决消费者关心问题

正如百雀羚的一位高层所言，“历史很重要，但不能成为消费者选择品牌的原因，消费者只关心能够解决什么”。能真正为消费者解决问题的产品就是好的产品，就值得消费者出手购买。因此，再来看前面那一则新闻，百雀羚公司的获奖论文题目是“通过独创数学模型和皮肤中的自发荧光物质预测肌龄”。这已经不是能不能扛起国潮大旗的问题，那不是百雀羚所追求的根本目的。其潜心钻研科技创新，唯一的目的就在于满足年轻人不断更迭的护肤需求。

（3）品质力是永远的王道

IFSCC（国际化妆品科技联盟）是当下国际最权威、规模最大的化妆品行业科技组织，代表了国际化妆品技术研发的最高水平，在业内通常被称为“全球化妆品科技界的奥林匹克”，至今已经有60多年的历史。欧莱雅、资生堂、宝洁、联合利华、雅诗兰黛等国际化妆品集团早早就加入了IFSCC，每年都会积极选送科技论文参与评奖。但在百雀羚之前，中国化妆品企业一直缺席于IFSCC。直到2017年，成为国货第一美妆品牌的百雀羚，代表中国化妆品企业受到IFSCC赞誉，受邀成为IFSCC中国首个金牌会员，实现了中国企业“零的突破”。

“黄沙百战穿金甲”，百雀羚以科技为品牌赋能，带来国货美妆品牌的重新崛起，也吹响了东方美学引领世界美学的集结号。不忘初心，方得始终。百年字号的征程上，以消费者为中心的品质力永远是王道！

4 价值升级

2023年2月3日，2023年《财富》全球最受赞赏的公司排行榜——全明星榜揭晓，苹果（Apple）连续第16年排名榜首。亚马逊（Amazon）和微软（Microsoft）并列第2位。摩根大通（JPMorgan Chase）获得有史以来的最高排名第5名，而摩根士丹利（Morgan Stanley）首次跻身50强。

令人遗憾的是，中国企业再一次无缘“全明星榜”。这与我国作为世界第二大经济体和第一制造业大国的地位是不相符的。而且这一多少有些残酷的结果也直接说明了两个问题：

第一个问题，“西强我弱”的国际传播格局尚未打破，以美国为代表的西方国家仍然掌握着舆论主导权和话语权，中国在国际上经常处于“有理说不出”“说了传不开”“正面说得少”“负面被夸大”的不利境地，国际形象很大程度上是“他塑”而非“自塑”，目前仍然未有根本改观。

第二个问题，中国企业在“走出去”的进程中，存在明显的“两个不匹配”：软实力和硬实力不匹配，美誉度和贡献度不匹配。因此，全面提升中国企业在全球产业发展中的知名度、影响力、话语权，以良好的企业形象展示国家形象，升级中国企业的品牌价值，已经刻不容缓。

谈到品牌价值，可口可乐传奇总裁罗伯特·伍德鲁夫说过一句话：“即使可口可乐公司在全球的生产工厂一夜之间被大火烧毁，只要有可口可乐的品牌在，给我三个月的时间，我就可以重建可口可乐新的王国。”这大概是全球关于品牌价值的最狂的宣言，也是最好的广告了。

可口可乐就是这么一块金字招牌，是深深铭刻在消费者头脑中的“正宗经典”。可口可乐花了无数的时间和心思在消费者心智模式中树立起了一个关于“快乐”的品牌灵魂形象，这个灵魂形象是无论怎样猛烈而无情的大火也不可能将其焚毁的。而一旦企业拥有了这样的灵魂形象，也就具备了向死而生的能力，夸张地说，企业先于人而“永生”了。

那么，一家企业的品牌，如何进行自己的价值升级呢？我认为有这么几个原则：

（1）顾客至上

消费者需要什么样的价值，决定了企业需要进行怎样的品牌价值升级。

提起企业，人们首先想到的是资本、技术、产品、商业模式、管理等，但对于企业的品牌来说，真正的价值只有一种，就是消费者价值，这是一成不变的永恒模式，也可以简单概括为“价值模式”。价值模式可以简单概括为：商业活动中一切关于人的生活、生命和精神的模式。

价值模式关注的重点或者中心永远只有一个，就是“人”。人的情感、人的体验、人的“痛点”或者难点、人对未来的渴求和希冀等。

你关注人的共性也好，关注人的个性也好，总之你要提供给消费者价值选择：你需要坚持始终如一的品质，提供给消费者永恒不变的“信任”。这是给消费者提供价值选择的永不动摇的基础。同时你还要提供差异化的服务，通过差异化的定位和服务体验来创造差异价值，这就需要创新和创造力。同时你还要积极履行社会责任，为社会进步贡献力量。

从经济价值到社会价值，再到文化价值和精神价值，不断实行价值升级。

（2）价值共创

在当今时代，互联网为我们打开了无尽的新可能，也真正让人类明白了一个最朴素的道理：天下一家，人类就是一个命运共同体。

不管有着怎样的肤色，怎样的语言，怎样的理想、信念和追求，我们都是一个整体，是一个休戚与共、命运与共的共同体，地球是一个村子，人类是这个村子里的重要一员，但不是唯一的一员。我们是被创造出来的，我们也在几十万年的历程中通过双手和大脑创造新的物质和文化，我们甚至在创造出人工智能——可能是地球上全新的生命。

人类有着共同的过去，也要共同面对未来的命运。我们其实别无选择。

如果说，在过去的漫长世代里，我们人类文明的创造很多时候更多依赖个体——某一个特别聪明的人，或者某一个先发展壮大起来的部族，那么我们在进入工业文明的这三百多年间，在进入互联网时代的这几十年间，我们更多地依赖彼此的协作，依赖于共同创造而飞速发展。

过去那种品牌价值靠一个事件、一个契机、一个机遇的推动而赋予的价值创造和创新，在今天注定了不可持续；企业单方面的价值创新，也一定会因为少了广大的社会层面消费者的参与而变得势单力薄。

在互联网时代，一个最基本的逻辑是：共同创造是为了共享，而共享实现共生。

共享，是互联网时代的精髓，也是连接共同创造和共生生态的中间桥梁。

其关系可以表示如下：

共同创造 ⟷ 共享 ⟷ 共生生态

从共享这一互联网时代的精神内核出发，它赋予了共同创造以更多含义：

——开放　　　　——平等

——多元　　　　——协同

——自由　　　　——共赢

在另外一端，“共享”也赋予了共生以更多的含义，丰富了其内涵：

——人人共生：共时、共处、共情、共思、共同的情境沉浸和多层次体验。

——人物共生：物质的极大丰富与欲望的极度简化，消费时代彻底来到，人从物质时代到精神时代，从被“物化”到再次回归“人化”。

——人与自然共生：自然环境仍然是制约人类社会飞跃的根本束缚。从改造自然到顺从自然，人与自然和谐共处，环境保护更加刻不容缓。

——人与机器共生：机器时代或者说人工智能时代真正来到，人与机器都在调整彼此的关系。机器是新的“物”还是“人”仍然在演变中。

——人与宇宙共生：人类回到终极的问题“我是谁”“我从哪里来”“我要到哪里去”，人类与人工智能一起探索宇宙有了无限的新可能。

一句话，时代已经改变，品牌的价值升级必须因时而变，乘势而上！

我们期待更多的中国企业、更多的中国品牌通过自己的探索和实践，为品牌价值的创新提供优秀案例，让中国品牌真正闪耀全球舞台！

（3）系统升级

最后，笔者再对品牌的价值升级做一个系统总结，给出“升级六策”。

➡ 策略一：保持定力

如果要把品牌看作企业的一把利剑，那么保持定力就是这把利剑的根。

古人云：“阳极则阴生，阴极则阳生。”阴阳从来都是转换的，是互相依靠的。要在逆境中看到希望，也要在顺境中看到危机。要始终有辽阔的视野和长远的目光，不计较一时一地的得失，不被眼前的一叶所障目。一定要有长期主义的战略，要着眼于在十年乃至二十年、三十年的更大的周期里，去做打算。一旦确立目标，就要长久坚持下去。

时间是品牌的朋友，品牌最忌讳的就是耐不住寂寞，被周围短时期的变化所裹挟，变来变去，频繁变动迷失了自己，自然也迷失了客户。

➡ 策略二：远眺前方

对企业来说，最难的不是前方的路有多么难走，而是根本找不到方向。

对于当前乃至未来一个时期，我们要有一个基本的判断，就是企业面对的竞争会越来越激烈，而且是一个不断地跨越维度的升级竞争螺旋。

想一想20世纪八九十年代，企业面对的竞争是什么？是家门口的竞争，是你比竞争对手多一点儿资本、技术，甚至是多一个进入市场的机会，先人一步，抢占先机，就会在市场中获得利润，赚得盆满钵满。

而进入21世纪，随着中国加入世界贸易组织，国门大开，我们的竞争对手变成了世界列强。我们开始和世界500强的企业同台竞技。竞争对手变得强大了，竞争也升级了，从资本竞争进入到了知识竞争。

再后来，随着互联网时代的全面到来，第四次工业革命轰轰烈烈，我们的竞争对手又变了：不再是某一个具体的对手，而是变成了某一个领域甚至是某一个风口的竞争，从人工智能到大数据，从产业互联网到工业互联网，从新能源到无人工厂，从工业生产力向新质生产力时代迈进……

一方面，我们在不断和列强过招，不断增强自身的应变内力，修炼内功；另一方面，我们也变聪明了，学会了降维打击。在东南亚，在非洲，我们的“中国模式”正在被越来越多的国家所模仿和借鉴。中国从资本输出到文化输出，我们在世界上的角色也在从学生到老师转变……

放眼未来，我们要继续在竞争升级中生存和发展，在降维打击中壮大和强大，这是已经走过的道路，也是将继续坚持走下去的方向！

➡ 策略三：组织韧性

还是以宝剑来作比喻。衡量一把绝世好剑的标准是什么？最高的标准自然是锋利无比；但最低的标准，却是能不能百炼成钢绕指柔，也就是具备永不折断的韧性。首先要具备这种韧性，然后才是锋利与否。

对于企业来说，不管怎样的品牌都离不开组织这棵大树。而组织并非一成不变的，大企业有“大企业病”，小企业也有“小企业病”。对大企业来说，常见的现象就是：管理层级增多、流程烦琐冗长、运营效率下降、创新能力减弱、员工士气低落、企业活力不足，相对应的方法则是：保持创业精神、简化管理层级、优化工作流程、培养企业文化、关注员工需求、引入外部竞争等。对于小企业来说，常见的现象是：管理不规范、资金不充足、人才常流失、竞争力不足、缺乏大志向，相应的对策则是：注重规范管理、保持财务稳健、吸引留住人才、提高竞争实力、寻求外部支持等。

不管是大企业病还是小企业病，一个统一管用的药方则是：社会责任，也就是前面反复强调的ESG。社会责任会促进企业的健康与持续发展，社会责任也会让企业有一个更加和谐健康开放包容的内外环境。

策略四：文化黏性

组织要有韧性，而文化则要有黏性。对内产生强大向心力和凝聚力，以文化统领队伍；对外产生强大吸引力和同化力，以文化吸引客户。

关于文化，最重要的就是要强调文化的连续性。文化是一条河，这条河从过去流向未来，不管要经历怎样的变革，最重要的是不能断流。

文化要创新，但一定要在传承的基础上创新，决不能舍本逐末。企业可以不断地变化股东、资本、技术、商业模式，但文化变革一定要慎重。

策略五：价值传播

这个时代，最好的传播不是产品传播，也不是品质传播，而是价值传播。

价值传播本身就产生价值。品牌最终还是要以价值的方式来得到体现。

在市场竞争中，品牌的胜出一定是价值的胜出；企业价值不一定完全由品牌价值来体现，但是品牌价值一定是企业价值的一个重要评价指标。

正如ESG是投资一家企业的风向标，品牌价值也是顾客对一家企业产品的选择指标。品牌价值越高的企业，在消费者心目中的地位就越高。

在当今的传播时代，方式可以说多种多样，但最终还是要落实到价值上。

价值传播，以前我们更多地借助媒体，而现在更多地借助媒介——算法。但不管什么时候，我们都必须帮助消费者通过一面“镜子”而不是“真相”本身来看世界。没有绝对的“价值”，只有更好的传播方式。

策略六：舆情管理

在这个人人都是自媒体时代，企业费心打造的价值大厦经不起舆论风暴的冲击，随机发生的一件小事情，都可能是压垮骆驼的最后一根稻草。

我们必须要学会舆情管理，而且如同中医所讲的那样“治未病”。在舆情的源头上就要做好管理，既要接受正常的舆情监督，又要反对异常攻击。尤其要做好五种情况的处理：一是特殊情况，最好是沟通删除；二是的确有错，最好是诚恳道歉；三是局部差错，最好是马上切割；四是误解误传，最好是巧妙解释；五是遭遇诬陷，必须做坚决斗争。

一定要记住，做到舆情处置和事件处置两个闭环：

舆情闭环：超前预警——分级研判——分类处置——有效引导——理性评估

事件闭环：查清事实——查明实因——积极整改——完善制度——反思文化

对于舆情，一定要辩证来看：舆情本身不是危机，但处理不好，就会变成危机；处理得当，则变成企业进步的机会，企业得以更健康发展！

最后，再回到本章的品牌和文化升级的主题上来，品牌和文化能否顺利升级，关系到中国企业能否真正走向国际，真正成为世界一流！这是一个正在展开的伟大实践，也是中国企业从优秀到卓越的关键一步，有点类似于我们传统文化中的鲤鱼跃龙门。今年是龙年，以龙文化为例，在世界上也经历了一个被误读、被误解甚至被妖魔化的过程。西方文化总是拿他们的“龙”来生搬硬套我们的“龙”，结果“中国龙”和西方文化中的“龙”完全不是一回事。“中国龙”已经在世界上知名度越来越高，也被越来越多的人认识和接受，这就是一个品牌和文化输出的过程。这个过程可能比我们想象的时间要长一些，但只要我们保持坚定的自信和足够的耐心，一定可以走到世界舞台中央！

在本书付梓之际，得到了诸多前同事的大力支持，也得到了中国公共关系协会郭卫民会长、中国企业文化研究会理事长孟凡驰先生、清华大学胡钰院长、央视百家讲坛主讲人赵玉平先生、慕斯集团副董事长姚吉庆先生、《企业文化》杂志原副总编辑林锋先生的大力推介，在此一并表示衷心的感谢。

后记

这一趟关于企业品牌和文化的双修关系的漫长之旅，终于走到了终点。

感谢读者朋友们的耐心，你们和我一路走来，不离不弃，相信你们也一定有自己的收获。对我来说，则犹如一个传统意义上的农人，在春天里辛勤耕耘，播下种子；在夏天精心照顾，除草灭虫；在秋天里终于摘下甜美的果实，向读者捧上我的这一份汗水与思考的结晶，一份真诚的心意！

这本书前后经历的时间很长。从开始酝酿到最后成书，可以说几易其稿。这个过程中，我观察到中国的企业也发生了很多变化，尤其是一个显而易见的趋势：中国企业正在迎来一波品牌建设的强劲浪潮！这是一波新浪潮，是建立在以文化的自信和自强为基础上的高端品牌建设！中国企业高质量建设，中国企业要真正成为世界一流，必须要有高品质、高价值、高知名、高美誉的一流品牌！而这样的高端品牌建设，必须要跳出原来的品牌建设老路，走一条品牌与文化双修的新路！

毋庸讳言，作为现代企业管理思想体系的一部分，企业品牌和文化建设的理论大都来自西方；但我们中国企业在经过四十多年的借鉴吸收、实践创新之后，已经来到了卓越和超越阶段。从某种意义上来说，这也是我们的后发优势。我们在企业品牌和文化建设领域正在走出一条自己的路，正在向中国古老而优秀的传统文化回归，这也是习近平总书记提出的“第二个结合”。我们甚至在探索一些西方的企业品牌和文化建设所没有涉及的部分，例如企业文化、品牌与传统经济伦理的关系，企业现代文化、品牌建设与古老的知行合一、义利合一、天人合一的哲学思想的融合，企业文化、品牌从经济利润到社会价值追求再到国家价值的宏大追求，从传统的家国同构到具有社会主义市场经济特色的共同富裕……一系列的探索和深入空白领域，让中国的企业品牌和文化建设向着一个全新的方向迈进，走出一条属于我们自己的路。

正如历史上我们的瓷器、丝绸带着中国文化的自信和独特的东方之美走向世界，今天我们面临着更为难得的机遇，也面临新的挑战，但这都挡不住我们有一颗炽热的心，我们协和万邦的伟大梦想和我们中国人特有的勤劳、拼搏、智慧、善良与道德。我们已经来到世界舞台的中央，是时候展示中国文化、品牌特有的形象和气象，展示中国特有的气质、韵味和魅力，呈现给世界！中国企业作为讲述中国故事、展现中国精神、传播中国价值、闪耀中国光芒的重要主体，任重而道远！

我衷心地希望，更多的中国企业加入到这新时代的新浪潮中来，加入到中国企业的品牌和文化建设走向世界的大合唱、大行进队伍中来！

最后，我想说本书作为国内第一部研究企业品牌与文化双修的探索之作，在思想观点上和实践案例分析研究上难免存在不足，恳请广大的读者朋友、专家学者不吝批评指正，督促鞭策我不断向着远方前行！